DAS LIED DER LIEBE

LECTIO SPIRITUALIS

6

JOHANNES VOM KREUZ

SÄMTLICHE WERKE

3. BAND

JOHANNES VOM KREUZ

DAS LIED DER LIEBE

ÜBERTRAGEN VON IRENE BEHN

JOHANNES VERLAG EINSIEDELN

5. Auflage 2022
Mit kirchlicher Druckerlaubnis des
Bischöflichen Ordinariates Chur
vom 11. Oktober 1963

Druck: Pustet, Regensburg
ISBN 978 3 89411 150 2

VORWORT

Von den vier Hauptwerken des Mystikers Johannes vom Kreuz sind die beiden letzten, der «Cantico Espiritual» und die «Llama de Amor Viva» abgeschlossen und in zwei authentischen Fassungen überliefert worden. Vorliegende Übertragung bringt die zweite, erweiterte Fassung gemäß dem Manuskript von Jaén, nach der kritischen Ausgabe des P. Silverio de Santa Teresa, c.d. (Dritte Ausgabe, Burgos, 1943).

Diese zweite Fassung ist spätestens im Juni 1586 vollendet worden, dem Zeitpunkt, an dem Juan sie in einer Kopie der ehrwürdigen Mutter Ana de Jesus überreichte, seiner geistlichen Lieblingstochter, der das Werk zugeeignet war.

Die zweite Fassung widerspricht in nichts der ursprünglichen. Ihre größere Ausführlichkeit, die sich vor allem in den vorangestellten Anmerkungen bekundet, ist allein schon durch die Erwägung eines Druckes, eines Hinaustretens aus dem Kreis der heilig Vertrauten, hinreichend erklärt. Spricht Juan doch in seinem Kommentar die Erwartung aus, daß die Werke der Mutter Teresa bald herauskommen werden. Eine wesentliche Umgestaltung erfahren Kanzonen und Kommentar des Cantico nur durch eine Umstellung: in der neuen Anordnung der vierzig Kanzonen ist die Beschwörung, womit der göttliche Bräutigam die mystische Ehe einleitet, genau in die fruchtbare Mitte des Gesanges vorgerückt, so daß nunmehr auf dem höchsten Grade der Gotteinigung das Schwergewicht dieses Werkes ruht, entsprechend der stets erhabeneren mystischen Erfahrung des Schreibenden. Es wäre diese Neuordnung schon Grund genug, der zweiten Fassung – im Fall der Wahl – den Vorrang zu geben.

Im Zusammenhang des sanjuanistischen Werkes erscheint der Cantico als Fortsetzung der abgebrochenen Noche Oscura und als Hinleitung zu jener letzten im Diesseits erfahrbaren Gotteinigung der Llama de Amor Viva. Solche Angrenzungen sind nur möglich, weil der Cantico die ganze Spannweite mystischen Lebens, das Dunkel der Knospe, das Licht der entfalteten Blüte, die würzige Sättigung der Frucht umfaßt.

«Das Lied der Liebe» ist mehr als Gebet: denn Gott antwortet in ihm. Und das Vernehmen seiner beseligenden Antwort ist die eigentliche «Kontemplation», das Bewußtwerden und schließliche Bewußtbleiben göttlichen Gnadenwirkens und Angleichungswillens in der ganz erschlossenen Seele.

Dieses Bewußtwerden, Innewerden im mystischen Verlöbnis und das Höhere, das stete Bewußthalten des liebenden Gottes in der mystischen Ehe ist dem Mystiker wesentlich. Von diesem Bewußthalten her kann erst die metaphysiche Bedeutung der Memoria in den Werken dieses Heiligen voll erkannt werden.

Doch sollte auch dieses nicht übersehen werden: der Cantico ist mehr als mystisches Zeugnis von göttlicher Antwort, mehr als die Erkenntnis, daß es in Wahrheit die Seele ist, die antwortet und das endlich vernommene Liebeswerben Gottes erwidert. Es beschränkt sich solches Gewahrwerden göttlichen Werbens nicht auf die eigene Seele: «Von Deinen Spuren trunken / schwärmen die Mädchen hin und her in Gluten.» So singt die zur mystischen Gattin Erhöhte, die fruchtbar wurde und dem Geliebten gottempfängliche Seelen darzubringen vermag. Es sind dies Verse, die der Mystiker, der immer mehr zum Apostel ausreift, seinem Cantico eingefügt hat, im Jubel über die Seelen, die er dem göttlichen Werber zuführen durfte. Gott wirkt in der Seele, um über die Seele hinauszuwirken. Nicht anders ersteht aus dem mystisch empfangenen Gedicht der apostolisch emporweisende Kommentar.

IRENE BEHN

DAS LIED DER LIEBE

(CANTICO ESPIRITUAL)

ZWEITE, VOLLSTÄNDIGE FASSUNG

Ausdeutung der Gesänge über den Liebesaustausch zwischen der Seele und dem Bräutigam Christus, wobei einige Weisen und Wirkungen des Gebetes berührt und erläutert werden. Auf Bitten der Mutter Ana de Jesus, Priorin der Unbeschuhten Karmelitinnen in San José zu Granada, im Jahre 1584.

VORREDE

1 Diese Gesänge, gottliebende Mutter, scheinen mit einiger Liebesinbrunst geschrieben zu sein, mit Liebesinbrunst zu Gott, dessen Weisheit und Liebe grenzenlos sind. Sie reichen nach dem Buche der Weisheit (8,1) von einem Ende zum andern; und die Seele, die in gewisser Weise von ihm geformt und bewegt ist, entsendet ihr Künden mit ebensolcher Fülle und Gewalt. Nicht gedenke ich, die ganze freie Fülle zu erklären, die der Heilige Geist in sie eingießt; vielmehr wäre es eine irrtümliche Annahme, daß Aussagen der Liebe und mystischen Einsicht, wie die der vorliegenden Strophen, durch irgendwelche Worte hinreichend erklärt werden könnten. Denn der Geist des Herren, der nach paulinischen Worten unserer Schwachheit beispringt (Röm. 8, 26), er bringt das, was wir nicht hinreichend begreifen, für uns vor, in unsagbarem Aushauchen es offenbarend. Wer könnte das in Worte fassen, was er die liebenden Seelen, denen er innewohnt, begreifen läßt! Wer könnte in Worten ausdrücken, was er sie empfinden läßt! Und wer am Ende das, was er sie verlangen läßt! Sicherlich, das vermag niemand; sicherlich, sie selber, in denen solches vorgeht, vermögen es nicht. Das ist der Grund, warum sie in Bildern, Gleichnissen und Umschreibungen etwas von ihren Gefühlen überströmen lassen und aus der Fülle des Geistes verborgenste Geheimnisse ergießen, die sie dann aufzuhellen versuchen.

Wenn solche Gleichnisreden nicht mit der ursprünglichen Einfalt, im Geiste einsichtiger Liebe gelesen werden, erscheinen sie eher als Unsinnigkeiten denn als sinnvoll geordnete Rede. Das erweist sich in Salomons Hohem Lied und in anderen Büchern der Heiligen Schrift, wo der Heilige Geist die Fülle seines Sinnes nicht in herkömmlichen und abgegriffenen Ausdrücken begreiflich machen kann und Geheimnisse in seltsamen Gleichnissen und Annäherungen ausspricht. So vermögen es selbst die heiligen Kirchenlehrer nicht, mit allem, was sie sagen und noch sagen können, dies Geheimnis von grundauf zu erklären, sowenig wie es zuvor erklärt werden konnte. Und was sie aufdecken, ist zumeist das Wenigste des inneren Gehaltes.

2 Da nun diese Kanzonen aus überströmender mystischer Einsicht entsprungen sind, können sie nicht angemessen erklärt werden; auch ist ein solches Beginnen nicht meine Absicht. Ich will nur einiges im Allgemeinen aufhellen, gemäß Eurem Wunsche, ehrwürdige Mutter. Denn besser ist es, die Aussagen der Liebe in ihrer Weite zu deuten und jedem die Möglichkeit zu geben, sie sich gemäß seiner Eigenart und Fassungskraft anzueignen, als sie auf einen einzigen Sinn einzuengen, der nicht jedem Gaumen behagt. Wenn dennoch in etwa Deutungen gegeben werden, so besteht darum kein Anlaß, sich an diese Deutungen zu binden. Die mystische Weisheit, die aus der hier besungenen Liebe stammt, sie bedarf ja nicht eines deutlich unterscheidenden Verständnisses, um Liebe und Zuneigung in der Seele zu erregen. Diese Weisheit wirkt wie der Glaube, der uns Gott lieben läßt, ohne ihn zu begreifen.

3 Demnach werde ich knapp sein, wenn ich mich auch an einigen Stellen breiter äußern werde, wo es der Gegenstand verlangt. Das gilt vor allem dort, wo in den Kanzonen Weisen und Wirkungen des Gebetes häufiger berührt werden, so daß die Behandlung und Erläuterung dieser Gebetsweisen nicht unterlassen werden kann.

Doch will ich die gewöhnlicheren Weisen übergehen, um kurz von den außergewöhnlichen zu handeln, von den Erfahrungen jener, die mit Gottes Hilfe über die Verfassung der Anfangenden hinausgelangt sind. Und derart beschränke ich mich aus zwei Gründen: einmal, weil für die Anfangenden schon viel geschrieben worden ist, zum andern, weil ich mich hierbei wunschgemäß an Eure Ehrwürden wende, an Euch, der durch die Gnade unseres Herren über jene Anfänge hinausgehoben wurde, um tiefer in seine göttliche

Liebe eingesenkt zu werden. Und wenn ich auch einige Male, bei den Darlegungen über den inneren Umgang der Seele mit ihrem Gott, das Gebiet der scholastischen Theologie betreten werde, so hoffe ich doch, daß ich nicht umsonst in solcher reinen Geistigkeit gesprochen habe. Denn wenn auch Eurer Ehrwürden die Geübtheit in der scholastischen Theologie fehlen mag, in dieser Wissenschaft, die das Verständnis für die göttlichen Wahrheiten erschließt, so fehlt Euch nicht die Erfahrung in der mystischen Theologie, die von der Liebe gelehrt wird und in deren Bereich die göttlichen Wahrheiten nicht nur gewußt, sondern zugleich auch genossen werden.

4 Und damit meine Ausführungen (die ich reiferem Urteil, die ich gänzlich dem Urteil der heiligen Mutter, der Kirche unterbreiten möchte) Glauben finden, will ich nicht die von mir erfahrenen inneren Vorgänge ungeprüft als wahr hinstellen, auch nicht das, was ich bei anderen Spiritualen beobachtet oder von ihnen gehört habe, wenngleich ich mir sowohl meine Erfahrung wie die jener Anderen zunutze machen werde. Kraft des Zeugnisses der Heiligen Schrift werde ich meine Darlegungen bekräftigen und erläutern, zum mindesten jene, die schwieriger zu verstehen sind.

Bei diesen Erklärungen werde ich so vorgehen: ich werde die Texte des Gesanges voranstellen, um sie dann sinngemäß auszudeuten. Und zwar will ich die Kanzonen zuerst in ihrer Gesamtheit bringen und dann nacheinander jede einzelne als Gegenstand der Erläuterung. Danach werde ich Vers um Vers vor seine Erläuterung stellen.

DAS LIED DER LIEBE

WECHSELGESANG ZWISCHEN DER SEELE UND IHREM BRÄUTIGAM

BRAUT

Wohin – Geliebter – schwangst du?
Verlassen, hab ich Seufzer nur gefunden.
Gleich einem Hirsch entsprangst du
und durftest mich verwunden;
ich drang dir nach, ich rief – du bliebst entschwunden.

Ihr Hirten, die ihr standet
hoch bei den Herden in des Gipfels Nähe,
wenn ihr am Ende fandet
ihn, den ich ausersehe,
sagt ihm: ich schmachte, sieche – ich vergehe!

Den Liebsten zu erlangen,
folg ich den Ufern nach, den Bergeskämmen;
mich lockt kein Blütenprangen,
kein Raubtier darf mich hemmen,
kein Bollwerk, kein Gewaltiger kann mich dämmen.

FRAGE AN DIE GESCHÖPFE

O Dickichte und Wälder,
gepflanzt von des Geliebten Hand ins Leben –
o frischentsproßte Felder
voll seltener Kelche Beben,
sahet ihr ihn – o sagt! – durch euch entschweben?

ANTWORT DER GESCHÖPFE

Gaben auf Gaben spendend,
durchstreifte er im Fluge diese Haine;

und sich zu ihnen wendend
mit seiner Augen Scheine,
barg er sie ganz in Schönheit, in die seine.

BRAUT

Ach! Wer kann je mich heilen!
Ganz gib dich hin mit ernstlichem Vollenden!
Laß ab, mir nur zuweilen
Botschaften zuzusenden:
Was ich erlechze, können sie nicht spenden.

Und alle, die dein achten,
sie künden mir von deiner Gnade Bächen
und mehren nur mein Schmachten.
Es läßt mich niederbrechen
Unsägliches, wovon sie stammelnd sprechen.

Wie magst du, Leben, weilen,
dem Leben fern, – wie magst du nicht erkalten,
wo doch zu Todespfeilen
die Gaben sich gestalten,
die Er dir ließ, die sich in dir entfalten!

Wenn Du dies Herz verletztest,
warum läßt Du es ungeheilt verschmachten?
Da Du es raubtest, schätztest,
wie ließest Du solch Trachten
und willst, was Du erst raubtest, nun mißachten?

Daß mir Dein Balsam quille!
Kein andrer kann beenden meine Leiden.
Halt meinen Augen stille!
Du bist das Licht der beiden,
und nur an Dir begehr ich sie zu weiden.

Zeig Dich, so nah verborgen,
ob auch Dein Antlitz, überschön, vernichte!
Der Liebe sieche Sorgen,
sie weichen vor dem Lichte,
vor Deinem offenbarten Angesichte.

Du klarkristallene Quelle,
ach, daß dein Silberspiegel heller glisse
und formte – jetzt! in Schnelle! –
die Augen, die ich misse
und die mein Inneres hegt in schattigem Risse!

Laß sie nicht, Liebster, offen –
sonst flieg ich auf – – –

BRÄUTIGAM

O Taube, kehre wieder!
Der Hirsch, wie du getroffen,
wittert vom Hügel nieder
zum Fächeln deines Flugs und kühlt die Glieder.

BRAUT

Mein Geliebter, die Bergesriesen,
die nie berührten Täler, waldumschwollen,
die Inseln, nie gewiesen,
der Ströme tönend Rollen,
das Flüsterlied der Luft, der liebevollen!

Die Nacht, zur Ruh gekommen,
die Morgenröten, die ins Dunkel münden,
die Weisen, nie vernommen,
die Einsamkeit voll Künden,
des Abendmahls Erfrischen und Entzünden!

Die Füchse scheucht, die losen,
von unsers Weinbergs aufgeblühten Reben,

indessen wir uns Rosen
wie Schuppen fest verweben –
und auf den Berg soll sich kein Lauscher heben.

Nordostwind, eisiger, weiche!
Komm, Südwind – fach empor der Liebe Glosen;
durch meinen Garten streiche,
laß seine Düfte kosen –
und weiden wird der Liebste unter Rosen.

Solang in Blumen, Sträuchern,
ihr Nymphen von Judäa, Düfte schauern
und Ambra-Rüche räuchern,
bleibt ferne unsern Mauern,
wollt nicht vor unsern Schwellen dringlich lauern.

Geliebtester, versteck Dich;
laß Deinen Blick zu Bergeshöhen gleiten,
mit keinem Wort entdeck Dich.
Schau an, die mich geleiten
auf meinem Zug durch fremde Inselweiten.

GATTE

Euch, Vögel, gaukelfrohe,
euch, Löwen – Hinden – Hirsche, lüstern jache,
Gewässer, Luft und Lohe,
Anhöhe, Abgrund, Blache,
euch, Schrecknisse der Nächte, immerwache,

beschwöre ich beim Klange
lieblicher Leier, beim Sirenenhalle:
laßt ab vom wilden Drange –
bleibt ferne unserm Walle,
daß meine Gattin sanft in Schlummer falle.

In den begehrten Garten,
den schönen, ist die Gattin eingegangen.
Sie neigt den Hals, den zarten –
ruhend nach Herzverlangen –
auf des Geliebten Arme, hold umfangen.

Unter den Apfelzweigen
dort wurdest du als Braut mit mir verbunden
und nahm ich dich zueigen;
dort durftest du gesunden,
wo deine Mutter Schande fand und Wunden.

GATTIN

O unser Brautbett blühend,
von Löwenhöhlen breschelos umdichtet,
vom Purpurhimmel glühend,
auf Frieden hochgerichtet,
von goldenen Schilden kronengleich umlichtet!

Von Deinen Spuren trunken
schwärmen die Mädchen hin und her, in Gluten
von deines Griffes Funken,
vom Wein, dem würzig guten –
rückwirbelnd gottentstammte Balsamfluten.

Tief in versenktem Raume
trank ich vom Freund ... Als ich zum Tag mich wandte,
war bis zum fernsten Saume
kein Ding, das ich noch kannte –
die Herde war entrückt, mit der ich rannte.

Dort hat Er sich erschlossen,
dort hat Er würzige Weisheit mir gespendet;
dort gab ich dem Genossen
mich hin, ganz zugewendet;
dort schwor ich Gattentreue, die nicht endet.

Ich habe Seinem Schimmer
mit allen Seelenmächten mich verschrieben:
die Herde hüt ich nimmer;
kein Amt ist mir verblieben.
Nichts andres üb ich aus, als Ihn zu lieben.

Blieb euern Triften, Toren
ich fern, fortan unfindbar euern Sinnen,
sagt ihr, ich sei verloren.
Wohl, tief versenkt in Minnen
verlor ich mich – und ließ mich so gewinnen.

Smaragdner Blätter Glänzen
und Blüten, frisch vom Tau der Dämmerungen,
verflechten wir zu Kränzen –
viel Blüten, Dir entsprungen,
von einem meiner Haare stark umschlungen –

von meinem Haar, dem einen!
Du sahst es leicht längs meinem Halse schwingen,
am Hals sahst Du es scheinen –
und bliebst in seinen Schlingen;
mein Blick, der eine, durfte Dich durchdringen.

Dank Deiner Augen Kosen
ward mir ihr Schein, Holdseligkeit zueigen
und ward zur Glut Dein Glosen;
dank Deiner Augen Neigen
sind meine wert, anstaunend hochzusteigen.

Nicht wolle mich verachten,
stand ich auch einmal schwarz vor Dir, zum Grauen.
Wohl kannst Du mich betrachten:
ließ doch Dein huldreich Schauen
holdselige Schönheit auf mich niedertauen.

GATTE

Schon mit dem Friedenslaube
zur Arche kam das Täubchen, schneeig helle;
schon ward die Turteltaube
und ihrer Brunst Geselle
vereinigt an dem grünen Saum der Quelle.

In Einsamkeit bereitet
hat sie ihr Nest, die Einsamkeit begehrte;
in Einsamkeit geleitet
sie heimlich ihr Gefährte,
den Liebe auch in Einsamkeit versehrte.

GATTIN

Laß kosen uns, Geselle,
laß eins im andern Deine Schönheit finden,
laß uns zum Heim der Quelle,
zu Berg und Hügel schwinden –
bis in das Herz von grünen Irrgewinden.

Gleich werden wir in hohe,
abgründige Felsenhöhlen uns versenken,
fern von des Tages Lohe
uns tief und tiefer lenken;
und der Granatfrucht Feuchte wird uns tränken.

Dort wirst Du weisen können,
was ich erlechzte, dort in Deinem Scheine;
und gleich wirst Du vergönnen,
o Leben, Du das meine,
gleich, was Du vordem gönntest, dieses eine:

Der wachen Luft Umfangen,
der Nachtigall frohlockendes Begehren,
des Hains einhellig Prangen

in Nacht, der heiter-hehren,
mit Flammen, die wie Balsam lind verzehren.

Sieh, ich bin abgeschieden;
auch Aminadab läßt sich nicht gewahren;
die Umwelt liegt in Frieden;
und schon zum Grund gefahren,
den Quell zu schauen, sind die Ritterscharen.

Zum Gegenstand

1 Diese Gesänge begleiten die Seele von ihrer ersten dienenden Hingabe an Gott bis zu ihrem höchsten Zustand der Vollkommenheit, der geistlichen Ehe. So berühren sie die drei Wegstrecken des geistlichen Vordringens bis hin zu jenem endlichen Zustand: die läuternde, die erleuchtende und die einigende. Und von jeder dieser Strecken sollen einige Eigentümlichkeiten und Auswirkungen erklärt werden.

2 Der Anfang dieser Gesänge gilt denen, die den Weg der Läuterung beginnen. Die darauf folgenden Gesänge zeigen den Weg der Erleuchtung, auf dem die Fortgeschrittenen bis zum geistlichen Verlöbnis gelangen. Die anschließenden kennzeichnen den Weg der Einigung, der die Vollkommenen bis zur geistlichen Ehe führt. Dieser Einigungsweg der Vollkommenen folgt auf den Erleuchtungsweg der fortschreitenden Seele; und die abschließenden Gesänge zielen auf den Zustand der Seligkeit, dem einzigen, den die vollkommen gewordene Seele noch begehrt.

ES BEGINNT DIE ERKLÄRUNG
DER LIEBESGESÄNGE ZWISCHEN DER BRAUT
UND DEM BRÄUTIGAM CHRISTUS

Vorbemerkung

1 Wenn sich die Seele über ihre Verpflichtungen Rechenschaft ablegt, wenn sie bedenkt, wie kurz das Leben (Joh. 14, 5), wie eng der Weg zum ewigen Leben ist (Matth. 7, 14), so schmal, daß selbst der Gerechte ihn kaum durchlaufen kann (1. Petr. 4, 16), wie die weltlichen Dinge eitel und trügerisch sind, wie alles gleich eilendem Wasser verfließt (2 Reg. 14, 14), wie dürftig der Besitz, wie leicht das Verderben, wie überaus schwer die Errettung – wenn sie sich weiterhin eingesteht, wie sehr sie Gott Dank schuldet, weil er sie geschaffen, und nur für sich geschaffen hat, und wie sie ihm dafür ihr Leben lang dienen sollte, und wie er sie erlöst, nur durch sich selber erlöst hat, wofür sie ihm volle Entsprechung und Erwiderung seines liebenden Willens schuldet, und wie er sie durch unzählige andere Wohltaten schon vor ihrer Geburt an sich gebunden hat, und ferner wie sich bereits ein großer Teil ihres Lebens verflüchtigt hat, und daß sie für alles vom ersten bis zum letzten, bis zum letzten Heller (Matth. 5, 26) Rechenschaft geben muß, dann, wenn Jerusalem von Gott mit flammenden Leuchten durchforscht wird (Sophon. 1,12), und daß es schon spät, daß es vielleicht schon das Ende des Tages ist (Matth. 20, 6), dann will sie solchem Übel und Schaden abhelfen, zumal sie Gott als sehr entfernt und verborgen empfindet, ihn, den sie unter den Geschöpfen so ganz vergessen wollte. Über solch drohendes Verderben wird sie im tiefsten Herzen von Entsetzen und von Schmerz ergriffen. Ohne einen Tag, eine Stunde zu zögern, läßt sie alle Dinge, alle Geschäfte fahren. Schon von Liebe zu Gott verwundet, aus tiefstem Herzen aufseufzend, beginnt sie ihren Geliebten zu beschwören.

ERSTE STROPHE

Wohin – Geliebter – schwangst Du?
Verlassen hab ich Seufzer nur gefunden.
Gleich einem Hirsch entsprangst Du
und durftest mich verwunden;
ich drang Dir nach, ich rief – Du bliebst entschwunden.

Erläuterung

2 Die Seele, erfüllt von der Liebe zum Wort, dem Gottessohne, zu ihm, ihrem Bräutigam, erfüllt von dem Verlangen, mit ihm in klarer, wesentlicher Schau vereinigt zu werden, sie bringt – in dieser ersten Strophe – ihre stürmische Liebe vor; und sie erhebt vor ihm Klage über seine Entferntheit, vor allem darüber, daß er sie mit seiner Liebe verwundet und allem Geschaffenen und sich selber entrissen habe, und daß sie dennoch weiterhin die Entferntheit des Geliebten erdulden müsse, weil er sie noch nicht vom sterblichen Leibe befreit und sich ihr noch nicht im ewigen Glanze schenkt. Und so sagt sie:

Wohin – Geliebter – schwangst Du?

3 Und es ist, als sagte sie: «O Wort, mein Bräutigam, zeig mir den Ort, wo Du verborgen bist.» Damit erfleht sie die Offenbarung seiner göttlichen Wesenheit. Denn der Ort, darin der Gottessohn verborgen weilt, ist nach den Worten des heiligen Johannes (1, 18) der Schoß des Vaters, die göttliche Wesenheit, die jedem sterblichen Blick entrückt und jedem menschlichen Begreifen verborgen ist. So mochte Jesaias in Wahrheit von Gott sagen: «Du bist ein verborgener Gott» (45, 15). Mag auch eine Seele denkbar starke Mitteilungen, Gefühle der Gottesnähe und erhabene Eingebungen in diesem Leben empfangen, so hat das dennoch mit Gottes Wesenheit nichts zu tun. Denn immer noch bleibt er in Wahr-

heit der Seele verborgen; immer noch muß sie ihn trotz all jener Herrlichkeiten für verborgen halten und ihn als einen Verborgenen suchen. Wohin – Geliebter – schwangst Du? Sind doch weder erhabene Eingebungen noch Gefühle seiner Gegenwart ein sicheres Zeichen seiner gnadenvollen Anwesenheit, sowenig wie Trockenheit und Ausbleiben all jener Tröstungen seine Abwesenheit von der Seele bezeugen. So konnte Hiob sagen: «Sollte er mir nahen, so werde ich es nicht sehen; und sollte er entschwinden, so werde ich es nicht erfassen» (9, 11).

4 Wenn demnach die Seele starke Mitteilungen oder Gefühle oder geistliche Eingebungen erfahren sollte, so darf sie darum nicht wähnen, daß dieses ihr Erleben ein Besitz oder eine klare Wesensschau Gottes sei; so stark es sein mag, es ist kein stärkeres Ergreifen Gottes, kein tieferes Versinken in Gott. Und wenn all diese sinnfälligen und geistigen Mitteilungen ausbleiben sollten und die Seele dem Dunkel, der Trokkenheit und Trostlosigkeit preisgegeben wäre, so darf sie darum nicht meinen, Gott fehle ihr auf solche Weise mehr als auf jene andere. Nicht gibt ihr der erste Zustand die Gewißheit, in seiner Gnade zu weilen, noch ist der andere ein Zeichen, aus ihr verstoßen zu sein. Niemand weiß – nach den Worten des Weisen – ob er Gottes Liebe oder Gottes Verwerfung verdient (Eccl. 9, 1). So ist das vordringliche Streben der Seele in jenem Verse nicht allein die Erlangung einer innigen, gefühlvollen Hingabe, die in diesem Leben keine Klarheit und Gewißheit über den Besitz des Geliebten gewährt; vielmehr erstrebt sie vor allem die klare Gegenwart und Wesenschau im jenseitigen Leben, zu ihrer untrübbaren Befriedigung.

5 Eben dieses meinte die Braut im Hohenliede; in ihrem Verlangen, sich mit der Gottheit des Wortes, ihres Bräutigams zu einen, flehte sie zum Vater: «Zeig mir, wo du weidest, und wo du zu Mittag dich niederlegst» (1, 6). Mit der Frage

nach dem Weideplatz bat sie ihn, ihr das göttliche Wort, seinen Sohn, nach seinem Wesen zu weisen; denn der Vater weiset sich an nichts Anderem als an seinem einzigen Sohne, dem seligen Glanz des Vaters. Und um das Gleiche bat sie mit ihrer Frage nach der Ruhestätte; denn der Sohn allein ist die Wonne des Vaters, an keinem andern Orte ruht er, in nichts Anderes läßt er sich ein als in seinen geliebten Sohn; in ihm ruht er nach seiner ganzen Fülle, in ihn ergießt er sein ganzes Wesen am Mittag der Ewigkeit, darin er ihn immer erzeugt und ihn, den Erzeugten, immer umfängt. Diese Weide, dies hochzeitliche Wort, daran sich der Vater in unendlichem Glanze weidet, das blühende Lager, wo er mit unendlicher Wonne in sich ruht, tiefverborgen jedem menschlichen Auge und jedem Geschöpf, solche Weide wird von der bräutlichen Seele erfleht, wenn sie ausruft: «Wohin – Geliebter – schwangst Du?»

6 Und damit diese dürstende Seele am Ende ihren Bräutigam finde und in diesem Leben, soweit es sein kann, kraft Liebeseinigung mit ihm verschmelze und ihren Durst mildere mit dem Tropfen, den sie von seiner Fülle in diesem Leben verkosten kann, so wird es gut sein, daß wir ihrem Bestürmen des Bräutigams entsprechen und durch ihn mit der Antwort beginnen: wir wollen ihr sein gewissestes Versteck zeigen, damit sie ihn dort aufs gewisseste finde, so vollkommen und so köstlich, wie es in diesem Leben nur sein kann; so wird sie nicht anfangen, den Irrwegen ihrer Gefährten nachzugehen. Dieses ist hier zu beachten: Gottes Sohn, das Wort, zusammen mit dem Vater und dem Heiligen Geist, ist wesentlich und persönlich in dem innersten Sein der Seele verborgen. Darum muß die Seele, die ihn finden will, ihre Neigungen und ihren Willen von allen Dingen lösen und mit stärkster Sammlung in sich selber eingehen, als wäre alles Geschaffene nichts. Aus solchem Grunde sagte Augustinus in seinen «Selbstgesprächen» zu Gott: «Ich fand Dich nicht draußen, Herr, weil mein Suchen dort fehlging; warest Du doch in meinem Innern.» So weilt denn Gott verborgen in der Seele;

und dort soll ihn der gute Beschauliche in Liebe suchen – mit dem Ausruf: «Wohin – Geliebter – schwangst Du?»

7 O herrlich schöne Seele, du schönste unter allen Geschöpfen – da du so inbrünstig den Aufenthalt deines Geliebten wissen möchtest, um ihn zu suchen und dich ihm zu einen, wohlan, nun wird es dir gesagt: Du selbst bist sein Aufenthalt, das heimliche Gemach, wo er sich verbirgt! Wie wirst du darüber befriedigt frohlocken, daß der einzig Begehrte und Erhoffte dir so nahe weilt, daß er in dir ist, oder richtiger, daß du nicht ohne ihn verharren kannst: «Seht», sagt der Bräutigam, «das Gottesreich ist in euch» (Luk. 17, 21). Und sein Knecht, der Apostel Paulus: «Ihr seid Tempel des Herren» (2. Kor. 6, 16).

8 Große Freude bringt der Seele das Bewußtsein, daß Gott niemals der Seele fehlt, selbst wenn sie todsündig ist. Wieviel weniger ist er dann abwesend, wenn sie sich im Gnadenstande befindet. Was verlangst du mehr, o Seele, und was suchst du noch draußen? In deinem Inneren besitzest du deine Schätze, deine Wonnen, deine erfüllende Ersättigung und dein Reich, ihn, den du begehrst und suchst, den Geliebten. Freue dich und frohlocke in deiner inneren Sammlung mit ihm, da du ihn so nahe hast. Hier liebe, hier verehre ihn, und mach dich nicht auf, ihn draußen zu suchen. Du würdest dich doch nur zerstreuen und ermüden; du kannst ihn nicht sicherer, nicht schneller und näher finden, nicht tiefer genießen als in dir. Nur eines bedenke: weilt er auch in dir, so weilt er doch verborgen. Allein auch dieses ist Großes, die Stätte des Verborgenen zu wissen, um ihn dort mit Sicherheit zu suchen. Und auch du, Seele, bittest um nichts Anderes, wenn du im Drang der Liebe sagst: «Wohin – Geliebter – schwangst Du?»

9 Doch du beharrst: «Da in mir ist, den meine Seele liebt, warum fühle ich ihn nicht?» Deshalb, weil er verborgen ist, und weil du dich nicht ebenso verbirgst, um ihn zu finden und

zu fühlen. Denn wer etwas Verborgenes finden will, muß ebenso verborgen durch das Verbergende vordringen; und wenn er es gefunden hat, dann ist er ebenso verborgen wie dieses. Da nun dein geliebter Bräutigam der verborgene Schatz im Felde deiner Seele ist, der Schatz, für den jener weise Mann all seine Habe hingab (Matth. 13, 44), so mußt du dich nach dem Vergessen all des Deinen und nach der Entfremdung von allen Geschöpfen in dem geheimen Innenraum des Geistes verbergen. Und wenn du die Türe vor deinem Begehren nach allen Dingen verschlossen hast, dann bete zu deinem Vater im Verborgenen. Und wenn du so im Geheimen mit ihm weilst, dann wirst du ihn fühlen und im Geheimen lieben; und mit ihm verborgen wirst du Entzückungen fühlen, unsägliche und unfaßliche.

10 Da du nun Seele, du schöne, deinen ersehnten Geliebten in deinem Inneren verborgen weißt, so gelange dahin, mit ihm im Verborgenen zu weilen, und du wirst ihn im Inneren empfinden und voll Liebe umfangen. In dies Geheime ruft er dich durch den Mund Jesaias': «Auf, geh in deine Verborgenheit, schließe deine Türen hinter dir ab. (Das heißt, scheide deine Seelenkräfte ab von allen Kreaturen), verbirg dich ein wenig, für einen Augenblick» (Jes. 26, 20). Das heißt, verbirg dich für diesen Augenblick des zeitlichen Lebens. Wenn du, o Seele, während dieses kurzfristigen Lebens dein Herz bewachtest, mit aller Wachsamkeit, wie es der Weise rät (Sprüche, 4, 23), dann wird dir Gott ohne Zweifel das gewähren, was er durch Jesaias verheißt: «Ich werde dir die verborgenen Schätze geben, und ich will dir das Wesen der Geheimnisse, ihre Mysterien entdecken» (Jes. 45, 3). Das Wesen der Geheimnisse ist Gott selber; denn Gott ist die Substanz des Glaubens und sein Inbegriff, und der Glaube ist das Geheimnis und das Mysterium. Und wenn das offenbar geworden ist, was uns der Glaube noch geheimnisvoll verhüllt, nämlich – nach paulinischen Worten – Gott in seiner Vollkommenheit (1. Kor. 13, 10), dann wird sich der Seele das

tiefe Wesen der Mysterien entdecken. Zwar kann die Seele in diesem sterblichen Leben nicht zu der lauteren Einsicht gelangen wie in dem jenseitigen, so sehr sie sich in das Verborgene versenke. Allein wenn sie sich gleich Moses (Exod. 33, 22) in der Felsenhöhle verbergen, wenn sie mit Gottes Beistand das vollkommene Leben des Gottessohnes, des Bräutigams wahrhaft nachahmen würde, dann wird sie für würdig gehalten werden, Gottes Rücken zu schauen, das heißt, sie wird in diesem Leben zu solcher Vollkommenheit gelangen, daß sie sich kraft der umwandelnden Liebe mit dem göttlichen Bräutigam zu vereinigen vermag. Sie wird sich ihm so zugesellt fühlen, so eingewiesen in seine Mysterien, daß sie in diesem Leben ihn nicht inniger kennenlernen kann und daß es ihr nicht not ist, zu rufen: «Wohin – Geliebter – schwangst Du?»

11 Damit ist dir, o Seele, der Weg gezeigt, auf dem du den Bräutigam in deinem Versteck finden kannst. Doch willst du die Weisung von neuem hören, dann vernimm ein Kernwort von unerschütterlicher Wahrheit: im Glauben und in der Liebe suche ihn, ohne das Begehren, an irgend einer Sache deine Lust zu suchen oder deine Wißbegier über das Nötige hinaus zu stillen. Glaube und Liebe sind die Blindenführer, die dich auf dir unbekannten Wegen zu dem verborgenen Gott geleiten können. Der Glaube, dieses Geheimnis, gleicht den Füßen, mit denen die Seele zu Gott hingeht; und die Liebe ist die Führerin, von der sie auf den Weg geleitet wird. Wenn sie nun auf ihrem Wege die Mysterien und Geheimnisse des Glaubens überdenkt und in sich bewegt, dann wird sie es wert, daß die Liebe ihr das aufdeckt, was der Glaube in sich birgt, den Bräutigam, den sie in diesem Leben durch die besondere Gnade der Gotteinigung begehrt und in dem andern durch seinsmäßige Verklärung, darin sie Gottes Antlitz, das nicht mehr verborgene, in sich aufnehmen kann. Doch selbst wenn die Seele bis zur Gotteinigung gelangt ist, dem erhabensten im Diesseits erreichbaren Zustand, einstweilen

bleibt ihr der Gottessohn im Schoße des Vaters verborgen, dort, wo sie ihn im andern Leben zu genießen begehrt; und darum klagt sie immer: «Wohin – Geliebter – schwangst Du?»

12 Sehr wohl tust du daran, o Seele, ihn immer in der Verborgenheit zu suchen. Denn du verherrlichst Gott und näherst dich ihm aufs innigste, wenn du ihn für erhabener und tiefer hältst als alles, was du erfassen kannst. Deshalb richte deine Aufmerksamkeit weder zum Teil noch ganz auf das, was deine Seelenkräfte begreifen können. Damit will ich sagen: begnüge dich niemals mit dem, was du von Gott zu begreifen glaubst, sondern mit dem Unbegreiflichen. Versäume dich niemals damit, das zu lieben und zu genießen, was du von Gott begreifen oder empfinden magst. Liebe und genieße das, was du von ihm nicht begreifen und fühlen kannst; das eben heißt, ihn im Glauben suchen. Da Gott unzugänglich und verborgen ist, mußt du ihn immer als einen Verborgenen betrachten und ihm als eine Verborgene im Geheimen dienen. Gleiche nicht den vielen Toren, die von Gott niedrig denken, die Gott dann für entlegener und verborgener halten, wenn sie ihn nicht begreifen und mit Wonne fühlen. Das Gegenteil ist zutreffender: je weniger deutlich sie ihn erfassen, desto mehr nähern sie sich ihm. «Sein Versteck barg er in Finsternisse», sind Davids Worte (Ps. 17, 12). Demnach mußt du notwendig Finsternisse in deinen schwachen Augen empfinden, wenn du in seine Nähe gelangst. So tust du gut daran, zu allen Zeiten, in solchen der Widrigkeit und in solchen des weltlichen und geistlichen Gedeihens, Gott für verborgen zu halten und darum ihn anzurufen: «Wohin – Geliebter – schwangst Du?»

Ich hab, Geliebter, Seufzer nur gefunden

13 Sie nennt ihn Geliebter, um ihn stärker zu bewegen und ihn ihrem Flehen geneigt zu machen. Denn wenn Gott geliebt wird, dann kommt er dem Flehen des ihn Liebenden

eilends entgegen. Durch den Mund des heiligen Johannes verhieß er: «Wenn ihr in mir bleibt, dann wird euch alles, worum ihr bittet, gewährt werden» (15, 7). Die Seele kann ihn dann in Wahrheit Geliebter nennen, wenn sie ganz in ihm ist und ihr Herz ausschließlich an ihn und an kein Ding gehängt hat und so ihre Gedanken ständig auf ihn richtet. Weil solches Aufmerken fehlte, wurde es Samson von Dalila vorgeworfen, wie er ihr seine Liebe beteuern könne, wenn sein Sinn nicht bei ihr weile (Jud. 16, 15). In diesem «Sinne» ist sowohl das Denken wie die Zuneigung einbegriffen. So nennen einige den göttlichen Bräutigam «Geliebter», und er ist in Wirklichkeit nicht ihr Geliebter, weil sie nicht mit ganzem Herzen ihm anhängen; und darum sind ihre Bitten vor Gott von minderem Wert. So dringen sie nicht gleich mit ihrem Bittgebet durch; erst bei stetem Gebet ist ihr Gemüt steter an Gott hingegeben, in der Liebe des ganzen Herzens. Denn durch nichts läßt sich Gott etwas abgewinnen, es sei durch Liebe.

14 Wenn sie alsbald klagt, sie habe nur Seufzer gefunden, so ist zu sagen, daß die Abwesenheit des Geliebten ein Seufzen ohne Ende in dem Liebenden erregt; denn er liebt nichts außer dem Einen, er sucht in nichts Anderem Erleichterung und Erquickung. Und es kennzeichnet den wahrhaft Gott Liebenden, daß ihn nichts Geringeres als Gott selber befrieden kann. Doch was sage ich da: befrieden? Wenn er auch alles zusammen besäße, er wäre nicht zufrieden; vielmehr wäre er um so unzufriedener, je mehr er besäße. Das Herz findet sein Genügen nicht im Besitz sondern in der Entblößtheit von Dingen, in der Armut des Geistes. Die vollkommene Liebe besteht in einer Aneignung Gottes kraft besonderer einigender Gnade. Wenn die Seele solches gewonnen hat, dann lebt sie mit einiger Befriedigung, wenn auch nicht mit vollkommener Erquickung. Hat doch selbst David mit all seiner Vollkommenheit sie erst vom Himmel erhofft: «Wenn Deine Herrlichkeit erscheint, dann werde ich mich erquik-

ken» (Ps. 16, 15). Und so genügt der Seele nicht der stille Herzensfrieden, den sie in diesem Leben gewinnen kann; in ihr bleibt ein Seufzen, mag es auch friedlich und nicht qualvoll sein, ein Seufzen in der Hoffnung nach dem ihr Mangelnden. Denn das Seufzen ist der Hoffnung zugehörig, wie es Paulus von sich und anderen Vollkommenen aussagt: «Wir selber, die wir doch als Erste den Geist empfingen, wir seufzen im Innern, in der Hoffnung auf die Gotteskindschaft» (Röm. 8, 23). Ein solches Sehnen erfüllt das liebende Herz auch dieser Seele. Denn dort, wo die Liebe verwundet, dort ist das Seufzen über die Wunde, die stete Klage im Gefühl von Gottes Ferne. Und solches Gefühl ist um so stärker, als die Seele schon beseligende Mitteilungen des Bräutigams empfangen hat. Wenn er ihr dann entschwindet, bleibt sie allein in jäher Dürre. Und nun klagt sie:

Gleich einem Hirsch entsprangst du

15 Im Hohenlied vergleicht die Braut den Bräutigam mit einem Hirsch und mit einem Steinbock: «Mein Geliebter ist wie der Steinbock und wie der Sohn der Hirsche» (2, 9). Und das nicht nur deshalb, weil er fremdartig und einsam wie der Hirsch ist und gleich ihm die Gefährtinnen meidet, sondern auch, weil er mit solcher Schnelligkeit sich verbirgt und zeigt. So zeigt er sich in seinen Heimsuchungen ihm hingegebener Seelen, um sie zu beschenken und anzufeuern; und so entzieht er sich nach den Heimsuchungen, um die Seelen zu prüfen, zu demütigen und zu unterweisen. So macht er ihnen seine Abwesenheit schmerzlicher fühlbar, wie es diese Worte bezeugen:

Und durftest mich verwunden

16 Das ist, als sagte sie: es war nicht genug an der tiefen Qual, die deine Abwesenheit mir ständig zufügt, du mußtest mich zudem tiefer mit deinem Liebespfeil durchbohren. Ge-

steigert hast du mein leidenschaftliches Verlangen, dich zu sehen, und danach fliehst du behend wie ein Hirsch und läßt dich nicht erfassen, nicht im geringsten.

17 Dieser Vers sei noch des Näheren erläutert: Außer vielen verschiedenen Heimsuchungen, mit denen Gott die Seele verwundet und zur Liebe emporreißt, pflegt er sich in gewissen verborgenen Liebesberührungen herabzulassen, wodurch die Seele wie von einem Flammenpfeile verletzt und durchbohrt wird, so daß sie von Liebesfeuer ganz ausgeglüht verbleibt. Und diese sind im eigentlichen Sinne Liebeswunden; und von ihnen spricht die Seele hier. So gewaltig lodert die Seele in Liebesfeuer auf, daß sie sich in dieser Flamme zu verzehren scheint; und sie schwingt sich in solcher Brunst über sich hinaus in eine vollkommene Erneuerung, zu einer neuen Weise des Seins, vergleichbar dem Vogel Phönix, der sich verbrennt und von neuem ersteht. Solchen Vorgang besang David: «Mein Herz entbrannte, meine Nieren wurden verwandelt; zunichte wurde ich, nicht wußte ich, wie» (Ps. 72, 21–22).

18 Die Triebe und Neigungen, die mit dem Worte «Nieren» gemeint sind, sie werden erschüttert; sie wandeln sich ins Göttliche bei solcher Entflammung des Herzens. Groß ist zu dieser Zeit die innere Umwandlung, das ungestüme Verlangen, Gott zu sehen – so gewaltig, daß der Seele solche Heftigkeit des Liebessturmes unerträglich scheint; und das nicht, weil sie dadurch verwundet wurde – vielmehr achtet sie solche Wunden als Heil –, sondern weil die Liebe sie ihrer Pein der Leidenschaft überläßt und nicht machtvoller zuschlug und sie nicht vollends tötete, um sie in einem Leben vollkommener Liebe ganz mit sich zu einen. So betont sie ihren Schmerz: Und durftest mich verwunden.

19 Sie will damit sagen: so von dir verwundet, verblutend an Liebe zu dir, blieb ich zurück; du aber verbargst dich be-

hend wie ein Hirsch. Dies Gefühl ist so gewaltig, weil jene Liebeswunde von Gottes Hand den Willen stürmisch hintreibt zum Besitz des Geliebten, dessen Berührung sie empfand; doch mit gleichem Ungestüm fühlt sie Gottes Ferne, die Unmöglichkeit, ihn zueigen zu gewinnen, und sogleich bricht sie in Seufzen aus. Sind doch solche Heimsuchungen ungleich anderen, in denen Gott die Seele erquickt und sättigt; denn gerade diese wirkt er mehr, um zu verwunden, als zu heilen, mehr um niederzudrücken, als um aufzurichten. Sie sollen das Aufmerken auf ihn beleben, das Verlangen mehren und damit die schmerzliche Sehnsucht nach dem Anschauen Gottes. Diese geistigen Liebeswunden sind für die Seele überaus erlesen und begehrenswert; so möchte sie immer unter solchen Geschossen tausend Tode sterben; wird sie doch von ihnen verzückt, aus sich heraus zu Gott. Das gibt die Seele in folgenden Worten zu verstehen:

Ich drang dir nach, ich rief – du bliebst entschwunden!

20 Liebeswunden kann nur der heilen, der sie schlug. Und so ging die verletzte Seele aus, gewaltig angetrieben von dem Brande der Wunde, auf den Spuren des Geliebten, der sie verwundet hatte; und sie rief ihm nach, daß er sie heile. Solches geistige Hinausgehen bezeichnet zwei Weisen, Gott zu verfolgen. Die eine ist ein Entweichen hinweg von allen Dingen, von ihnen abgestoßen und sie verschmähend. Die andere ist eine selbstvergessene Verzückung durch Gottesliebe. Und nicht nur wird sie durch die Urgewalt solcher Liebe in Selbstverlorenheit aus sich verzückt; in ihrem Aufschrei nach Gott ist sie hinausgehoben – wie aus den Angeln – aus ihren natürlichen Weisen und Neigungen. Es ist, als ob sie sagte: «Mit dieser deiner Berührung, mit dieser Liebeswunde hobest du mich nicht nur über alle Dinge, sondern auch hoch über mich selber hinaus» (und wahrhaftig, selbst aus dem Fleische scheint er sie herauszureißen); du zogest meine Seele, die dir nachrief, zu dir; und schon war sie von allem

entbunden, um sich an dich zu binden. Du bliebst entschwunden.

21 Und damit sagt sie: als ich deine Gegenwart erfassen wollte, fand ich dich nicht; ich verlor den Halt an dem einen und fand ihn nicht an dem andern; ich quälte mich in den Lüften der Liebe, ungestützt von dir und von mir. Was die Seele hier Hinausgehen auf der Suche nach dem Geliebten nennt, das nennt die Braut im Hohenliede Sicherheben: «Erheben will ich mich und ihn suchen, den meine Seele liebt, ihn suchen rund um die Stadt und auf den Plätzen. Ich suchte ihn und fand ihn nicht; und sie verwundeten mich» (Cant. 3, 2; 5, 7.). Das Sicherheben der bräutlichen Seele meint im geistigen Sinne vom Tiefen zum Erhabenen. Das Gleiche nennt die Seele hier hinausgehen, hinaus aus der niedrigen Liebe zur erhabenen Gottesliebe. Dort sagt die Braut, sie sei verwundet, weil sie ihn nicht fand; und auch hier nennt sich die Seele liebeswund und in solchem Siechtum verlassen. Es lebt der Liebende immer in Qualen über die Entferntheit des Geliebten; denn er hat sich dem Geliebten schon hingegeben und erwartet als Lohn gleiche Hingabe von ihm – und sie wird ihm noch nicht gewährt. Um des Geliebten willen ging er allen Dingen und sich selber verloren; und solcher Verlust hat ihm keinen Gewinn gebracht, denn er, den seine Seele liebt, ist nicht sein Eigen.

22 Dies qualvolle Gefühl der Gottferne kann in der Zeit der göttlichen Verwundungen so übermächtig bei den zur Vollkommenheit Gelangten sich auswirken, daß sie ohne den Beistand des Herrn sterben würden. Der Gaumen ihres Willens ist unverdorben, ihr Geist ist lauter und gottempfänglich, auch haben sie die über alles begehrte göttliche Liebe bereits in etwa verkostet. Und so leiden sie über alles Maß. Zeigt sich ihnen doch – wie durch einen Türspalt – ein unermeßliches Gut, ein vorenthaltenes. Und so ist ihre Pein und Folter unsäglich.

ZWEITE STROPHE

Ihr Hirten, die ihr standet
hoch bei den Herden in des Gipfels Nähe,
wenn ihr am Ende fandet
ihn, den ich ausersehe,
sagt ihm: ich schmachte, sieche – ich vergehe!

Erklärung

1 In dieser Kanzone möchte die Seele zu dem Geliebten Vermittler entsenden, die an ihrem Schmerz Anteil nehmen. Denn es ist dem Liebenden eigen, daß er sich durch die besten Mittel mit dem Geliebten in Verbindung bringt, wenn er es unmittelbar nicht vermag. Und so will sich die Seele hier ihrer Wünsche, Gefühle und Seufzer bedienen, als ihrer Boten, die gar wohl das Geheimnis des Herzens dem Geliebten zu verdeutlichen wissen. Und so fordert sie diese zum Botengang auf:

Ihr Hirten, die ihr standet

2 Sie bezeichnet ihre Wünsche, Gefühle und Seufzer als Hirten, sofern sie von ihnen mit geistigen Gütern genährt wird. Denn Hirt ist jemand, der zur Weide führt; und mittels jener Regungen teilt sich Gott der Seele mit und gibt ihr göttliche Kost, allein ohne jene gewährt er sich minder. Ihr Stand nahe dem Gipfel besagt, daß sie aus reiner Liebe aufbrachen. Gelangen doch nicht alle Neigungen und Wünsche bis zu ihm, sondern nur solche, die reiner Liebe entstammen.

Hoch bei den Herden in des Gipfels Nähe

3 Als Herden benennt die Seele hier die Hierarchien und Chöre der Engel, die unsere Stoßseufzer und Gebete von Chor zu Chor bis zu Gott emportragen. Und Gott wird von

ihr Gipfel genannt, weil er letzte Höhe ist, und weil sich an ihm, wie an einem Gipfel, die Dinge und die höheren und tieferen Herden herausheben. Zu dieser Höhe steigen unsere Gebete, unter dem Geleit der Engel. So sagte der Engel zu Tobias: «Als du unter Tränen betetest und die Toten begrubest, da brachte ich dein Flehen vor Gott» (Tob. 12, 12). Aber auch die Engel können als Hirten der Seele verstanden werden: wie sie unsere Botschaften empor zu Gott tragen, so bringen sie Gottes Botschaften zu unsern Seelen und nähren sie als gute Hirten mit Gottes gnadenvollen Mitteilungen und Eingebungen. Als solche Vermittler beschützen und verteidigen sie uns vor den Wölfen, den Dämonen. Gleichviel ob die Hirten als Gefühle oder als Engel gedeutet werden – die Seele will sie alle als Helfer hin zu Gott gewinnen. An alle wenden sich ihre Worte:

wenn ihr am Ende fandet

4 und das meint: wenn ihr zu meinem Glück in seine Gegenwart gelangtet, so daß er euch sähe und hörte. Zwar weiß und umfaßt Gott alles bis zu den Gedanken der Seele, wie Moses es sagt; doch sprechen wir dann davon, daß er unsere Bedürftigkeit ansieht und unsere Gebete hört, wenn er der Not abhilft und die Gebete erfüllt. Denn nicht alle Anliegen gelangen dahin, daß Gott sie anhört, um sie zu gewähren; sie müssen vor ihm reif und gewichtig sein. Dann läßt sich sagen, daß er sie ansieht und hört, wie es beim Exodus geschah: erst als die Kinder Israels vierhundert Jahre unter dem ägyptischen Joch gelitten hatten, sagte Gott zu Moses: Ich sah an die Betrübnis meines Volkes, und ich habe mich herabgelassen, es zu befreien (3, 7; 8). So sprach er, obgleich er sie immer gesehen hatte. Auch sagte der Engel Gabriel zu Zacharias, er solle sich nicht fürchten; Gott habe sein jahrelanges Flehen um einen Sohn erhört (Luc. 1, 13). Und doch hatte Gott ihn immer gehört. Und das muß jede Seele einsehen, daß Gott ihr zur rechten Zeit zu Hilfe kommt, auch wenn er

nicht sogleich auf ihr Flehen Abhilfe bringt. Er ist, nach Davids Wort, Helfer in der günstigen wie in der widrigen Zeit (Ps. 34, 3). Nur muß die Seele nicht verzagt vom Flehen ablassen. Wenn die Seele hier sagt «wenn ihr am Ende fandet», so meint sie damit: wenn am Ende die Zeit gekommen ist, da er es für gut befindet, mein Gebet zu erhören.

ihn, den ich ausersehe

5 auserlesen aus allen Dingen. Solche Liebe über alles ist Wirklichkeit, wenn sich die Seele durch nichts davon abschrecken läßt, alles in seinem Dienst zu tun und zu erleiden. Und wenn die Seele in Wahrheit die Worte des folgenden Verses sprechen kann, dann ist es ein Zeichen, daß sie ihn über alles liebt;

sagt ihm: ich schmachte, sieche – ich vergehe!

6 Drei Nöte weist die Seele auf: Krankheit, Pein und Tod. Die Seele, die Gott wahrhaft, mit dem Drang zur Vervollkommnung liebt, leidet zumeist in der Gottferne auf drei Weisen, gemäß den drei Seelenvermögen, Verstand, Wille und Gedächtnis. Ihre Erkenntniskraft schmachtet hin, weil sie Gott nicht sieht, ihn, das Wohl der Erkenntniskraft – so wie es Gott durch David sagt: «Ich bin dein Heil» (Ps. 34, 3). Von dem Willen sagt sie, daß er siecht, weil er Gott nicht besitzt, die Erquickung des Willens – wie es wiederum David sagt: Mit dem Sturzbach deiner Wonnen wirst du sie sättigen (Ps. 35, 9). Im Hinblick auf das Gedächtnis sagt die Seele, daß sie stirbt; denn sie ruft sich ins Gedächtnis, daß ihr alles Heil der Erkenntniskraft, das Anschauen Gottes fehlt, und nicht anders die Wonne der Willenskraft, ihn zu eigen zu haben; und dazu vergegenwärtigt sie sich, daß sie ihn inmitten der Gefahren und Verführungen dieses Lebens sehr leicht für immer verlieren kann. Und so leidet sie in ihrem Gedächtnis Todespein, in dem Bewußtsein, daß ihr der gewisse und voll-

kommene Besitz Gottes fehlt, ihres wahren Lebens – wie es Moses ausspricht: Er ist sicherlich dein Leben (Deuter. 30, 20).

7 «Gedenke meiner Armseligkeit, des Wermuths und der Galle.» So weist auch Jeremias dem Herren jene drei Nöte. (Klagelieder, 3, 19). Die Armseligkeit bezieht sich auf das Erkenntnisvermögen; denn zu ihm gehört die überschwängliche Weisheit des Gottessohnes, in dem – nach Paulus – alle Schätze Gottes beschlossen sind (Koloss. 2, 3). Der Wermuth, ein überaus bitteres Kraut, bezieht sich auf die Willenskraft; denn zu diesem Vermögen gehört die Süße der Aneignung Gottes, bei dessen Entbehren es in Bitternis verbleibt. Und daß solche Bitternis geistig dem Willen zugeordnet ist, geht aus der Apokalypse hervor, aus den Worten des Engels zum Apostel Johannes; er solle das Buch nehmen und essen; in seinem Leibe würde es bitter werden (10, 9). Unter dem Leibe ist hier die Willenskraft zu verstehen. Die Galle bezieht sich nicht nur auf die Gedächtniskraft, sondern auf alle Fähigkeiten und Kräfte der Seele; denn die Galle bezeichnet den Tod der Seele. So geht es auch aus Moses' Worten an die Verdammten hervor: «In Drachengalle wird sich ihr Wein verwandeln und in unheilbares Natterngift» (Deut. 32, 33). Das besagt das Entbehren Gottes, den Tod der Seele. Diese drei qualvollen Nöte gründen sich auf die drei theologischen Tugenden; Glaube, Liebe, Hoffnung; und diese beziehen sich auf die drei Seelenkräfte, die hier in der Folge Erkenntniskraft, Willenskraft, Gedächtniskraft gebracht wurden.

8 Darauf sei hingewiesen: in dem genannten Verse beschränkt sich die Seele darauf, dem Geliebten ihre Not und Qual vorzustellen; denn wer besonnen liebt, wird nur auf seine Bedürftigkeit hinweisen, anstatt das Erwünschte zu erbitten; so bleibt die Weise der Abhilfe dem Geliebten überlassen. So sagte die gesegnete Jungfrau auf der Hochzeit zu

Kanaan nur dieses zu ihrem geliebten Sohn: «Es fehlt ihnen an Wein.» Und die Schwestern des Lazarus sandten ihm nicht die Botschaft, er möge ihren Bruder heilen, sondern nur jene: «Er, den du liebst, ist krank» (Joh. 11, 3). Und solches Verhalten beruht auf drei Gründen: einmal weiß der Herr besser als wir, was uns gut ist; zum andern erbarmt sich der Geliebte eher, wenn er die Bedürftigkeit des Liebenden zugleich mit dessen Bescheidung ansieht, und schließlich ist die Seele besser gegen Eigenliebe und Habgier gesichert, wenn sie ihren Mangel aufweist, als wenn sie nach ihrem Gutdünken das ihr Mangelnde erbittet. So und nicht anders verhält sich hier die Seele, wenn sie ihre dreifachen Nöte vorbringt. Es ist, als spräche sie: «Sagt meinem Geliebten, daß ich verschmachte, und daß er mein Wohl ist, und daß er mir deshalb mein Wohlsein gewähre; sagt ihm, daß ich hinsieche und daß er allein meine Erquickung ist; so möge er mir Erquickung geben; sagt ihm: ich sterbe, und er allein sei mein Leben; er möge mir Leben schenken.»

DRITTE STROPHE

Den Liebsten zu erlangen,
folg ich den Ufern nach, den Bergeskämmen;
mich lockt kein Blütenprangen,
kein Raubtier darf mich hemmen,
kein Bollwerk, kein Gewaltiger kann mich dämmen.

Erklärung

1 Wie die Seele es einsieht, genügen nicht Seufzer und Gebete, um den Geliebten zu finden, so wenig wie die Hilfe guter Vermittler, die sie in den ersten beiden Kanzonen nachsuchte. Da ihr Verlangen, ihn zu erreichen, aufrichtig ist und ihre Liebe stark, so will sie voll Eifer etwas nach ihren Kräf-

ten leisten. Die Seele, die Gott wahrhaft liebt, unternimmt ohne Ermatten alles, um den Gottessohn, ihren Geliebten, zu finden. Und auch wenn sie alles getan hat, gibt sie sich nicht damit zufrieden. So bekundet sie in dieser dritten Kanzone, daß sie selber ihn suchen will, durch ihr eigenes Werk, und wie sie dabei vorgehen muß: sie hat sich in den spiritualen Tugenden und Übungen des aktiven wie des kontemplativen Lebens zu betätigen; sie muß darum einschmeichelnde Genüsse von sich weisen; auch darf sie sich auf solchem Wege nicht durch die Kräfte und Nachstellungen ihrer drei Feinde aufhalten lassen, nicht durch Welt, Dämon und Sinnlichkeit.

Den Liebsten zu erlangen

2 Um diesen Geliebten, um Gott wirklich zu finden, genügt es nicht, mit dem Herzen und mit der Zunge zu beten und ebensowenig, sich auf fremde Wohltaten zu stützen; die Seele muß überdies aus sich herausstellen, was sie in sich ist. Denn Gott schätzt eine einzige persönliche Leistung höher als viele Leistungen, die von anderen für sie vollbracht werden. Und so erinnert sich die Seele hier eines Ausspruches ihres Geliebten: «Sucht, und ihr werdet finden.» Und sie entschließt sich, aufzubrechen und ihn tätig, auf jene wirksame Weise zu suchen. Nicht will sie sich damit abfinden, ihn nicht zu erreichen, wie es Viele tun, die Gott nur mit Worten, und dazu mit unzulänglichen, gewinnen wollen und die für ihn schwerlich etwas Lästiges auf sich nehmen mögen. Und Einige verlassen nicht einmal einen ihnen behagenden Platz um seinetwillen, so als ob sie die Köstlichkeit Gottes verschmekken und verspüren könnten, ohne sich zu rühren und sich mit dem Entzug einiger überflüssiger Lustempfindungen, Tröstungen und Neigungen zu kasteien. Allein solange sie nicht hinausgehen und ihn suchen, werden sie ihn trotz aller Anrufungen nicht finden. Auf diese Weise hatte ihn die Braut im Hohenliede gesucht und ihn nach ihren Worten nicht eher gefunden, als bis sie hinausging, ihn zu suchen:

«Nachts auf meinem Lager suchte ich ihn, den meine Seele liebt; ich suchte ihn und fand ihn nicht. Erheben muß ich mich und die Stadt durchschweifen; durch die Umgebung und über die Plätze will ich suchen, den meine Seele liebt» (3, 1). Erst nachdem sie einige Mühsale durchgemacht hat, sagt sie, daß sie ihn fand.

3 Wer demnach Gott suchen will und zugleich sein Behagen und Wohlergehen wahren will, der sucht ihn nachts und wird ihn deshalb nicht finden. Doch wer ihn durch Erprobungen und Tugendwerke sucht, fern dem Lager seiner Gelüste, der sucht ihn am Tage und wird ihn so finden. Denn was nachts verborgen bleibt, wird am Tage sichtbar. Das bekundet der Bräutigam selber, im Buche der Weisheit: «Strahlend ist die Weisheit und unverwelklich; leicht sichtbar ist sie denen, die sie lieben, gefunden wird sie von denen, die sie suchen. Denen, die sie begehren, kommt sie zuvor, um sich ihnen zuerst zu weisen. Wer in der Frühe ihr entgegenwacht, hat keine Mühsal; auf der Schwelle seines Hauses sitzend, wird er sie finden» (6, 13). Nach diesen Worten muß die Seele aus dem Hause ihres Eigenwillens und aus dem Lager ihrer Selbstsucht fortgehen; dann wird sie draußen die göttliche Weisheit, den Gottessohn finden. Deshalb sagt die Seele hier: Den Liebsten zu erlangen,

folg ich den Ufern nach, den Bergeskämmen

4 Unter den Erhebungen der Berge sind die Tugenden zu verstehen: einmal, wegen ihrer Erhabenheit; zum andern, wegen der Schwierigkeit und Mühsal eines Aufstiegs auf ihre Gipfel. Mit ihrer Hilfe will sie das beschauliche Leben durchführen. Unter den Niederungen der Ufer versteht sie die Demütigungen, Kasteiungen und geistlichen Übungen. Mit ihnen will sie das aktive Leben durchführen, zusammen mit dem kontemplativen; denn das eine wie das andere ist vonnöten, um Gott mit Erfolg zu suchen und die Tugenden zu

erwerben. Sie sagt damit: auf der Suche nach meinem Geliebten will ich die erhabenen Tugenden betätigen und mich in den niedrigen Abtötungen und Übungen demütigen. Damit sagt sie: der Weg, Gott zu suchen, ist dieser: in Gott das Gute wirken und in sich das Böse ertöten. Wie das geschieht, sagen folgende Verse:

mich lockt kein Blütenprangen.

5 Gott suchen, das verlangt ein starkes Herz, das entblößt ist und frei von allem Bösen und von allem Guten, das nicht schlechthin Gott ist. So betont die Seele in diesem Vers und weiterhin die Freiheit und die Stärke, die zu solchem Suchen gehören. Und sie sagt hier, sie wolle nicht die Blumen am Saume ihres Weges pflücken; und sie versteht unter Blumen alle die Launen, Befriedigungen und Sinnenfreuden, die sich ihr in diesem Leben darbieten können und die ihren Weg behindern würden, wenn sie gepflückt und mitgenommen würden. Drei solcher Behinderungen sind zu nennen: zeitliche, sinnliche und geistige. Die einen wie die andern nehmen unser Herz ein und behindern die Entblößtheit des Geistes, die für den geraden Weg Christi unerläßlich ist – sie behindern, sofern sie die Beachtung fesseln oder zum Besitz gemacht werden. So sagt die Seele, sie werde alle diese Dinge nicht festhalten. Und damit meint sie: «Ich werde mein Herz nicht an die Reichtümer und Güter der Welt hängen, ich werde die Gelüste meines Fleisches nicht befriedigen, noch werde ich den Tröstungen und Entzückungen meines Geistes so weit nachgehen, daß ich es versäumte, meinen Geliebten durch die Berge der Tugenden und Mühsale zu suchen.» Damit handelt sie nach dem Rat, den David den Pilgern auf solchem Wege gibt: «Divitiae si affluant, nolite cor opponere» (Ps. 61, 11). Das besagt: wenn sich euch überströmender Reichtum darbieten sollte, dann hängt nicht euer Herz an ihn. Darunter versteht sie die Lust am Sinnenhaften wie an zeitlichen Gütern und geistlichen Tröstungen. Denn nicht nur

die zeitlichen Güter und Sinnenfreuden verlegen den Weg zu Gott; auch die gesuchten und angeeigneten geistlichen Tröstungen und Freuden behindern den Weg des Kreuzes, den des Bräutigams Christus. Wer demnach zum Ziele strebt, darf nicht nach den Blumen abschweifen. Darüber hinaus muß er Mut und Stärke genug besitzen, um zu versichern:

kein Raubtier darf mich hemmen,
kein Bollwerk, kein Gewaltiger darf mich dämmen

6 In diesen Versen nennt die Seele ihre drei Feinde: Welt, Dämon und Sinnenleib, sie, die feindlich den Weg erschweren. Als Raubtier bezeichnet sie die Welt, den Dämon als Gewaltigen und das umgrenzende Fleisch als Bollwerk.

7 Die Seele vergleicht die Welt mit Raubtieren. Denn bei ihrem Aufbruch zu Gott erscheint ihr die Welt in ihrer Phantasie gleich wilden Tieren, die sie blutgierig bedrohen – und das vor allem auf drei Weisen. Als erste Bedrohung erscheint ihr, daß die Gunst der Welt ihr fehlen wird, daß sie die Freunde, den Beifall, die Schätzung und selbst den Besitz verliert. Als zweite, nicht minder ungestüme Bedrohung kommt ihr die Befürchtung, wie sie es ertragen könne, niemals mehr die Befriedigungen und Freuden der Welt zu genießen, immer ihre Verwöhnungen zu entbehren. Und die dritte Bedrohung ist sogar noch größer: sie könnte verlästert werden, verlacht und verspottet und mit Geringschätzung behandelt – Bedrängnisse, die manchen Seelen so vor Augen stehen, daß ihnen nicht nur das Ausharren gegenüber solchen Raubtieren, sondern selbst der erste Schritt auf diesem Wege überaus schwer wird.

8 Jedoch einige Hochherzige werden von anderem Getier verstört, tiefer im Innern: durch geistliche Schwierigkeiten, Versuchungen, Prüfungen und mancherlei Mühsale; denn sie müssen durchlitten werden, so wie Gott sie denen schickt, die er zu hoher Vollkommenheit erheben will. Diese prüft

und läutert er wie das Gold im Feuer. So bezeugt David: «Multae tribulationes justorum» (Ps. 33, 20). Das heißt: «Vielfältig sind die Drangsale der Gerechten», doch aus allen wird sie der Herr befreien. Allein die leidenschaftliche Seele, die den Geliebten höher schätzt als alles, sie vertraut seiner Liebe und Gunst; und unbedenklich sagt sie: «Kein Raubtier darf mich hemmen.»

Kein Bollwerk, kein Gewaltiger darf mich dämmen

9 Die Dämonen, den zweiten Feind, nennt sie gewaltig, weil sie ihr mit großer Kraft den Weg versperren wollen; und auch deshalb, weil ihre Versuchungen und Ränke gewaltiger, schwerer bezwingbar und schwieriger begreifbar sind als die der Welt und des Sinnenleibes, und weil sie sich mit jenen beiden anderen Feinden, Welt und Fleisch, verstärken, um die Seele stark zu bekriegen. Von ihnen als von Gewaltigen spricht David: «Fortes quaesierunt animam meam» (Ps. 53, 5). Das heißt: «Die Gewaltigen trachteten nach meiner Seele.» Nicht anders sagt der Prophet Hiob: «Keine Macht auf der Erde ist vergleichbar der Macht des Dämons, der so beschaffen ist, daß er niemanden fürchtet» (Hiob, 12, 24). Damit sagt er: keine menschliche Macht kann sich mit der seinen messen; und darum kann ihn nur die göttliche Macht bezwingen und nur das göttliche Licht seine Listen offenbaren. Darum bedarf die Seele, die seine Kraft bezwingen soll, des Gebetes; und sie bedarf der Abtötung, um seinen Trug aufzudecken. Darum gibt Paulus den Gläubigen folgenden Rat: «Induite vos armaturam Dei, ut possitis stare adversus insidias diaboli, quoniam non est nobis colluctatio adversus carnem et sanguinem» (Ephes. 6, 11–12). Das heißt: «Legt die Waffenrüstung Gottes an, damit ihr der Arglist des Feindes widerstehen könnt; denn dieser Kampf ist ein anderer als jener gegen Fleisch und Blut...» Unter dem Blut ist die Welt zu verstehen und unter den Waffen Gottes das Gebet und Christi Kreuz, Ursprung der Demut und Abtötung, die wir forderten.

10 Auch sagt die Seele, sie würde die Bollwerke, die Grenzbefestigungen durchbrechen. Unter ihnen sind, wie gesagt wurde, die Widerstände zu verstehen, mit denen sich die Natur des Fleisches gegen den Geist empört. Es ist, wie Paulus sagt: «Caro enim concupiscit adversum spiritum» (Gal. 5,17). Das heißt: «Das Fleisch begehrt auf wider den Geist», und gleich einem Bollwerk widersteht es dem Weg des Geistes. Um dieses Bollwerk zu durchbrechen, muß die Seele die Schwierigkeiten zerstören und alle sinnlichen Gelüste und natürlichen Neigungen mit der entschlossenen Kraft des Geistes niederwerfen. Denn solange diese in der Seele verharren, wird der Geist derart von ihnen unterjocht, daß er nicht zu wahrem Leben und geistlichem Entzücken vordringen kann. Paulus verdeutlicht das so: «Si spiritu facta carnis mortificaveritis, vivetis» (Röm. 8, 13). Das heißt: «Wenn ihr durch den Geist die Neigungen und Triebe des Fleisches abtötet, werdet ihr leben.» Demnach muß die Seele auf der Suche nach ihrem Geliebten derart vorgehen: mit solcher Beharrlichkeit und Tapferkeit, daß sie sich nicht nach den Blumen bückt, mit Furchtlosigkeit gegenüber den reißenden Tieren, mit Stärke, um die Gewaltigen und die Bollwerke zu überwinden, mit entschlossenem Vordringen über Bergeshöhen und längs Uferniederungen.

VIERTE STROPHE

FRAGE AN DIE GESCHÖPFE:

O Dickichte und Wälder,
gepflanzt von des Geliebten Hand ins Leben –
o frischentsproßte Felder
voll seltener Kelche Beben,
sahet ihr ihn – o sagt! – durch euch entschweben?

Erklärung

1 Die Seele hat dargetan, wie sie sich für diesen Weg vorbereiten muß, um nicht mehr zu Wonnen und Lüsten abzuirren, wie stark sie sein muß, um die Versuchungen und Schwierigkeiten zu bezwingen; darin besteht die Anwendung des Selbsterkennens, als Vorübung für die Erkenntnis Gottes. Jetzt, in dieser Kanzone, beginnt sie hinzuwandern, durch die Betrachtung und Kenntnis der Geschöpfe, zur Erkenntnis ihres Geliebten, der jene schuf. Denn nach der Übung der Selbsterkenntnis fördert die Betrachtung der Geschöpfe an erster Stelle auf diesem geistlichen Wege die Gotterkenntnis, da sich an ihnen seine unermeßliche Erhabenheit dartut. So sagt auch der Apostel: «Invisibilia enim ipsius a creatura mundi, per ea quae facta sunt, intellecta conspiciuntur» (Röm. 1, 20). Das ist, als sagte die Seele: «Gottes unsichtbare Wesenheit wird durch das sichtbare oder unsichtbare Geschaffene erkennbar.» So spricht die Seele in dieser Kanzone mit den Geschöpfen und befragt sie nach ihrem Geliebten. Diese an die Geschöpfe gerichtete Frage ist – wie Augustinus sagt – die Betrachtung ihres Schöpfers in ihnen. Es umfaßt diese Kanzone die Betrachtung der Elemente und des anderen niedrigeren Erschaffenen und die Betrachtung der Himmel wie der Geschöpfe und Körper, die Gott in ihnen schuf, und auch die Betrachtung der himmlischen Geister. So sagt sie:

O Dickichte und Wälder

2 Sie bezeichnet die Elemente, Erde, Wasser, Luft und Feuer, als Wälder, da sie gleich lieblichen Wäldern dicht mit Geschöpfen bevölkert sind; und diese Geschöpfe nennt sie hier Dickicht, weil sie in großer Zahl und Mannigfaltigkeit die Elemente erfüllen: auf der Erde unzählige Arten von Lebewesen und Pflanzen, im Meer unzählige, mannigfaltige Fische und in der Luft die verschiedensten Vögel; und das Element des Feuers hat an allem teil, belebend und erhaltend.

Und so ist jede Art von Lebewesen in sein Element eingesenkt, dort geboren und sich vermehrend, wie in der Geborgenheit eines Waldes. Nicht anders hat es Gott bei ihrer Erschaffung angeordnet, der Erde das Hervorbringen von Pflanzen und Tieren gebietend, dem Meer das Tragen der Fische, und den Vögeln die Luft als Aufenthalt zuweisend (Gen. 1). Und da es der Seele bewußt ist, daß er so befahl, und es so geschah, sagt sie im folgenden Vers:

gepflanzt von des Geliebten Hand ins Leben

3 Diese Worte sind in der Erwägung gesprochen, daß nur die Hand des göttlichen Geliebten so Überreiches und Großes erschaffen und mehren konnte. Mit Überlegung sagt sie «des Geliebten Hand»; denn wenn Gott auch Vieles durch fremde Hände, durch die der Engel und der Menschen wirkt – dieses Erschaffen wirkte und wirkt er ausschließlich mit eigener Hand. Und so erregt die Seele in sich eine starke Liebe zu dem göttlichen Geliebten, wenn sie das Hervorgehen der Geschöpfe aus seiner eigenen Hand betrachtet. Und sie fährt fort:

o frischentsproßte Felder

4 Dies ist die Betrachtung des Himmels; sie vergleicht ihn mit frischentsproßten Feldern, weil die in ihm geschaffenen Dinge unverwelklich sprossen, ohne mit der Zeit zu vergehen und zu verwelken. Und wie an frischen Gewächsen erquicken sich an ihnen die Gerechten. Auch umfaßt diese Betrachtung die schönen Sterne und Planeten des Himmels.

5 Auch die Kirche bezeichnet die himmlischen Dinge als frische Sprossen, wenn sie in ihren Gebeten für die Seelen der verstorbenen Gläubigen sagt: «Constituat vos Dominus inter amaena virentia». Das besagt: «Gott versetze euch in das liebliche Gefild.» Auch sagt sie, diese frischentsproßten Felder seien

voll seltener Kelche Beben

6 Unter diesen Blütenkelchen versteht sie die Engel, die jene Stätte verschönen, gleich einem anmutigen, eingelegten Email auf einem Gefäß von edelstem Gold.

sahet ihr ihn – o sagt! – durch euch entschweben ?

7 Diese Frage ist die zuvor erwähnte Betrachtung; und sie will sagen: Sagt, welche Vollkommenheiten er in euch erschaffen hat.

FÜNFTE STROPHE

ANTWORT DER GESCHÖPFE

Gaben auf Gaben spendend,
durchstreifte er im Fluge diese Haine;
und sich zu ihnen wendend
mit seiner Augen Scheine,
barg er sie ganz in Schönheit, in die seine.

Erklärung

1 In dieser Kanzone antworten die Geschöpfe auf die Frage der Seele; und diese Antwort ist – wie auch Augustinus an der genannten Stelle sagt – das Zeugnis, das sie mit ihrem Sein für die unermeßliche Erhabenheit Gottes ablegen. Danach ist der wesentliche Gehalt dieser Kanzone, daß Gott alle Dinge mühelos und im Augenblick schuf und daß er in diesem Erschaffenen eine Spur seines Wesens zurückließ, nicht nur dadurch, daß er ihnen das Sein aus dem Nichts verlieh; denn darüber hinaus begabte er sie mit unzähligen Vorzügen und Kräften, er verschönte sie durch eine bewundernswerte Ordnung, durch eine unzerstörbare wechselseitige Ab-

hängigkeit, und das alles kraft seiner Weisheit, kraft des Wortes, seines eingeborenen Sohnes. Demnach sagt sie:

Gaben auf Gaben spendend

2 Dies Ausspenden von Gaben auf Gaben gilt den Tausenden von Geschöpfen, wobei die Zahl tausend ihre Menge bezeichnen soll. Diese Gunsterweise sind eben die Geschöpfe, die er mit soviel Vollkommenheiten beschenkte. Und während er sie durch die ganze Welt ausstreute,

durchstreifte er im Fluge diese Haine

3 Die Haine durchstreifen, heißt hier, die Elemente erschaffen; er durchstreifte sie, die hier als Haine bezeichnet werden, unter dem Ausstreuen von tausend Gaben. Er schmückte sie mit all den vollkommenen Geschöpfen; und darüber hinaus beschenkte er auch diese mit tausend Gaben, mit denen sie zur Erzeugung und Erhaltung all dieser Arten beitragen können. Und sie sagte, daß er sie durchstreifte, weil die Geschöpfe wie eine Fußspur Gottes sind, darin sich seine Größe und Macht, seine Weisheit und andere göttliche Vermögen abzeichnen. Ferner sagt sie, daß dies Durchstreifen im Fluge geschah; denn die Geschöpfe sind Gottes geringere Werke, die er wie im Vorübergehen schuf. Die erhabeneren hingegen, in denen er sich deutlicher offenbarte und bei denen er länger verweilte, waren die Menschwerdung des Wortes, all jene Mysterien des christlichen Glaubens, neben denen alle anderen wie im Fluge gewirkt erschienen.

Und sich zu ihnen wendend
mit seiner Augen Scheine,
barg er sie ganz in Schönheit, in die seine

4 Nach den Worten des Apostels Paulus ist der Sohn Gottes Abglanz von dessen Herrlichkeit und seines Wesens Ab-

bild (Hebr. 1, 3). Allein mit diesem Abbild, mit den Augen seines Sohnes sah Gott auf alle Dinge; damit verlieh er ihnen ihr natürliches Sein und vollendete sie mit vielen natürlichen Gaben und Kräften, wie es aus den Worten der Genesis hervorgeht: «Gott sah an alles, was er geschaffen hatte, und es war sehr gut» (Gen. 1, 31). Es war alles sehr gut, weil es kraft seines Sohnes, dem Worte geschaffen war. Und er verlieh ihnen mit seinem Blick nicht nur das natürliche Sein und natürliche Gaben, sondern er hüllte sie auch in Schönheit, kraft seines Abglanzes, seines Sohnes, er gewährte ihnen die Schönheit des übernatürlichen Seins. Das geschah, als der Sohn Mensch wurde und als Mensch zur Schönheit Gottes erhoben wurde und in der Folge alle Geschöpfe in ihm; hatte er sich doch als Mensch mit ihrer aller Natur vereinigt. Deshalb sagte der Gottessohn selber: «Si ego exaltatus a terra fuero, omnia traham ad me ipsum» (Joh. 12, 32). Das besagt: «Wenn ich über die Erde erhöht worden bin, will ich alles an mich ziehen.» Mit der erhöhenden Menschwerdung seines Sohnes und mit dem beseligenden Glanze seiner leiblichen Auferstehung hat der Vater die Geschöpfe nicht nur zum Teil verschönt; er hat sie gänzlich, so können wir sagen, in Schönheit und Würde eingehüllt.

Vermerk zur folgenden Strophe

1 Allein noch mehr: beim Ausgehen vom Sinn und vom Gefühl solcher Kontemplation ergibt es sich, daß die Seele in ihrer lebendigen Betrachtung und Erkenntnis der Geschöpfe in ihnen eine Überfülle gottgeschenkter Gaben, Kräfte, eine solche Schönheit aus Gottes Hand gewahr wird: sie alle scheinen ihr in eine natürliche, staunenswerte Schönheit und Lebenskraft eingehüllt, Schönheit, herabgeleitet von jener unendlichen übernatürlichen Schönheit des göttlichen Abglanzes, von ihm, dessen Blick die Welt und alle Himmel mit Schönheit und Jubel erfüllt. Nicht anders erfüllt er –

nach Davids Wort – jedes Lebewesen mit Segnungen, nur mit dem Auftun seiner Hand. So wird die Seele von Liebe verwundet, weil sie in den Geschöpfen die Spur des Geliebten, eine Spur seiner Schönheit wahrgenommen hat; so begehrt sie ungestüm, jene unsichtbare Schönheit zu sehen, den Ursprung dieser sichtbaren Schönheit. Und sie sagt die Worte der nächsten Kanzone:

SECHSTE STROPHE

BRAUT:

Ach! Wer kann je mich heilen!
Ganz gib dich hin mit ernstlichem Vollenden!
Laß ab, mir nur zuweilen
Botschaften zuzusenden:
Was ich erlechze, können sie nicht spenden.

Erklärung

2 Da die Seele von den Geschöpfen Zeichen ihres Geliebten empfing, Spuren seiner erhabenen Schönheit, steigert sich ihre Liebe und damit der Schmerz über sein Fernbleiben. Denn je mehr die Seele Gott erkennt, umso mehr wächst ihr qualvolles Verlangen, ihn zu sehen. Und da sie einsieht, daß nichts ihr Hinsiechen heilen kann, es sei denn die Gegenwart und der Anblick des Geliebten, so bittet sie ihn hier um das Einzige, wovon sie Heilung erhofft: um seine Hingabe, um den Besitz seiner Gegenwart. So sagt sie, fortan möge er sie nicht mehr mit irgend welchen Anzeichen und Mitteilungen hinhalten und nicht mit Spuren seiner Erhabenheit; denn diese mehrten eher ihr leidenschaftliches Verlangen, als daß sie dies ihr Begehren stillten. Ihr Wille ist mit nichts Geringerem zu befriedigen als mit seiner Gegenwart, seinem An-

blick. Und so möge es ihm gefallen, sich ihr wirklich hinzugeben, in ganz vollkommener Liebe. Deshalb sagt sie:

Ach! Wer kann je mich heilen!

3 Damit will sie ausdrücken: Unter allen Lüsten der Welt, allen Befriedigungen der Sinne und sanften Freuden des Geistes, sicherlich, unter all dem ist nichts, was mich heilen, nichts, was mich befriedigen könnte. Und da es so ist:

Ganz gib dich hin mit ernstlichem Vollenden!

4 Jede Seele, die wahrhaft liebt, kann sich nicht eher zufriedengeben, als bis sie Gott wahrhaft besitzt. Denn wir sagten es schon: alle anderen Dinge, weit entfernt davon, ihr Verlangen zu stillen, lassen sie nur heftiger danach schmachten und dürsten, ihn zu sehen, wie er ist. Jede Einsicht, die sie vom Geliebten empfängt, eine solche der Erkenntniskraft oder des Gefühls oder irgend eine andere Mitteilung, sie tragen der Seele gleich Boten Zeichen seines wahren Wesens zu und machen das Verlangen nur wacher und gewaltiger, so wie Brosamen es bei großem Hunger tun. Und da die Seele nicht mit so Wenigem gefristet werden will, sagt sie: Ganz gib dich hin mit ernstlichem Vollenden!

5 Denn alles, was sich von Gott in diesem Leben erkennen läßt, mag es noch so viel sein, es ist kein eigentliches Erkennen, sondern eine Teilerkenntnis, aus großer Ferne. Ihn wesentlich erkennen, heißt ihn in Wahrheit erkennen. Um solches bittet die Seele, unbefriedigt von all diesen anderen Mitteilungen. Und so sagt sie unverweilt:

Laß ab, mir nur zuweilen
Botschaften zuzusenden

6 Als ob sie sagte: Wolle nicht, daß ich weiterhin dich so beschränkt erkenne, durch diese Boten, die mir Zeichen und

Empfindungen von dir bringen, – Zeichen, weit entfernt von dem, was meine Seele von dir begehrt. Du weißt wohl, mein Bräutigam, daß Boten dem, der nach der Gegenwart lechzt, den Schmerz vermehren: sie erneuern die Wunde mit ihrer Botschaft, und zum andern erscheinen sie nur Verzögerer deines Kommens. Von jetzt an wolle mir nicht mehr diese dir fernen Zeichen schicken. Zwar konnte ich mich bislang mit ihnen abfinden, da ich dich noch nicht tiefer erkannte und liebte; doch jetzt wurde meine Liebe zu groß, um sich mit diesen Zusicherungen zu begnügen. So gib dich mit ernstlichem Vollenden. In noch deutlicheren Worten: Dieses, mein Herr und Bräutigam, was du meiner Seele nur in Teilen von dir gewährst, gib es mir ganz. Und dieses, was du mir immer nur wie durch einen Türspalt zeigtest, zeig es mir endlich unverkürzt. Und das, was du mir immer nur durch Vermittler anzeigst, wie zum Spott, zeig es mir endlich im Ernst und teile dich durch dich selber mit. Wohl scheint es mitunter bei deinen Heimsuchungen, als wolltest du mich mit deinem Besitz beseligen; doch wenn meine Seele sich vergewissert, dann findet sie nichts von dir, weil du dich ihr entziehst – und das heißt, nur zum Spotte geben. Gib dich denn ernstlich hin, gib dich ganz in meine ganze Seele, damit ich dich ganz umfangen kann, mit meiner ganzen Seele, und wolle mir nicht länger Mittler senden:

Was ich erlechze, können sie nicht spenden

7 Ich liebe dich, den Unbeschränkten, so sagt sie damit, und jene können mir nichts von deiner Ganzheit aussagen; denn nichts im Himmel und auf der Erde vermag der Seele das Wahrnehmen von dir zu geben, wonach sie verlangt; und darum kann nichts mir spenden, was ich erlechze. Statt dieser Boten sei du selber Bote und Botschaft.

SIEBTE STROPHE

Und alle, die dein achten,
sie künden mir von deiner Gnade Bächen
und mehren nur mein Schmachten.
Es läßt mich niederbrechen
Unsägliches, wovon sie stammelnd sprechen.

Erklärung

1 In der vorhergehenden Kanzone hatte sich die Seele verwundet von Liebe zu ihrem Bräutigam gezeigt, verwundet durch die Zeichen, die ihr die unvernünftigen Geschöpfe vermittelten. Und in dieser Kanzone verdeutlicht sie, wie andere höhere Zeichen des Geliebten sie liebeskrank machen, Zeichen, die ihr von edleren, von vernunftbegabten Geschöpfen vermittelt werden, von Engeln und von Menschen. Und nicht nur das, sie ist dem Liebestode nahe unter dem Eindruck einer staunenswerten Grenzenlosigkeit, den ihr jene Geschöpfe vermitteln. Es sind Enthüllungen ohne Ende, die sie hier als Unsägliches bezeichnet, weil das, was sie vor Liebe hinsterben läßt, nicht ausgesagt werden kann.

2 Bei solchem Zustand gibt es drei Weisen, um des Geliebten willen zu leiden, entsprechend den drei Weisen von Erkenntnissen, die von ihm gewonnen werden können. Die erste Weise heißt Verletzung, da sie oberflächlicher ist und schneller vorübergeht; entstammt sie doch den Botschaften der niedrigen Gottesgeschöpfe. Und von dieser Verletzung, die hier auch schon als Krankheit bezeichnet wird, spricht die Braut im Hohenlied: «Adjuro vos, filiae Jerusalem, si inveneritis dilectum meum ut nuntietis ei quia amore langueo» (5, 8). Das heißt: «Ich beschwöre euch, Töchter von Jerusalem, wenn ihr meinen Geliebten findet, dann sagt ihm, ich sei

krank vor Liebe.» Als Töchter von Jerusalem sind hier die Geschöpfe zu verstehen.

3 Die zweite Weise der Liebespein ist die Wunde, die in der Seele tiefer haftet als die Verletzung; sie verbleibt länger, gleichsam eine Verletzung, die zur Wunde geworden ist, so daß die Seele sich wirklich von Liebe verwundet fühlt. Und von solcher Wunde wird die Seele versehrt, wenn sie die Werke der Menschwerdung Gottes und die Geheimnisse des Glaubens betrachtet. Diese Werke Gottes, die mehr Liebe in sich beschließen als das Erschaffen der Kreaturen, bewirken in der Seele auch größere Liebe. So ist denn diese zweite Weise bereits wie eine dauernde Wunde, wenn die erste wie eine Verletzung ist. Von solcher Wunde sagt der Bräutigam im Hohenliede zu der Seele: «Du verwundetest mir das Herz, meine Schwester, du verwundetest mir das Herz mit dem einen deiner Augen und mit einem Haar an deinem Halse» (4, 9). Das Auge ist hier zu deuten als Glaube an die Menschwerdung des Bräutigams, und das Haar als Liebe zu solcher Menschwerdung.

4 Die dritte Weise des Leidens durch Liebe ist wie ein Sterben; vergleichbar ist sie einer schwärenden Wunde, von der die Seele ganz durchfiebert wird. Sie lebt hinsterbend, bis Liebe sie tötet und ihr das Leben der Liebe schenkt, sie in Liebe verwandelnd. Und solches Hinsterben an Liebe wird in der Seele veranlaßt durch eine Berührung, ein tiefstes Innewerden der Gottheit, durch das Unsägliche, von dem sie – nach den Worten der Kanzone – nur «stammelnd sprechen». Solche Berührung ist keine beständige, keine häufige, da sich sonst die Seele vom Körper loslösen würde; vielmehr geht sie schnell vorüber. Und so bleibt die Seele in diesem Hinsterben aus Liebe. Und da solches Hinsterben aus Liebe ihr ohne Ende scheint, stirbt sie um so qualvoller hin. Dies ist die ungeduldige Liebe; ihrer wird in der Genesis gedacht; dort heißt es, Rahels Verlangen nach Kindern war so groß,

daß sie ihrem Gatten Jakob sagte: «Da mihi liberos, alioquin moriar» (30, 1). Das heißt: «Gib mir Söhne, sonst muß ich sterben!» Und der Prophet Hiob sagte: «Quis mihi det, ut qui coepit, ipse me conterat?» (6, 9). «Wer gewährt es mir, daß er, der mein Leben anfangen ließ, es beendet?»

5 Diese beiden Weisen der Liebespein, die Wunde und das Hinsterben, werden nach dieser Kanzone von den vernunftbegabten Geschöpfen veranlaßt. Verwundet wird sie durch den Bericht von den tausend Gnaden des Geliebten, von seinen Mysterien und Ratschlüssen, die der Glaube lehrt. Hinsterben läßt sie nach ihren Worten das, wovon jene «stammelnd sprechen», das Erfühlen und Erfahren der Gottheit, die sich der Seele mitunter entdeckt, wenn sie Zeugnisse über Gott vernimmt.

So sagt sie:

Und alle, die dein achten

6 Unter denen, die «dein achten», versteht die Seele hier die vernunftbegabten Geschöpfe, Engel und Menschen. Sie allein halten sich frei und empfänglich für Gott, wie es das lateinische Wort «vacant» bezeichnet. Damit spricht sie von allen, die sich für Gott freihalten. Das tun die Einen, wenn sie ihn gleich den Engeln im Himmel betrachten und genießen. Die Anderen tun es, wenn sie ihn auf Erden lieben und begehren, gleich den Menschen. Dank dieser vernunftbegabten Geschöpfe erkennt die Seele Gott mehr seinem Wesen nach, bald durch die Betrachtung seiner alles übersteigenden Herrlichkeit, bald durch das, was sie über Gott lehren, und zwar auf innerliche Weise, durch geheime Eingebungen der Engel oder von außen durch die Wahrheiten der Schrift. Darum sagt sie:

sie künden mir von deiner Gnade Bächen

7 Was sie künden und klären, sind die Wunder deiner Gnade und Barmherzigkeit in den Werken deiner Menschwerdung

und in den Wahrheiten des Glaubens. Und sie berichten mir mehr und mehr, in dem Verlangen, mehr deiner Gnaden aufzudecken.

und mehren nur mein Schmachten

8 Was die Engel mir eingeben, und was mich die Menschen von dir lehren, all das erhöht meine Liebe; und so vertiefen sie mir die Liebeswunde.

Es läßt mich niederbrechen
Unsägliches, wovon sie stammelnd sprechen

9 Jenseits von dem, womit mich diese Geschöpfe verwunden, jenseits von dem, was sie mich von deinen tausend Gnaden begreifen lassen, ist ein Unsägliches, etwas, das dem Gefühl nach noch zu sagen bleibt, etwas, das als unausgesagt erkannt wird. Da ist eine erhabene Spur Gottes, die sich der Seele entdeckt und die gleichwohl noch aufzuspüren bleibt, und ein überaus hohes Begreifen Gottes, das sich nicht aussagen läßt, eben jenes Unsägliche. Und wenn das, was ich begreife, mich mit Liebe durchbohrt, dann tötet mich das, was ich niemals ergründen, was ich mit Ehrfurcht nur erfühlen kann. Solches erfahren mitunter die Seelen, die bereits Gott näher sind: ihnen verleiht Gottes Gnade ein durchdringendes Innewerden, bei dem was sie hören oder sehen oder erfassen, und mitunter auch ohne jede Wahrnehmung oder Vorstellung – ein Innewerden, worin begriffen oder erfühlt wird Größe Gottes, Höhe Gottes. Und in solchem Erahnen fühlt sie so Hohes von Gott, daß sie klar erkennt, ihr bleibe noch alles zu erkennen. Dieses Begreifen und Fühlen einer übergewaltigen Gottheit jenseits eines hinreichenden Erkennens, es ist ein überaus eindringendes Verständnis. So ist es eine der großen Gnaden, die Gott einer Seele in diesem Leben vorübergehend erweist, sie seine Erhabenheit so deutlich einsehen und fühlen zu lassen, daß sie klar begreift, daß weder Begriffe noch Gefühle ihn ergründen können. Dies ist in etwa

vergleichbar dem Erschauen Gottes im Himmel, wo jene, die ihn am besten erkennen, am deutlichsten das Unendliche begreifen, das ihnen zu begreifen bleibt. Hingegen sehen die, die ihn am wenigsten erschauen, nicht mit solcher Deutlichkeit wie jene all das, was ihnen einzusehen bleibt.

10 Solches, glaube ich, wird der nicht hinlänglich begreifen, der es nicht selber erfahren hat. Allein die Seele, der es Erfahrung geworden ist und die demnach sieht, wie fern sie davon ist, das zu begreifen, was sie so innig fühlt, sie nennt es ein Unsägliches; denn so wenig sie es begreift, so wenig vermag sie es zu sagen, wenngleich sie es empfinden kann. Darum erklärt sie, die Geschöpfe kämen nicht über ein Stammeln hinaus, da sie es niemals auszusagen vermöchten. Das Stammeln, diese Sprechweise von Kindern, besagt, das Gemeinte nicht treffend begreiflich machen.

Erklärung zur folgenden Strophe

1 Auch hinsichtlich der Geschöpfe kann die Seele ähnliche Erleuchtungen, wenn auch nicht immer so erhabene, empfangen, falls Gottes Gnade ihr die Kenntnis und den Sinn des ihnen innewohnenden Geistes offenbart: diese möchten die Größe Gottes in ihrer Vielfalt zum Ausdruck bringen und kommen damit zu keinem Ende; es ist, als wollten sie etwas zu verstehen geben, dessen Verständnis ihnen selber entgleitet. Und so stammeln sie über ein Unsägliches. Und so setzt die Seele ihre Klage fort und spricht zu ihrem eigenen Leben in der folgenden Kanzone:

ACHTE STROPHE

Wie magst du, Leben, weilen,
dem Leben fern – wie magst du nicht erkalten,
wo doch zu Todespfeilen
die Gaben sich gestalten,
die Er dir ließ, die sich in dir entfalten!

Erklärung

2 Da die Seele sich hinsterben sieht, wie sie es eben beklagte, und sie dennoch nicht den Tod und damit den freien Genuß der Liebe findet, führt sie Beschwerde über das Fortdauern des leiblichen Lebens, das ihr den Gewinn des geistlichen Lebens in die Ferne rückt. So beteuert sie hier ihrem eigenen Leben, welchen Schmerz es ihr verursacht. Der Sinn der Kanzone ist folgender: «Leben meiner Seele, wie kannst du in diesem Leben des Fleisches ausharren, da es für dich Tod ist, und da es dich deines wahren geistigen Lebens beraubt, des Lebens in Gott, in dem du nach deinem Wesen, nach deinem Lieben und Begehren wahrer lebst als im Leibe? Und wenn das dich nicht dazu bewegt, dich von diesem Todesleib zu befreien und selig das Leben deines Gottes mitzuleben, wie kannst du es immer noch in einem so gebrechlichen Leibe aushalten? Allein schon die Wunden, die dir die Liebe schlägt, genügen, um dir das Leben zu enden – die Liebe, angefacht von der Herrlichkeit des Geliebten, die er dir zu verstehen gibt, von seinen Ausstrahlungen, die dich mit Übergewalt verwunden. Soviel du von ihm fühlst und einsiehst, soviel Schläge und Wunden tödlicher Liebe empfängst du.» Es folgt der Vers:

Wie magst du, Leben, weilen,
dem Leben fern, – wie magst du nicht erkalten

3 Um diese Worte zu verstehen, muß man wissen: die Seele lebt mehr dort, wo sie liebt, als in dem Körper, den sie beseelt.

Denn in dem Körper hat sie selber nicht ihr Leben, vielmehr gibt sie es dem Leib und lebt kraft Liebe in dem, was sie liebt. Doch über dieses Leben der Liebe hinaus, das die Liebende in Gott lebt, hat sie auch, gleich allem Geschaffenen, ein ursprüngliches und natürliches Leben in Gott – wie es auch Paulus sagt: «In ihm leben, weben und sind wir.» In Gott haben wir danach unser Leben, unsere Bewegung, unser Sein. Und Johannes sagt, daß alles Geschaffene Leben in Gott war (1, 4). Und da die Seele sieht, daß sie ihr natürliches Leben in Gott hat, dank des Seins, das sie in ihm besitzt, und nicht anders ihr geistiges Leben, dank der Liebe zu ihm, beklagt sie sich, daß ein so hinfälliges Leben in sterblichem Leibe es vermag, ihr die Wonnen eines so starken, wahren und köstlichen Lebens vorzuenthalten, wie sie es kraft der Natur und der Liebe in Gott lebt. Leidenschaftlich ist das Drängen der Seele; leidet sie doch an den Gegensätzen zwischen ihrem natürlichen Leben im Leibe und ihrem geistigen Leben in Gott. Eines widerstreitet dem anderen; und da sie in beidem lebt, ist ihre Qual notwenig groß. Das natürliche Leben, das ihr den Weg zu dem seligen versperrt, ist ihr deshalb wie Tod. Durch dieses entbehrt sie das geistige Leben, darin sie natürlicherweise Sein und Leben hat, und dem kraft Liebe all ihre Werke und Neigungen angehören. Und sie kennzeichnet die Härte dieses gebrechlichen Lebens:

wo doch zu Todespfeilen
die Gaben sich gestalten

4 Damit will sie sagen: «Und zu allem: wie kannst du in dem Leibe verharren, wo doch allein schon die Berührungen der Liebe, mit denen der Geliebte dein Herz wie mit Pfeilen trifft, dir das Leben entziehen könnten? Diese Berührungen befruchten die Seele und das Herz so sehr mit Gotteserkenntnis und Gottesliebe, daß wohl gesagt werden kann: sie empfängt von Gott. Dem entspricht der folgende Vers:

die er dir ließ, die sich in dir entfalten!

5 Was die Seele von dem Geliebten empfängt, sind die Größe, Schönheit, Huld und Allmacht, deren sie inne wird.

Anmerkung zur folgenden Strophe

1 Die Seele, die von dem Dorn der Liebe verletzt ist, gleicht einem Hirsch, der von einem giftigen Gewächs verletzt wurde: er findet nicht Ruhe noch Rast; überall sucht er Heilmittel, bald taucht er sich in dieses, bald in jenes Gewässer, doch trotz aller Versuche und Hilfsmittel dringt das Gift tiefer ein, bis es sich des Herzens bemächtigt und der Verletzte stirbt. So sucht die Seele, die von dem Gewächs der Liebe gestochen wurde, Heilmittel gegen den Schmerz; und sie findet keines, vielmehr wird alles, was sie denkt, sagt und tut, zu einer Quelle neuen Schmerzes. Und sie findet als einzigen Ausweg, sich in die Hände dessen zu geben, der sie verletzte, damit er sie niederwerfe und mit der Gewalt der Liebe vollends töte. So wendet sie sich wieder an ihren Bräutigam, den Urheber ihrer Pein, und sagt ihm in folgender Kanzone:

NEUNTE STROPHE

Wenn du dies Herz verletztest,
warum läßt du es ungeheilt verschmachten?
Da du es raubtest, schätztest,
wie ließest du solch Trachten
und willst, was du erst raubtest, nun mißachten?

Erklärung

2 So wendet sie sich wiederum an den Geliebten mit der gleichen leidvollen Klage. Denn die ungeduldige Liebe, wie

diese Seele sie hegt, sie duldet keine Entspannung, kein Aussetzen der Pein; auf alle Weisen bestürmt sie, bis sie das Heilmittel findet. Und da sie sich mit ihrer Verwundung allein sieht und keinen Helfer, kein Hilfsmittel hat als den Geliebten, eben den, der sie verwundete, hält sie ihm vor: wenn er ihr Herz mit seinen liebeweckenden Mitteilungen verwundet habe, warum unterließ er es, sie mit seiner sichtbaren Gegenwart zu heilen? Und wenn er ihr Herz überdies geraubt habe, durch die Liebe, die es ihrer eigenen Macht entzog, warum habe er dann ihr Herz in solchem Zustand verlassen, so ihrer Macht entrissen – denn wer liebt, besitzt sein Herz nicht mehr, da er es dem Geliebten gegeben hat. Warum habe er dies Herz nicht in das seine aufgenommen und es sich angeeignet, in einer vollkommenen und endgültigen Umwandlung durch Liebe, in der ewigen Seligkeit? Sie sagt:

Wenn du dies Herz verletztest,
warum läßt du es ungeheilt verschmachten?

3 Nicht beklagt sie sich, daß er sie verwundet habe; ist doch der Liebende um so mehr zufriedengestellt, je mehr er verwundet wurde. Sie klagt darüber, daß er nach solcher Verwundung sie nicht durch den vollendeten Tod heilte. So sagt sie: «Wenn du dies Herz verletztest, warum läßt du es ungeheilt verschmachten?» Da du es verletzt und tief verwundet hast, warum heilst du es nicht endlich, durch den Liebestod? Wie du Urheber ihres Siechtums warest, sei nun Urheber ihrer Heilung im Liebestod. Das Herz, das von dem Schmerz über dein Fernsein durchbohrt ist, wird von der Beseligung über deine huldreiche Gegenwart geheilt werden. Noch fügt sie hinzu:

Da du es raubtest, schätztest,
wie ließest du solch Trachten

4 Rauben heißt nichts anderes, als etwas seinem Eigentümer entwenden, um es sich selber anzueignen. Dessen be-

zichtigt die Seele hier den Geliebten: das Herz hat er ihr mit der Gewalt der Liebe geraubt und es ihrer Gewalt, ihrem Besitz entzogen. Warum hat er sie so beraubt gelassen, ohne sich den Raub in Wahrheit anzueignen, wenn doch ein Räuber seine Beute davonträgt?

5 Man sagt von dem Liebenden, sein Herz sei von dem Geliebten geraubt, weil es außer ihm ist und dem, was er liebt, anhängt, so daß er kein Herz für sich hat, sondern nur für den Geliebten. Hieran kann die Seele klar erkennen, ob sie Gott in reiner Liebe anhängt oder nicht. Denn wenn sie ihn liebt, hat sie kein Herz für sich selber, keinen Hang nach ihrer Lust, ihrem Vorteil, kein Streben, als Gott zu ehren und zu rühmen und ihm zu gefallen. Je mehr ihr Herz ihr selber gehört, um so weniger gehört es Gott.

6 An einem läßt sich sehen, ob das Herz wirklich von Gott geraubt worden ist: daran, daß es leidenschaftlich nach Gott verlangt und an nichts als an ihm sich erfreut, wie es sich hier bei der Seele zeigt. Und das aus dem Grunde, weil das Herz nicht ohne irgendeinen Besitz in Frieden und in Entlastung bleiben kann; und wenn die Seele von starker Neigung ergriffen wurde, dann hat sie nicht mehr sich selber noch sonst etwas zueigen, wie dargelegt wurde. Und wenn sie das, was sie liebt, nicht vollständig besitzt, dann ist ihre Mühsal so groß wie ihr Mangel. Solange bis sie das Geliebte besitzt und sich Genüge tut, solange gleicht sie einem leeren Gefäß, das auf seine Auffüllung wartet, und einem Hungrigen, der nach Speise lechzt, und einem Kranken, der nach Genesung stöhnt, und einem in der Luft Hängenden, der nirgendwo fußen kann. Diese Lage des von Liebe Ergriffenen empfindet hier die Seele aus Erfahrung; und sie sagt: «Wie ließest du solch Trachten?» Sie meint damit: Warum ließest du sie leer, hungrig, einsam, liebeskrank, ohne Halt in der Schwebe?

und willst, was du erst raubtest, nun mißachten?

7 Sie meint: Das Herz, das du kraft Liebe raubtest, warum nimmst du es nicht, um es anzufüllen, und zu sättigen und zu geleiten und zu heilen, durch volle Geborgenheit und Ruhe in dir? So sehr die liebende Seele sich dem Geliebten angleicht, sie kann es nicht lassen, Sold und Lohn für ihre Liebe zu begehren, den Lohn, um den sie dem Geliebten dient. Anders wäre es keine wahre Liebe. Doch Sold und Lohn der Liebe ist nichts anderes – und nichts anderes kann die Seele begehren – als mehr Liebe, bis zur Vervollkommnung der Liebe. Denn Liebe wird nur mit sich selber bezahlt. So gab es auch der Prophet Hiob zu verstehen, als er aus gleicher Bedrängnis wie hier die Seele, aus gleichem Verlangen sagte: «So wie der Knecht sich nach dem Schatten sehnt, und wie der Tagelöhner das Ende seines Werkes erhofft, so war ich in unerfüllten Monaten, und ich zählte die mir so mühseligen Nächte. Wenn ich mich bette, muß ich sagen: wann kommt der Tag, daß ich wieder aufstehen kann? Und alsbald beginne ich wieder, den Abend zu erwarten; und bis zum Dunkel der Nacht werde ich voller Schmerzen sein.» So wünscht die Seele, die in Gottesliebe entbrannte, die Erfüllung und Vollendung ihrer Liebe, um darin volle Erfrischung zu finden, so wie der von Sommerglut erschlaffte Knecht die Erquickung des Schattens wünscht; und wie der Tagelöhner das Ende seines Werkes erhofft, so erhofft sie das Ende des ihren. Der Prophet Hiob sagte nicht, daß der Tagelöhner das Ende seiner Arbeit erwartet, sondern das Ende seines Werkes. Das bestätigt, was wir sagten: die liebende Seele erhofft nicht das Ende ihrer Arbeit, sondern das Ende ihres Werkes; denn ihr Werk ist Lieben, und die Vollendung eines solchen Werkes erhofft sie, die Vollendung und Erfülltheit ihrer Gottesliebe. Und bis sich das erfüllt, verhält sie sich so, wie es Hiob ausmalt, die Tage und Monate als leer empfindend und die mühseligen, schier endlosen Nächte zählend. Aus allem geht hervor: die Seele, die Gott liebt, hat für ihre Dienste keine andere Belohnung zu beanspruchen und zu erwarten als die Vervoll kommnung ihrer Liebe zu Gott.

Erklärung der nächsten Strophe

1 In diesem Liebeszustand ist die Seele wie ein ganz erschlaffter Kranker, der jede Freudigkeit und jeden Appetit verloren hat, so daß alle Speisen sie anekeln und alle Dinge sie belästigen und verstimmen. Bei allem, was sich ihrem Geist oder ihrem Blick bietet, ist ihr nur ein einziger Drang, ein einziger Wunsch gegenwärtig, der ihrem Heile gilt; und alles, was dieses nicht fördert, ist ihr lästig und beschwerlich. Deshalb hat die Seele, die an solcher Gottesliebe krankt, drei Eigentümlichkeiten: bei allem, was sich ihr bietet oder was sie betreibt, ist ihr das Ach und Weh ihres Heiles gegenwärtig, ihr Geliebter; und wenn sie sich auch mit andern Dingen abgeben muß – ihr Herz weilt immer bei ihm. Daraus geht die zweite Eigenheit hervor: diese, daß sie den Geschmack an allen Dingen verloren hat. Und wiederum bedingt dies die dritte Eigenheit: daß ihr alles lästig und jeder Umgang beschwerlich und ärgerlich ist.

2 Das läßt sich mit dem bereits Gesagten begründen: bei der Seele ist der Gaumen des Willens schon von dieser Speise der Gottesliebe berührt und verwöhnt, so daß sie bei jeder Sache, jeder Gelegenheit, die sich ihr bietet, sogleich ausschließlich, ohne anderes Gelüsten, darin ihren Geliebten zu suchen und zu genießen strebt. Nicht anders tat Maria Magdalena, als sie ihn mit inbrünstiger Liebe durch den Garten suchte und ihn, den sie für den Gärtner hielt, unüberlegt und sinnlos befragte: «Wenn du ihn mir fortgetragen hast, sag mir, wohin, und ich will ihn holen» (Joh. 20. 15). Da nun diese Seele mit ähnlicher Inbrunst ihn in allen Dingen finden will und ihn nicht alsbald finden kann, da findet sie, bei so vergeblicher Suche, nicht nur keinen Wohlgeschmack an den Dingen, vielmehr werden sie ihr noch zur Qual, und oft zu einer sehr großen. Denn solche Seelen leiden tief unter Beschäftigungen und unter dem Umgang mit Leuten; denn diese hindern ihr Bestreben mehr, als daß sie es fördern.

3 Diese drei Eigenheiten zeigen sich bei der Braut im Hohen Liede, da, wo sie den Bräutigam sucht und aussagt: «Ich suchte ihn und fand ihn nicht. Allein es fanden mich jene, die um die Stadt lagern, und sie verwundeten mich; und die Bewacher der Mauern nahmen mir meinen Mantel» (5, 6–7). Die um die Stadt lagern, sind die Behandlungen der Welt: wenn sie die gottsuchende Seele finden, fügen sie ihr viele Wunden zu, Schmerzen, Qualen, Widerwillen, denn dies alles behindert sie, anstatt das Begehrte zu gewähren. Und jene, die das Mauerwerk der Kontemplation verteidigen und der Seele den Zutritt wehren wollen, die Dämonen und die Beschäftigungen der Welt, sie rauben den Mantel der friedlichen Muße, daraus die liebevolle Betrachtung hervorgeht; und all das verursacht der Seele tausend Verdrießlichkeiten und Ärgernisse. Sie erfährt, daß sie in diesem Leben, darin sie Gott nicht schauen kann, sich weder zu einem geringen noch zu einem großen Teil von ihnen befreien kann; und so fleht sie ihren Geliebten weiterhin an, in den Worten der nächsten Strophe:

ZEHNTE STROPHE

Daß mir dein Balsam quille!
Kein Andrer kann beenden meine Leiden.
Halt meinen Augen stille!
Du bist das Licht der beiden,
und nur an dir begehr ich sie zu weiden.

Erklärung

4 So bittet sie in dieser Kanzone abermals den Geliebten, ihr qualvolles Verlangen zu enden, da nur er allein es vermag, und es auf eine Weise zu tun, daß sie ihn mit den Augen ihrer

Seele gewahren kann; denn er allein ist das Licht, darauf sie sich richten, und sie will diese auf nichts anderes verwenden. So sagt sie:

Daß mir dein Balsam quille!

5 Dem Liebesbegehren ist es ja eigen, daß alles Tun und Reden, das sie dem Ziel ihres liebenden Willens nicht näherbringt, sie ermüdet und abstößt und anekelt, da nichts davon ihrem Verlangen dienlich ist. Dieses und ihre Sehnsucht nach Gott, diesen Gram kann nichts von ihr nehmen, es sei denn der Besitz des Geliebten. Darum sagt sie, daß er mit seiner Gegenwart ihre Nöte beschwichtigen möge und sie alle stillen, so wie frisches Wasser den von Hitze Versengten kühlt. Auslöschen soll er ihre Nöte, denn es ist Feuer der Liebe, was sie versehrt.

Kein Anderer kann beenden meine Leiden

6 Um den Geliebten mehr zur Erhörung ihres Flehens zu bewegen, beteuert sie, daß er allein ihr Schmachten stillen kann, und daß er deshalb ihren Kummer sänftigen möge. Gott aber ist alsdann geneigt, eine Seele zu trösten und ihren Nöten abzuhelfen, wenn sie keine andere Hilfe, keinen anderen Trost hat und haben will als ihn selber. Wenn demnach eine Seele sich bei nichts aufhält außer bei Gott, so wird sie nicht lange ohne eine Heimsuchung durch den Geliebten bleiben.

Halt meinen Augen stille!

7 Das heißt: Möchte ich dich doch mit den Augen meiner Seele von Angesicht zu Angesicht sehen.

Du bist das Licht der beiden

8 Wenn Gott übernatürliches Licht der Seelenaugen ist, ohne das sie in Finsternis weilte, so nennt sie ihn hier überdies aus Zuneigung Licht ihrer Augen, so wie der Liebende als

Beweis seiner Zuneigung das geliebte Wesen Licht seiner Augen nennt. Und so besagen die beiden vorhergehenden Verse: «Da die Augen meiner Seele weder durch die Natur noch durch die Liebe Licht empfangen, sondern nur durch dich, so laß dich von ihnen erblicken, du, auf jede Weise ihr Licht». Dieses Licht vermißte David, als er klagte: «Das Licht meiner Augen, es ist mir fern» (Ps. 36, 11). Und Tobias, als er sagte: «Welche Freude kann ich mir noch erwarten, da ich im Dunkeln verharre und das Licht des Himmels nicht sehe?» (5, 12) Damit wünschte er die klare Anschauung Gottes, denn das Licht des Himmels ist der Sohn Gottes, nach den Worten des heiligen Johannes: «Die himmlische Stadt bedarf weder der Sonne noch des Mondes, daß sie ihr leuchten, denn die Klarheit Gottes erleuchtet sie, das Lamm ist ihr Licht» (Apok. 21, 23).

Und nur an dir begehr ich sie zu weiden

9 Hier will sie den Bräutigam dazu bewegen, ihr dieses Licht ihrer Augen zu weisen, weil sie kein anderes besitzt und sonst im Dunkel wäre, aber auch, weil sie diese Augen einzig für ihn bewahren will. Denn wie eine Seele dieses göttlichen Lichtes gerechterweise beraubt wird, die in irgend etwas außer Gott, in irgend einem anderen Besitz das Licht für die Augen ihres Willens findet und so ihre Augen für das göttliche Licht versperrt, so wird dieses Licht entsprechend von einer Seele verdient, die allen Dingen die Augen verschließt, um sie allein für Gott zu öffnen.

Anmerkung für die folgende Strophe

1 Der liebreiche Bräutigam der Seelen kann nicht lange zusehen, wie sie sich verlassen abquälen gleich dieser hier. Wie er durch Zacharias bekundete, rühren ihre Schmerzen und Klagen an seinen Augapfel (2, 8), zumal dann, wenn sie, wie diese Seele es tut, um seiner Liebe willen sich quälen. Auch

durch Jesaias spricht er: «Noch ehe sie emporrufen, werde ich sie hören; auch wenn das Wort noch nicht ihren Mund verließ, werde ich sie hören» (65,24). Der Weise sagt von ihm: «Wenn die Seele ihn gleich dem Gelde sucht, wird sie ihn finden (Prov. 2, 4). Nun sucht ihn diese liebende Seele mit größerer Begier als das Geld, alles und auch sich selber hat sie für ihn fahren lassen; so dünkt es sie, auf ihre inbrünstigen Bitten hin habe Gott bereits seine geistige Gegenwart ein wenig verspüren lassen und ihr dabei einige tiefe Einblicke in seine Gottheit und Schönheit gewährt, so ihr glühendes Verlangen, ihn zu sehen, gewaltig steigernd. Derart pflegt man Wasser in die Schmiedeglut zu gießen, damit sich das Feuer stärker erhitze. Einigen dieser Seelen, die in ihrer Liebe stocken, gibt der Herr Beweise seiner Unvergleichlichkeit, um ihre Inbrunst zum Lodern zu bringen und sie damit für kommende Gnaden vorzubereiten. Da seine dunkle Gegenwärtigkeit das in ihr Verborgene, das höchste Gut und seine Schönheit in der Seele aufleuchten ließ, so stirbt sie vor Verlangen, ihn zu sehen. Das sagt sie in der folgenden Strophe.

ELFTE STROPHE

Zeig dich, so nah verborgen,
ob auch dein Anblick, überschön, vernichte!
Der Liebe sieche Sorgen,
sie weichen vor dem Lichte,
vor deinem offenbarten Angesichte.

Erklärung

2 Da die Seele danach lechzt, von diesem gewaltigen Gott ganz ergriffen zu sein, von ihm, der ihr liebendes Herz raubte und verwundete, bittet sie hier entschlossen, in der Unerträg-

lichkeit ihres Leidens, er möge ihr seine Schönheit entdecken und weisen, seine göttliche Wesenheit, und er möge mit solcher Offenbarung sie töten und aus dem Leib entfesseln. Denn in diesen Fesseln vermag sie ihn nicht so zu gewahren und so beseligt zu genießen, wie sie es verlangt. So verdeutlicht sie nochmals die sieche Sorge ihres Herzens, das unablässig von Liebe gepeinigt wird und das kein anderes, kein geringeres Heilmittel finden kann als das selige Erschauen seines göttlichen Wesens.

Es folgt der Vers:

Zeig dich, so nah verborgen

3 Auf drei Arten kann Gott in der Seele gegenwärtig sein. Die erste ist eine wesentliche; und solches Innewohnen besteht nicht nur bei den guten und heiligen Seelen, sondern auch bei den schlechten und sündigen und bei allen übrigen Geschöpfen. Denn mit dieser Gegenwart gibt er ihnen Leben und Sein; und fehlte ihnen diese wesentliche Gegenwart, so würden sie leblos und zunichte; und dieses Innewesen fehlt niemals bei der Seele. Zum andern ist er gegenwärtig durch Gnade; bei solchem Innewohnen verweilt Gott mit Wohlgefallen in der Seele. Und diese Gegenwart wird nicht allen zuteil, sie wird den Todsündern entzogen. Ob Gott derart in ihr wohnt, kann die Seele natürlicherweise nicht wissen. Die dritte Weise ist bedingt durch geistige Liebesneigung; denn Gott pflegt in vielen ihm ergebenen Seelen seine geistige Gegenwart auf mancherlei Weisen zu bekunden, zu ihrer Erquickung und hohen Wonne; allein auch diese geistigen Bezeugungen der Anwesenheit sind gleich den übrigen alle verhüllt; zeigt sich doch Gott in ihnen nicht, wie er ist, weil es die Bedingtheit dieses Lebens nicht erlaubt. Und so läßt sich auf jede dieser Weisen des Innewohnens der genannte Vers beziehen: Zeig dich, so nah verborgen.

4 Wohl ist die Seele gewiß, daß Gott immer in ihr weilt, zum mindesten in der ersten Weise. Darum sagt sie nicht, er

möge ihr seine Gegenwart gewähren, sondern er möge – anstatt auf natürliche oder geistige oder liebesförmige Weise verhüllt in ihr zu weilen – unverhüllt sich offenbaren, nach seiner göttlichen Natur und Schönheit. So wie er mit seinem gegenwärtigen Sein ihr das natürliche Sein verleiht, und wie er sie mit seiner gegenwärtigen Gnade vervollkommt, so möge er sie auch mit seiner offenbarten Herrlichkeit verherrlichen. Weil aber diese Seele von inbrünstiger Gottesliebe ganz erfüllt ist, so erfleht sie von dem Geliebten vor allem die Unverhülltheit seiner liebreichen Gegenwart, seiner Gunst, die er ihr schon zu verkosten gab; und solche Erfahrung war so erhaben, daß die Seele das verborgene Innewohnen eines unbeschränkten Seins empfand, eines Seins, dessen göttliche Schönheit in halbdunkelm Hervorschimmern sich ihr mitteilte. Und das macht die Seele siech vor Verlangen nach dem, was sie bei solcher Gegenwart als verborgen erfährt. Nicht anders hat es David empfunden: «Meine Seele begehrt und vergeht bei den Heimsuchungen des Herrn» (Ps. 93, 12). Denn zu dieser Zeit verzehrt sich die Seele danach, unterzugehen in jenem höchsten Gut, das sie als geheimnisvoll gegenwärtig erfährt; denn obwohl es verborgen ist, prägt sich ihr tief das Wohl und die Wonne ein, die ihr mit solchem Gut verbunden sind. So wird die Seele gewaltiger von diesem Gut angezogen und hingerissen als irgend ein natürlicher Körper von der Anziehungskraft. Und aus diesem innersten Drange ruft die Seele, die sich nicht mehr zurückhalten kann: Zeig dich, so nah verborgen!

5 Das Gleiche begegnete Moses auf dem Berg Sinai: dort, in der Gegenwart Gottes gewann er so hehre und tiefe Einsichten in die Erhabenheit und Schönheit der verborgenen Gottheit, daß er nicht anders konnte als ihn zweimal anzuflehen, ihm seine Herrlichkeit zu entdecken: «Du sagst, daß du mich mit meinem Namen kennst und daß ich vor dir Gnade gefunden habe. Zeige mir, wenn ich Gnade vor deiner Gegenwart fand, alsbald dein Antlitz, damit ich dich erkenne,

damit ich vor deinen Augen vollends die Gnade finde, die ich ersehne» (Exod. 33, 12). Damit erbat er die vollkommene Liebe zu Gottes Herrlichkeit. Doch der Herr antwortete ihm: «Du kannst mein Antlitz nicht sehen. Denn kein Mensch kann mich sehen und leben» (Exod. 33, 12). Damit beschied er ihm: Schweres verlangst du von mir, Moses, denn so groß ist die Schönheit meines Angesichtes und die Beseligung an meinem offenbarten Wesen, daß es deine Seele nicht aushalten könnte, in diesem hinfälligen Leben. Da die Seele nun um diese Wahrheit weiß, sei es durch Gottes Worte an Moses, sei es durch die Erfahrung dessen, was in Gottes Gegenwart verborgen ist, da sie es nun weiß, daß sie ihn bei dieser Art des Lebens nicht in seiner Schönheit anschauen kann, wo sie schon bei deren bloßem Hindurchschimmern dahinschwindet, so kommt sie der Antwort zuvor, die ihr – wie einst Moses – zuteilwerden könnte. Sie sagt:

ob auch dein Anblick, überschön, vernichtet

6 Damit sagt sie: «Wohl denn – da der Anblick deines Wesens, deiner Schönheit so beseligt, daß meine Seele ihn nicht erträgt und daran stirbt – wohl, so töte mich dein Anblick, deine Schönheit».

7 Zwei Anblicke, so heißt es, töten den Menschen, da er von der Wucht und Wirksamkeit solchen Anblicks überwältigt wird. Es wird vom Basilisken behauptet, daß sein Blick alsbald tötet. Ein anderes ist der Anblick Gottes, der aus sehr verschiedenen Ursachen tödlich ist. Denn der eine Anblick tötet durch große Giftigkeit und der andere durch übermächtiges Heil und beseligendes Wohl. So ist es nicht zu verwundern, daß hier die Seele angesichts der göttlichen Schönheit sterben möchte, um sie auf ewig zu genießen. Ja, hätte die Seele nur einen winzigen Ahnungsschimmer von Gottes Erhabenheit und Schönheit, sie würde nicht – wie hier – nur einen einzigen Tod erlechzen, um ihn endlich für ewig zu

sehen; sie würde vielmehr jubelnd tausend bitterste Todesnöte durchleiden, um diese Schönheit nur einen Augenblick zu sehen. Und nach solchem Anblick würde sie erneut gleiche Qualen erflehen, um ihn wiederum für einen Nu zu gewahren.

8 Es sei genauer erläutert: die Seele sagt nur in bedingter Weise, daß der Anblick der Schönheit Gottes sie töten möge, nämlich unter der Voraussetzung, daß sie ihn nicht sehen kann, falls sie nicht stirbt; andernfalls würde sie ihn nicht um den Tod bitten. Denn sterben wollen ist natürliche Unvollkommenheit. Allein da nun einmal dies verwesliche Leben sich nicht mit Gottes unverwelkbarem Leben vereinigen kann, so fleht sie, daß sein Anblick, überschön, sie vernichte.

9 Solches lehrt Paulus in einem Brief an die Korinther: «Nicht wollen wir unserer Leibeshülle beraubt werden, sondern wir möchten eine neue hinzugewinnen, damit unsere Sterblichkeit vom Leben aufgesogen werde» (2. Kor. 5, 4). Das besagt: Wir möchten nicht des Leibes beraubt, sondern mit ewigem Leben überkleidet werden. Da er aber sieht, daß ein Leben zugleich im sterblichen Fleisch und im seligen Leben nicht möglich ist, schreibt er an die Philipper, ihn verlange danach, sich aufzulösen, um bei Christus zu sein (1, 23). Hier erhebt sich ein Zweifel: Warum schreckten die Kinder Israels davor zurück, Gott zu sehen, in der Furcht, zu sterben, wie Manoe seiner Frau sagte (Judic. 13, 22); und warum wünscht hingegen diese Seele, beim Anblick Gottes zu sterben? Die Antwort lautet: aus zwei Gründen. Einmal, weil sie in jener Zeit, auch wenn sie in Gottes Gnade starben, ihn nicht sehen konnten, bis zur Befreiung durch Christus. Und so war es viel besser für sie, im Leibe zu leben, ihre Verdienste zu mehren und das natürliche Leben zu genießen als im Limbus zu harren, ohne verdienstliches Wirken, dort Finsternisse erduldend und das geistige Fernsein Gottes.

Darum hielten sie es damals für eine große Gnade und Wohltat Gottes, viele Jahre zu leben.

10 Die zweite Ursache ist durch die Liebe gegeben: jene waren noch nicht so starkmütig in der Liebe, noch nicht so innig durch die Liebe mit Gott verbunden, daß sie den Tod bei seinem Anblick nicht gefürchtet hätten. Allein jetzt, in dem Gesetz der Gnade, jetzt, da die Seele bei dem Tode des Leibes Gott zu schauen vermag, ist es sinnvoller, kurz leben und bald sterben zu wollen, um ihn zu sehen. Und wenn sich das nicht ereignen sollte, dann wird doch eine Seele, die Gott so liebt wie diese hier, nicht fürchten, bei seinem Anblick zu sterben. Denn die wahre Liebe empfängt alles, was vom Geliebten kommt, mit stetem Gemüt, ja, mit Freuden, sei es mißlich, sei es gedeihlich, seien es Züchtigungen durch die geliebte Hand. Die vollkommene Liebe, so sagt Johannes, schließt alle Furcht aus (1. Joh. 4, 18). Wie sollte einer Seele, die so liebt, der Tod bitter sein, er, in dem sie alle holden Wonnen der Liebe findet. An ihn zu denken, macht sie nicht traurig; erscheint ihr doch untrennbar von ihm die Freude. Er kann ihr nicht zur Last und Qual werden; ist er doch das Ende all ihrer Lasten und Qualen und der Anfang ihrer Beseligung, Freund ist er ihr und Brautführer. An ihn zu denken, beglückt sie, als dächte sie an Verlöbnis und Hochzeit. Und mehr wünscht sie den Tag, die Stunde ihres Todes herbei als die Großen dieser Erde Fürstentümer und Königreiche begehren. Von solchem Tod sagt der Weise: «O Tod, wie wohl tut dein Eingreifen denen, die Notdurft leiden.» (Eccl. 45, 3). Wenn er denen, die Notdurft leiden, wohltut, trotzdem er ihre Notdurft nicht behebt, sondern vielmehr ihnen das wegnimmt, was sie noch besitzen, wieviel köstlicher wird sein Eingreifen für die Seele sein, die durch Liebe Not leidet, die gleich dieser mehr Liebe heischt; denn er wird ihr nicht das, was sie besitzt, hinwegraffen, vielmehr wird er das Tor zu der ersehnten Vollendung der Liebe sein, zur Stillung all ihrer Nöte. Recht hat demnach die Seele, wenn sie furcht-

los zu fordern wagt: «Mag mich dein Anblick, überschön, vernichten!» Sie weiß es: im Augenblick, da sie Gott erschaute, würde sie verzückt in die Schönheit selber und aufgesogen in die Schönheit selber; und sie würde schön sein wie die lautere Schönheit, gesättigt und erfüllt wie die Schönheit selber. Deshalb sagte David: «Kostbar ist vor dem Herren der Tod der Heiligen» (Ps. 115, 15). So wäre es nicht, wenn sie nicht an Gottes erhabenen Eigenschaften Anteil hätten; ist doch vor Gott nichts kostbar als das, was er in sich selber ist. Das ist es, warum die liebende Seele den Tod nicht fürchtet sondern herbeiwünscht. Hingegen fürchtet der Sünder immer den Tod; er ahnt, daß der Tod ihm alle Güter nehmen und alle Übel aufbürden wird. Nach David ist der Tod der Sünder trostlos (Ps. 33, 22). Und darum ist es ihnen, nach den Worten des Weisen, bitter, daran zu denken (Eccl. 16, 1). Da sie an dem Leben dieser Welt stark hängen, aber wenig an dem der anderen, fürchten sie den Tod gar sehr. Allein die gottliebende Seele lebt mehr in dem anderen Leben als in diesem; lebt sie doch mehr dort, wo sie liebt, als dort, wo sie belebt. Und aus solcher Geringschätzung des zeitlichen Lebens begehrt sie: Mag mich dein Anblick töten!

Der Liebe sieche Sorgen,
sie weichen vor dem Lichte,
vor deinem offenbarten Angesichte

11 Daß die Krankheit der Liebe nur durch die Gegenwart und das Angesicht des Geliebten geheilt werden kann, liegt an der Verschiedenheit dieser Krankheit von anderen und der damit gegebenen Verschiedenheit des Heilmittels. Denn bei den meisten Krankheiten wird einer guten Lehre zufolge Gegensätzliches durch Gegensätzliches geheilt; bei der Liebe hingegen heilt nur das der Liebe Gleichförmige. Die Gesundheit der Seele ist die Liebe zu Gott. Solange diese Liebe nicht vollständig ist, mangelt ihr die vollständige Gesundheit, und darum ist sie krank. Krankheit ist Mangel an Gesundheit.

Wenn sich nun in der Seele nicht ein einziger Grad der Liebe findet, dann ist sie tot. Hat sie jedoch nur einen, auch nur den geringsten Grad von Gottesliebe, so lebt sie bereits, freilich ein hinfälliges, kränkliches Leben bei so schwacher Liebe. Allein mit der Zunahme der Liebe bessert sich ihre Gesundheit; und sie wird vollkommen bei vollkommener Liebe.

12 Nicht eher ist die Liebe vollkommen, als bis sich die Liebenden derart einander angleichen, daß sich der eine in den andern hinüberbildet; dann aber ist die Liebe durchaus heil. Und da die Seele in sich das Geliebte nurmehr gleich einem Umriß gewahrt, zu ihrem Leide, so wünscht sie, daß dieser Umriß sich ausgestalte und aus dem Entwurf ihr Bräutigam sich herausbilde, das Wort, Gottes Sohn, er, der nach Paulus Abglanz seiner Herrlichkeit ist und Abbildung seines Wesens. In diese Abbildung überzugehen, ist das Sehnen dieser Seele; und darum sagt sie: Der Liebe sieche Sorgen, sie weichen vor dem Lichte, vor deinem offenbarten Angesichte.

13 Mit Recht heißt die unvollkommene Liebe Krankheit: so wie der Kranke für Betätigungen zu schwach ist, so ist die Seele, die schwach liebt, auch schwach in der Ausübung der heroischen Tugenden.

14 Auch dieses ergibt sich: wenn jemand spürt, daß er in der Liebe krankt, das heißt, daß seine Liebe mangelhaft ist, so ist das ein Zeichen, daß er einige Liebe besitzt; denn eben diese bringt ihm zu Bewußtsein, was ihm daran fehlt. Wenn jemand hingegen diesen Mangel nicht verspürt, so ist dies ein Zeichen, entweder, daß in ihm keine Liebe ist oder daß er in ihr vollkommen wurde.

Anmerkung zur folgenden Strophe

1 In dieser Entwicklungszeit drängt die Seele so ungestüm hin zu Gott wie ein fallender Stein gegen Ende seines Falls;

auch fühlt sie sich gleich dem Wachs, das eben den Druck des Siegels verspürt, ohne daß dieses den Eindruck ausgestaltet. Zudem weiß sie, daß die vollendete Prägung die Ausführung des ersten Entwurfes und der Zeichnung sein würde. So ruft sie zu dem, der den Entwurf zeichnete, damit er ihn vollends in Farben ausgestalte. Auch ist bei ihrem jetzigen Zustand ihr Glaube so weit erleuchtet, daß er für sie einige hellstrahlende göttliche Züge durchschimmern läßt. So weiß sich die Seele nicht anders zu helfen, als sich nun an den Glauben zu wenden, an ihn, der Gestalt und Schönheit des Geliebten umschließt und verbirgt, und der sie gleichfalls diese Skizzen, diese Liebespfänder empfangen läßt. An ihn wendet sie sich in der folgenden Strophe:

ZWÖLFTE STROPHE

Du klarkristallene Quelle,
ach, daß dein Silberspiegel heller glisse
und formte – jetzt! in Schnelle! –
die Augen, die ich misse
und die mein Inneres hegt in schattigem Risse!

2 Da die Seele die Einigung mit ihrem Bräutigam so leidenschaftlich begehrt und einsehen muß, daß sie bei keinem Geschöpfe ein Mittel, ein Heilmittel dafür findet, richtet sie ihre Worte an den Glauben, als das Mittel, das ihr den Geliebten am lebendigsten erhellen kann; und in Wahrheit gibt es kein anderes, das zur wirklichen Einigung, zum geistlichen Verlöbnis mit Gott gelangen läßt – wie es Gott durch Hosea verkündet: «Im Glauben will ich dich mit mir verloben» (2, 20). Und in ihrem brennenden Begehren sagt sie folgendes, was die Kanzone meint: «O Glaube meines Bräutigams Christus, wolltest du doch die Wahrheiten, die du in der Hülle dichten Dunkels mir eingegeben hast, endlich in Klarheit offenbaren!

(Denn der Glaube ist nach Aussage der Theologen ein dunkler Habitus.) Wolltest du doch deine verstreuten und dunklen Bezeugungen in einem einzigen Augenblick dartun und enthüllen. Wolltest du dich doch zurückziehen von den göttlichen Wahrheiten, die du verdeckst!»

Du klarkristallene Quelle

3 Klarkristallen nennt sie den Glauben aus zwei Gründen: einmal, weil er Christus, ihren Bräutigam, zum Gegenstand hat, zum andern, weil er die Eigenschaften des Kristalls aufweist, mit der Reinheit, Stärke und Klarheit seiner Wahrheiten, mit seiner Ungetrübtheit von Irrtümern und Naturhaftem. Und sie nennt ihn Quelle, weil er die Wasser aller geistlichen Güter in die Seele einströmen läßt. So nannte Christus, unser Herr, in seinem Gespräch mit der Samariterin den Glauben eine Quelle, die jenen, die an ihn glaubten, ein Born hin zum ewigen Leben würde (Joh. 4, 14). Und dieses Wasser war der Geist, den die an ihn Glaubenden empfangen sollten (Joh. 7, 39).

Ach, daß dein Silberspiegel heller glisse

4 Die Bezeugungen und Gliederungen des Glaubens nennt die Seele hier einen Silberspiegel. Um dies und die folgenden Verse zu verstehen, muß man wissen, daß der Glaube, nach dem, was er uns lehrt, mit dem Silber verglichen wird, und daß er mit dem Gold verglichen wird nach seinem Kern, den in ihm verborgenen Wahrheiten. Diese Substanz, die von dem Silber des Glaubens überdeckt ist, sollen wir im anderen Leben erschauen und genießen, wenn der goldene Kern des Glaubens offen daliegt. So sagt David über den Glauben: «Wenn ihr zwischen beiden Chören schlaft, werden die Schwingen der Taube wie Silber sein, und ihr Rücken wird am Ende wie Gold glänzen» (Ps. 67, 14). Das bedeutet: Wenn wir die Augen des Verstandes für die Dinge der Höhe und

der Tiefe verschließen, wenn wir «in ihrer Mitte schlafen», dann werden wir im Glauben beharren; der Glaube wird hier als Taube bezeichnet; ihre Schwingen, die von ihr bezeugten Wahrheiten, werden wie Silber sein, da der Glaube sie in diesem Leben nur verhüllt darbietet; doch wenn der Glaube am Ende durch das unverhüllte Erschauen Gottes abgelöst wird, dann erscheint die Substanz des Glaubens, befreit von der silbernen Umhüllung, im Glanze des Goldes. Der Glaube teilt uns Gott selber mit, wie unter Silberhülle. Doch auch so gibt er uns Gott in Wahrheit, so wie jemand, der ein übersilbertes Goldgefäß verschenkt, in Wahrheit ein Goldgefäß verschenkt hat. Als die Braut im Hohenliede solchen Besitz Gottes begehrte und der Herr ihr dies versprach, soweit es in diesem Leben sein kann, da sagte er, schenken wolle er ihr goldenes Ohrgehänge, belegt mit Silbersmalt (1, 11). Damit versprach er, sich ihr in der Hülle des Glaubens zu schenken. Die Seele sagt demnach zum Glauben: Ach, daß dein Silberspiegel, dein Bezeugen, nicht länger das Gold der göttlichen Strahlen, nicht länger die begehrten Augen verdeckte

und formte – jetzt! in Schnelle! –
die Augen, die ich misse

5 Die Augen sind die strahlenden göttlichen Wahrheiten, die der Glaube nur verhüllt und unausgebildet darbietet. Und so bedeuten ihre Worte: Ach, wenn du endlich diese Wahrheiten, die du mir dunkel und verschleiert bezeugst, klar und unverschleiert geben wolltest, so wie ich es begehre. Als Augen bezeichnet sie hier diese Wahrheiten wegen der Gegenwärtigkeit des Geliebten, die sie so eindringlich fühlt, daß ihr sein Blick immer auf ihr zu ruhen scheint. So sagt sie:

und die mein Inneres hegt in schattigem Risse!

6 In ihrem Innern, so sagt sie, sind seine Augen im Umriß; im Bereich der Erkenntniskraft sind diese Wahrheiten durch

den Glauben ihr eingegeben. Und weil diese nicht vollkommen aufgefaßt werden können, werden sie von ihr als Risse bezeichnet. Denn so wie die Zeichnung kein vollkommenes Gemälde ist, so sind die Bekundungen des Glaubens keine vollkommene Erkenntnis. So sind die Wahrheiten, die der Glaube in die Seele gibt, gleich Zeichnungen; und wenn sie in klarer Anschauung gegeben werden, gleichen sie einem ausgeführten vollkommenen Gemälde. Darum sagt der Apostel: «Cum autem venerit quod perfectum est, evacuabitur quod ex parte est» (1. Cor. 13, 10). Das heißt: Wenn das Vollkommene erscheint, nämlich die unmittelbare Anschauung, dann verschwindet das Stückwerk, die Erkenntnis durch Glauben.

7 Allein außer dieser Zeichnung des Glaubens gibt es eine andere, eine Zeichnung der Liebe in der Seele des Liebenden, im Bereich des Willens: dort ist die Gestalt des Geliebten abgebildet, und – wenn die Liebeseinigung vollzogen ist – so innig und lebendig festgehalten, daß wirklich der Geliebte in dem Liebenden lebt und der Liebende in dem Geliebten; und solche Angleichung bewirkt die Liebe kraft der Umwandlung der Geliebten, daß jeder von ihnen der Andere ist und daß Beide zu einem Einzigen wurden. Denn in der Einigung und Umwandlung der Liebe gibt jeder sich dem Andern zueigen; ein jeder gibt sich auf und gibt sich hin und wechselt in den Anderen hinüber. Jeder lebt so im Andern, und der Eine ist der Andere, und beide sind eins kraft umwandelnder Liebe. Das besagen die paulinischen Worte: «Vivo autem, jam non ego: vivit vero in me Christus» (Gal. 2, 20). Das heißt: «Ich lebe – nein, nicht mehr ich, es lebt Christus in mir.» Mit solchen Worten gibt der Apostel zu verstehen, daß er zwar lebe, aber nicht mehr sein eigenes Leben, denn er war hinübergebildet in Christus, so daß sein Leben mehr ein göttliches als ein menschliches war; und so konnte er sagen, daß nicht er selber lebte sondern Christus in ihm.

8 Bei solcher Angleichung durch Umwandlung kann sein Leben und Christi Leben als ein einziges Leben in Liebeseinigung bezeichnet werden. Vollkommen wird das erst im Himmel, im göttlichen Leben geschehen, bei allen, die würdig wurden, sich in Gott zu sehen: in Gott überformt, werden sie Gottes Leben leben und nicht ihr eigenes Leben; und doch ist es ihr eigenes Leben, denn Gottes Leben wird ihr eigenes Leben werden. Und dann können sie wirklich sagen «Wir leben, und doch nicht wir; denn in uns lebt Gott.» Das kann schon in diesem Leben sein, wie beim heiligen Paulus, allein nicht in endgültiger Vollkommenheit, mag auch die Seele bis zu jener erhabenen Liebeseinigung, bis zur geistlichen Ehe gelangen, dem Höchsten, was sie in diesem Leben erreichen kann. Denn all dieses kann nur eine Zeichnung der Liebe genannt werden, verglichen mit jenem vollkommenen Ebenbilde, der Überformung in der Seligkeit. Allein wenn diese Zeichnung einer Umwandlung in diesem Leben erlangt wird, so ist das ein glückseliges Los. Ist doch der Geliebte mit solchem Gewinn wohlzufrieden. Nicht anders wollte er, daß ihn die Braut in einem Umriß in die Seele prägte, als er im Hohenliede sagte: «Leg mich als Siegel auf dein Herz, gleich einem Zeichen auf deinen Arm» (8, 6). Das Herz steht hier für die Seele, darin sich Gott gleich einer Zeichnung des Glaubens ausprägt; und der Arm steht für den starkmütigen Willen, darin er sich als Zeichnung der Liebe gestaltet.

9 Derartig ist zu dieser Frist der Zustand der Seele, daß ich ihn mit kurzen Worten kennzeichnen will, wenngleich Worte ihn nicht erklären können. Die körperliche und geistige Substanz scheint der Seele zu vertrocknen, im Dürsten nach dem lebendigen göttlichen Quell. Solch Dürsten ist jenem vergleichbar, das David in die Klage ausbrechen ließ: «Wie der Hirsch nach den Wasserquellen lechzt, so lechzt meine Seele nach dir, Gott. Meine Seele dürstet nach Gott, dem lebendigen Quell; wann werde ich vor dem Antlitz Gottes erscheinen?!» (Ps. 41, 3) Und so stark wird sie von diesem Durst ge-

peinigt, daß sie gleich Davids Kriegern furchtlos durch die Feindesreihen hindurchbrechen würde, um ihr Gefäß mit Wasser zu füllen, in der Zisterne von Betlehem, die Christus ist. Ja, alle Schwierigkeiten der Welt, alle Anstürme der Dämonen, alle Höllenqualen würde sie wie nichts durchdringen, um in diesen abgründigen Quell der Liebe einzutauchen. Darum heißt es im Hohenliede: «Stark ist die Liebe wie der Tod, und ausdauernd ist ihr Heischen wie die Hölle» (8, 6). Denn es ist nicht zu glauben, wie ungestüm die quälende Leidenschaft wird, wenn die Seele gewahrt, daß sie sich dem beseligenden Gut angenähert hat, und daß es ihr vorenthalten bleibt. Denn je näher das Begehrte dem Auge, der Türöffnung ist, um so quälender wird sein Entzug. In diesem geistlichen Sinn sagt Hiob: «Bevor ich zu essen vermag, seufze ich; und wie die Sturmflut ist das Aufbrüllen meiner Seele» (3, 24). Solch Aufschreien verursacht die Begier nach der Speise, die Gott ist. Denn die Qual ist so groß wie das Verlangen nach der Speise, wie ihre Schätzung.

Anmerkung zur folgenden Strophe

1 Zu dieser Frist leidet die Seele so tief um seinetwillen, weil sie sich schon enger an Gott anschließt und somit die Leere ohne Gott tiefer erleidet und lastender die Finsternisse in ihr, dazu ein geistiges Feuer, das sie auszehrt und für die Gotteinigung läutert. Solange Gott nicht einen Strahl übernatürlichen Lichtes in sie einfallen läßt, ist ihr Gott gleich unerträglicher Finsternis, während er dem Geiste nach ihr schon naheweilt. Denn das übernatürliche Licht verdunkelt das natürliche mit seinem Übermaß. All dieses klingt in Davids Worten auf: «Dunkles Gewölk umringt ihn; Feuer flammt seiner Gegenwart vorauf» (Ps. 96, 2). Und in einem andern Psalm: «Sich zur Hülle und zum Versteck hat er die Finsternisse geballt; und sein Tabernakel rundum ist das dunkle Wasser in den Wolken der Lüfte; der gewaltige Glanz seiner

Gegenwart wirkt Wolken, Hagel und Feuerbrände» (Ps. 17, 13). So erfährt es die Seele, die sich ihm nähert; denn wenn die Seele sich ihm dichter annaht, fühlt sie all dieses in ihrem Innern, bis Gott sie in seine Glanzfülle hineinzieht, kraft der Liebeseinigung. Allein bis das sich begibt, harrt und klagt die Seele mit Hiob: «Wer gewährt es mir, ihn zu erkennen, ihn zu finden und bis zu seinem Throne vorzudringen?» Allein Gott in seiner grenzenlosen Barmherzigkeit schenkt Tröstungen, die nicht minder gewaltig sind als die Finsternisse und die Leere. «Wie seine Finsternisse so sind seine Erleuchtungen» (Ps. 138, 12). Um die Seele zu erhöhen und zu verklären, demütigt und beschwert er sie. Auf solche Weise schickte er dieser Seele inmitten ihrer Qualen göttliche Ausstrahlungen seines Wesens, von solcher Herrlichkeit und Liebesgewalt, daß er sie von grundauf erschütterte und ihre ganze Natur verstörte. Mit großem natürlichen Entsetzen ruft sie nun den Geliebten an, zu Beginn der folgenden Kanzone. Die weiteren Worte dieser Kanzone spricht der Geliebte.

DREIZEHNTE STROPHE

BRAUT

Laß sie nicht, Liebster, offen –
sonst flieg ich auf...

BRÄUTIGAM

O Taube, kehre wieder!
Der Hirsch, wie du getroffen,
wittert vom Hügel nieder
zum Fächeln deines Flugs und kühlt die Glieder.

Erklärung

2 Bei den ungestümen Wünschen inbrünstiger Liebe, wie die vorhergehenden Kanzonen sie von der Seele ausgesagt

haben, pflegt der Geliebte seine Braut in keuscher, zarter Zuneigung heimzusuchen und mit großer Liebesgewalt. Denn entsprechend den voraufgegangenen Flammenstürmen der Liebe in dieser Seele sind auch die göttlichen Gnaden und Heimsuchungen gewaltig. Und weil die Seele so stürmisch – wie es die letzte Kanzone bezeugte – nach den Augen des Geliebten verlangt hatte, enthüllt ihr der Geliebte einige Strahlen seiner erhabenen Gottheit, wie sie es begehrte. Doch von solcher Hoheit und Wucht war diese Einstrahlung, daß die Seele in ekstatischer Verzückung außer sich geriet. Das aber bewirkt eine solche Schädigung und Verstörung ihres natürlichen Wesens, daß sie solche Übergewalt in ihrer Schwäche nicht aushalten kann und in die Worte ausbricht: «Laß sie nicht, Liebster, offen! Diese deine göttlichen Augen wende von mir hinweg! Sie verzücken mich höher, als es Menschennatur erträgt, hinein in höchste Vergeistigung». Es schien der Liebenden, daß ihre Seele nun dem Leibe entwiche, wie sie es immer begehrt hatte. So erbittet sie hier, er möge seine Augenstrahlen nicht auf sie richten, solange sie in ihrem unempfänglichen Leibe weile. Er möge sich ihr auf ihrem Fluge mitteilen, außerhalb des Leibes. Diesem Wunsch und diesem Flug tritt der Bräutigam alsbald entgegen, mit dem Anruf: «‚O Taube, kehre wieder!‘ Wohl ist die Einstrahlung, die du zur Stunde von mir empfängst, nicht die Erleuchtung der ewigen Seligkeit, die du erstrebst. Allein kehre wieder, zu mir; ich bin es, den du suchst, von Liebe durchbohrt. Auch mich hat deine Liebe verwundet gleich einem Hirsch. Auf der Höhe deines Geistfluges beginne ich, mich dir zu zeigen; an der Liebe deines Gottbetrachtens hole ich mir Erfrischung und Erquickung.»

Laß sie nicht, Liebster, offen

3 Zu diesem Ausruf der Braut sagten wir schon: gemäß ihrem leidenschaftlichen Verlangen nach jenen göttlichen Augen, nach der Gottheit selber, empfing sie vom Geliebten innerlich eine solche Einprägung Gottes, daß sie nicht anders

konnte als ausrufen: «Laß sie nicht, Liebster, offen!» Denn so kläglich ist unsere Menschennatur beschaffen, daß die Seele die Erfüllung ihres glühenden Begehrens, die Gewährung ihres eigentlichsten Lebens nicht entgegennehmen kann, ohne nahezu daran zu sterben. Da die Augen des Geliebten, die sie mit unaufhaltsamem Drang auf so vielen Wegen suchte, nun auf sie eindringen, muß sie ausrufen: «Laß sie nicht, Liebster, offen!»

4 So schneidend ist mitunter die Qual, die bei solchen heimsuchenden Verzückungen empfunden wird, daß keine andere Pein derart die Glieder verrenkt und den Atem nimmt; und ohne Gottes Vorsehung würde das Leben auslöschen. Die Seele, die solches durchmacht, erlebt es wirklich so, als ob sie sich vom Fleisch löse und den Körper zurücklasse. Können doch so hohe Gnaden nur schwer im Leibe empfangen werden: der Geist wird zu dem sich mitteilenden göttlichen Geiste emporgezückt und muß deshalb in gewisser Weise den Leib verlassen. So muß der Leib leiden und folglich auch die Seele im Leibe, da beide eine Einheit bilden. Die große Qual, die von der Seele bei dieser Art der Heimsuchung erlitten wird, das tiefe Erschrecken bei so übernatürlichem Gotterleiden lassen sie ausrufen: «Laß sie nicht, Liebster, offen!»

5 Es muß deshalb nicht angenommen werden, daß die Seele in voller Wahrheit sie von sich abwenden wolle; vielmehr hat die natürliche Furcht aus ihr gesprochen. Auch wenn sie noch Schwereres dabei erdulden müßte, sie würde nicht auf so gnadenvolle Heimsuchungen des Geliebten verzichten wollen. Mag auch die Natur leiden, der Geist fliegt verzückt auf, den Geist des Geliebten beseligt zu genießen nach Herzverlangen. Jedoch nicht im Leibe, nicht so unvollkommen und behindert möchte sie ihn empfangen, sondern im Geistesfluge außerhalb des Leibes, mit freier Beseligung. Und so bittet sie ihn, sich ihr außerhalb des Leibes mitzuteilen.

6 Diese Worte sind auch so zu verstehen: Ich entfliege dem Leibe; so teile dich mir außerhalb dieses Hemmnisses mit; hast du doch solchen Flug bewirkt. Um die Art solchen Fluges besser begreiflich zu machen, sei dargelegt: bei dieser Heimsuchung durch den göttlichen Geist wird der Geist der Seele aufs stärkste zu dem sich mitteilenden Geiste hingerissen; dabei zerstört er den Körper und hört auf, in ihm zu empfinden, in ihm zu wirken; denn sein Wirken ist in Gott. Darum sagte Paulus, daß er bei jener Verzückung nicht wußte, ob er jene Gnade im Leibe oder außerhalb des Leibes empfing (2. Kor. 12, 2). Das darf aber nicht so verstanden werden, als zerstöre und verlasse die Seele den Körper mit seinem natürlichen Leben, sondern nur so, daß sie derzeit nicht in ihm wirkt. Und dies ist die Ursache, warum der Körper bei solchen Flügen ohne Empfindungen verbleibt und es auch nicht fühlt, wenn ihm schärfster Schmerz zugefügt wird. Denn dieser Zustand ist nicht wie natürliche Ohnmacht oder Betäubtheit, bei denen die Betroffenen durch Schmerz wieder zu sich kommen. Und diesen Bewußtseinszustand bei derartigen Heimsuchungen haben solche, die noch nicht bis zur Vollkommenheit gelangt sind, sondern erst als Fortgeschrittene ansteigen. Denn jene, die den Gipfel erreichten, empfangen die göttlichen Mitteilungen nur noch in Frieden und in sanfter Liebe; und jene Ekstasen hören auf, die ein Verbindungsweg und eine Vorbereitung für vollkommene Überformung waren.

7 An dieser Stelle ließen sich die Unterschiede behandeln, die zwischen gewaltsamer Hingerissenheit, Ekstasen und anderen Verzückungen und zarteren Geistesflügen bestehen, von denen die Spiritualen nicht selten überkommen werden. Allein hier beabsichtige ich lediglich, diese Kanzonen kurz zu erklären, wie ich es im Vorwort versprach. So mögen jene Darlegungen Befähigteren überlassen bleiben. Zudem hat

die selige Teresa von Jesus, unsere Mutter, bewundernswerte Schriften über diese Erscheinungen des Geistes hinterlassen, die bald, wie ich zu Gott hoffe, im Druck erscheinen werden. Das Auffliegen, von dem die Seele hier spricht, ist als Verzückung des Geistes hin zu Gott zu verstehen. Und der Geliebte antwortet alsbald:

O Taube, kehre wieder!

8 Mit Frohlocken verließ die Seele den Leib bei jenem geistigen Fluge; vermeinte sie doch, ihr Leben sei nun vollendet, und sie würde sich fortan auf ewig erquicken können an ihrem Gatten, dem unverhüllten. Allein der Bräutigam tut ihr Einhalt, mit den Worten: «O Taube, kehre wieder!» Es ist, als sage er: «Taube mit deinem hohen und leichten Aufschwung der Beschauung, mit deiner inbrünstigen Liebe und der unbeirrten Einfalt, – denn leichten Flug, Inbrunst und Einfalt besitzt die Taube – kehr um von diesem erhabenen Fluge, womit du mich in Wahrheit gewinnen möchtest! Noch ist die Zeit so erhabenen Eindringens nicht gekommen. Begnüge dich mit jenem geringeren, das ich dir jetzt in deinem Überschwange gewähre.» Und er spricht von dieser Gunst:

Der Hirsch, wie du getroffen

9 Der Bräutigam vergleicht sich mit einem Hirsch; denn mit dem Hirsch meint er sich selber. Es ist nämlich die Eigenart des Hirsches, Höhen zu ersteigen; ist er verwundet, so sucht er in schnellem Lauf Linderung in kühlem Gewässer. Und hört er seine Gefährtin klagen, und merkt er, daß sie verwundet wurde, dann eilt er zu ihr, um sie zu trösten und zu liebkosen. Und so der Bräutigam: er sieht die Braut verwundet durch Liebe zu ihm und eilt auf ihr Stöhnen herbei, auch er verwundet von Liebe zu ihr. Denn bei Liebenden ist die Wunde des einen auch die von beiden; und ein gleiches Gefühl lebt in beiden. Es ist, als sagte er: «Kehre wieder,

meine Braut, zu mir. Hat dich Liebe zu mir verwundet, sieh, ich eile gleich einem Hirsch zu dir, mitverwundet durch deine Wunde; und gleich dem Hirsch spähe ich hinter dem Hügel hervor.»

wittert vom Hügel nieder

10 Das heißt, er wittert nieder von der Höhe der Beschauung, die du auf solchem Fluge erreichst. Denn die Beschauung ist ein erhabener Flug, von dem aus Gott in diesem Leben sich mitzuteilen und zu weisen beginnt, allein nicht vollständig; und darum sagt er nicht, daß er vollständig hervortritt, sondern daß er über den Kamm hinunterspähe. Denn wie erhabene Schauungen auch der Seele von Gott dargeboten werden mögen, sie allesamt sind nur wie ein fernes, flüchtiges Auftauchen. Die dritte Eigentümlichkeit des Hirsches bringt der folgende Vers zum Ausdruck:

zum Fächeln deines Flugs und kühlt die Glieder

11 Als Flug kennzeichnet er hier die erwähnte ekstatische Schauung; und fächelnde Luft nennt er jenen Geist der Liebe, der durch den Flug der Schauung in der Seele erregt wird. Und tiefbegründet ist solche Bezeichnung der ekstatischen Liebe als Luft. Wird doch auch der Heilige Geist, der Liebe ist, in der Schrift mit der Luft verglichen; er wird ja ausgehaucht vom Vater und vom Sohn. Und wie er hier Luft des Fluges ist, die von der schauenden Weisheit des Vaters und des Sohnes ausgehaucht wird, so wird auch diese Liebe der Seele von dem Bräutigam Luft genannt. Denn sie weht hervor aus dem Gewahrwerden Gottes, das der Seele zu dieser Zeit geboten wird. Der Bräutigam sagt hier nicht, er nahe dem Fluge, sondern dem Fächeln des Fluges; denn Gott teilt sich der Seele nicht wegen ihres Auffluges, nicht wegen ihrer Gotterkenntnis mit, sondern wegen der Liebe, die aus solchem Innewerden sich entfacht. Denn so wie jene Liebe nichts anderes ist als die Vereinigung des Vaters und des Sohnes, so

ist diese Liebe die Vereinigung der Seele mit Gott. Und so mag eine Seele erhabenste Auffassung Gottes, erhabenste Beschauung haben und alle Geheimnisse kennen, nichts ist dies alles ihr nütze für die Vereinigung mit Gott, wenn sie nicht – wie Paulus sagt – die Liebe hat. Auch sagt dieser Apostel: «Caritatem habete, quod est vinculum perfectionis» (Kor. 3, 14). Das heißt: hegt jene Liebe, die zur Vollkommenheit zusammenfaßt. Es ist solche verbindende Liebe, die den Bräutigam herbeieilen läßt. Er eilt, am Liebesquell seiner Braut zu trinken, so wie der dürstende und verwundete Hirsch an kühlem Gewässer Erfrischung sucht: er kühlt die Glieder.

12 Denn so wie die Luft dem von Hitze Ermatteten Kühlung und Erfrischung bietet, so erfrischt und ermuntert jener Hauch der Liebe den von Liebe Durchglühten. Denn solcher Liebesbrunst ist es eigen, daß die Luft, die Erfrischung bringen soll, sie nur höher anfacht. Die Leidenschaft des Liebenden ist eine Flamme, die immer gewaltiger auflodern will, vergleichbar dem natürlichen Feuer. Gott nennt sein Verlangen, stärker in der Liebesglut der Braut mitzulodern, von ihrem Flug umfächelt zu werden, hier «die Glieder kühlen». Und es ist, als sagte er: «Das glühende Fächeln deines Fluges facht mich an; denn eine Liebe entfacht die andere.» Hier sei beachtet: Gott senkt seine Gnade und Liebe nicht in die Seele, es sei denn nach dem Ausmaß des liebenden Willens in ihr. So muß der aufrichtig Liebende sehen, daß er solcher Liebe nicht ermangele; bewirkt sie es doch – wenn ich es sagen darf – daß Gott ihm mehr Liebe zuwendet und sich tiefer an seiner Seele erquickt. Wer solche Liebe entfalten will, muß den Worten des Apostels nachleben: «Die Liebe ist langmütig, ist wohlwollend und neidlos, nicht tut sie Böses; die Liebe überhebt sich nicht, sie giert nicht nach Ruhm; nicht trachtet sie nach eigenem Vorteil, sie ereifert sich nicht und trägt nicht nach. Sie ergötzt sich nicht an Schlechtigkeit, wohl aber erfreut sie sich am Rechten. Sie duldet alles, was Duldung er-

laubt, sie glaubt alles Glaubenswerte, alles erhofft sie, allem gibt sie Halt» (1. Kor. 13, 4–7).

Gegenstand und Erklärung der beiden folgenden Strophen

1 So war die Seele, gleich einer Taube, durch die Lüfte der Liebe geflogen, hinweg über die Sintflut ihrer Drangsale und Liebesnöte, über eine Flut, in welcher sie keinerlei Ruhestätte finden konnte. Allein bei diesem ihrem letzten Aufschwung streckte der barmherzige Vater gleich Noah die Hand aus und barg sie in der Arche seiner Huld und Liebe. Und solche Geborgenheit gewann die Seele bei seinen Worten: «O Taube, kehre wieder!» In solcher Ergriffenheit findet die Seele alles, wonach sie sich sehnte, gewinnt sie Unsägliches. Und sie beginnt dem Geliebten Lobpreisungen zuzujubeln.

VIERZEHNTE UND FÜNFZEHNTE STROPHE

BRAUT

Mein Geliebter, die Bergesriesen,
die nie berührten Täler, waldumschwollen,
die Inseln, nie gewiesen,
der Ströme tönend Rollen,
das Flüsterlied der Luft, der liebevollen!

Die Nacht, zur Ruh gekommen,
die Morgenröten, die ins Dunkel münden,
die Weisen, nie vernommen,
die Einsamkeit voll Künden,
des Abendmahls Erfrischen und Entzünden!

2 Sollen diese wie die folgenden Kanzonen recht verstanden werden, so ist vorab zu bemerken: in dem erwähnten Flug des Geistes kennzeichnet sich ein hoher Zustand, eine Liebeseinigung, darein die Seele nach vielen geistigen Bemühungen von Gott erhoben wird: das geistliche Verlöbnis mit dem Gottessohne, dem Wort. Und wenn solches Ereignis als ein Neues eintritt, dann offenbart Gott Erhabenes über sein Selbst; und zugleich verschönt er die Seele mit großer Hoheit, er schmückt sie mit Gaben und Tugenden und hüllt sie in ehrfürchtige Erkenntnis seiner Gottheit, gleich einer Auserwählten am Tage ihres Verlöbnisses. Und an jenem beseligenden Tage enden all ihre früheren leidenschaftlichen Wünsche und Liebesklagen; mehr noch: im Schmuck jener Brautgaben erlebt sie einen neuen Zustand holden Friedens und sanfter Liebe. Das enthüllen diese beiden Kanzonen, darin die Seele nichts anderes tut, als die vielfältige Herrlichkeit des Geliebten auszusagen und auszusingen, eine Herrlichkeit, die sie dank der bräutlichen Einigung in ihm erkennt und genießt. So sagt sie auch in den weiteren Kanzonen nichts mehr von dem qualvollen Verlangen, sondern nur von einem Austausch süßer, friedvoller Liebe zwischen sich und dem Geliebten. Denn bei solcher Entfaltung schwindet all jenes dahin. Diese beiden Kanzonen umfassen die reichsten Mitteilungen, die Gott zu dieser Zeit einer Seele zu gewähren pflegt. Und es darf nicht angenommen werden, daß alle, die zu solcher Höhe gelangen, deswegen alles empfangen, was in diesen beiden Kanzonen ausgebreitet wird, oder daß sie es etwa auf die gleiche Weise des Erkennens und Erlebens erhalten. Denn einigen Seelen schenkt er mehr, anderen weniger und den einen auf diese, anderen auf jene Weise. Das eine wie das andere kann in diesem Stande des geistlichen Verlöbnisses ausgespendet werden. Doch weise ich hier die größte Fülle, da in ihr alles einbegriffen ist.
Es folgt die Erklärung.

3 Und es sei beachtet: wie es gemäß der Schrift in Noahs Arche viel Räumlichkeiten für viele verschiedene Tierarten gab und alle genießbaren Speisen, so gewahrt die Seele bei ihrem Fluge zu dieser göttlichen Arche, an die Brust des Herren, die vielen Wohnungen, von denen die göttliche Majestät durch den Mund des Jüngers Johannes sprach, Wohnungen in dem Hause seines Vaters; zudem gewahrt und erfaßt sie dort «all die Speisen», all das Erhabene, das sie dort verkosten kann; das sind all die Dinge, die in den genannten Kanzonen beschlossen sind und die in ihrem Wesen durch die folgenden gebräuchlichen Ausdrücke gekennzeichnet werden.

4 Die Seele sieht und verkostet in dieser Gotteinigung die Üppigkeit unergründlicher Schätze; und sie findet die erlechzte Entlastung und Erquickung; und sie blickt hinein in unerforschte göttliche Geheimnisse, eine weitere der ihr so köstlichen Speisen; und sie fühlt in Gott eine erschütternde Übergewalt, die alle andere Kraft entmachtet; und sie verkostet in ihm überwältigende Sanftmut und Untrübbarkeit des Geistes, wahre Stille findet sie und göttliches Licht; und sie erquickt sich tief an der Weisheit Gottes, die in der Harmonie der Schöpfung und in seinen Taten hervorleuchtet; und sie fühlt in sich die Fülle des Guten und die Ledigkeit von allem Übel. Und vor allem erfährt und genießt sie Labsal für ihre Liebe, wodurch sie in der Liebe gefestigt wird. Und dieses ist der Kern der genannten Kanzonen.

5 In ihnen sagt die Braut: «All dies ist der Geliebte in sich; all dies ist er für mich.» Und er ist es für sie, weil sie bei den göttlichen Heimsuchungen in solchen Ekstasen inne wird, was der Ausruf des heiligen Franziskus in Wahrheit besagt: «Mein Gott und alle Dinge!» Da Gott für die Seele «alle Dinge» ist und das Vortreffliche von ihnen allen, so verdeutlicht sie die Eingießung bei dieser Verzückung durch ihre

Ähnlichkeit mit den Vorzügen der Dinge, wie es von Vers zu Vers dieser Kanzonen erläutert werden soll. Doch alles, was hier ausgesagt wird, findet sich in Gott aufs Erhabenste in unendlicher Weise. Oder besser gesagt: eine jede dieser bekundeten Herrlichkeiten ist Gott, und sie alle zusammen sind Gott. Da sich die Seele in diesem Zustand mit Gott vereinigt, fühlt sie, wie alle Dinge Gott sind, so wie der Apostel Johannes es fühlte und aussprach: «Was geschaffen wurde, das war in ihm Leben.» Solches Erleben der Seele besagt nicht, daß sie die Dinge in klarem Licht oder die Kreaturen in Gott sieht, sondern daß sie in ihrer Gotterfülltheit empfindet, daß ihr alle Dinge Gott sind. Ebensowenig darf man bei unserer Ausdeutung so erhabener Gotterfahrung vermeinen, daß Gott von der Seele klar und wesensgemäß erschaut werde. Was er gewährt, ist eine machtvoll überströmende Mitteilung, ein Abglanz dessen, was er in sich ist. Und darin erlebt die Seele jene Vollkommenheit der Dinge, die wir nun mit den Versen darlegen werden:

Mein Geliebter, die Bergesriesen

6 Den Bergen eignet Höhe, Wucht, Weite und Schönheit; sie sind anmutig, blumenreich und würzig. Diese Gebirgswelt ist mein Geliebter für mich.

Die nie berührten Täler, waldumschwollen

7 Die nie berührten Täler sind ruhig, lieblich, frisch, schattig, von süßen Gewässern erfüllt; und mit ihren abwechslungsreichen Hainen und ihrem zarten Vogelgesang erquicken sie die Sinne aufs wonnigste; und ihre schweigende Einsamkeit entsendet Erfrischung und Entspannung. Solch Talgesenke ist mein Geliebter für mich.

Die Inseln, nie gewiesen

8 Die fremdartigen Inseln sind vom Meer umgürtet und abgetrennt durch Meere und unberührt von Menschen. Und so keimen und wachsen dort Wesen, durchaus verschieden von jenen diesseits der Meere, Wesen ganz unvertrauter Art, voll unbekannter Kräfte, bestaunt wegen ihrer Neuartigkeit von dem, der sie sieht. Die Seele nennt Gott «die Inseln, nie gewiesen» wegen der großen, staunenswerten Neuartigkeit und Fremdartigkeit jenseits der gewöhnlichen Erfahrung, die sich ihr in Gott darbietet. Denn fremdartig wird jemand aus zwei Gründen genannt: einmal, weil er abseits des Volkes lebt oder weil er in Taten und Werken über die anderen hinausragt. Aus beiden Gründen nennt die Seele hier Gott fremdartig: einmal, weil er die ganze Fremdartigkeit der nie gesehenen Inselwelt ist, zum anderen, weil seine Ratschlüsse und Werke sehr fremd, sehr überraschend und staunenswert für die Menschen sind. Und es ist nicht zu verwundern, daß Gott den Menschen, die ihn doch nicht gesehen haben, fremdartig ist: auch für die heiligen Engel und die Seelen, die ihn sehen, bleibt er außergewöhnlich. Denn niemals ergründen sie ihn, niemals werden sie ihn vollends sehen; und bis zum Jüngsten Tage entdecken sie soviel überwältigend Neues in seinem barmherzigen und gerechten Walten, daß sie immer wieder nur aufnehmen und anstaunen können. So mögen nicht nur die Menschen, sondern auch die Engel von ihm sagen: «die Inseln, nie gewiesen». Nur für sich selber ist er nicht fremdartig, nur für sich selber ist er nicht undurchforscht.

Der Ströme tönend Rollen

9 Drei Eigenschaften haben die Ströme: die erste, daß sie auf ihrem Wege im Ansturm alles überschwemmen, die zweite, daß sie alle Tiefen und Leeren, auf die sie treffen, ausfüllen. Die dritte, daß sie eine Klanggewalt besitzen, von der jeder andere Klang übertönt und getilgt wird. Und weil die Seele in der genannten Erfahrung Gottes jene drei Eigenschaften aufs köstlichste in ihm verspürt, deshalb sagt sie,

daß der Geliebte «der Ströme tönend Rollen» ist. Die Seele erfährt die erste Eigenschaft auf folgende Weise: sie wird von der Sturzflut des göttlichen Geistes so wuchtig überschwemmt und so übermächtig von ihr ergriffen, daß sie sich von allen Strömen der Welt überflutet fühlt und daß all ihre früheren Handlungen und Leidenschaften ihr darin ertrunken scheinen. Aber dieses Erlebnis äußerster Gewalt ist dennoch fern von Pein; denn diese Ströme sind solche des Friedens. So sagt Jesaias unter göttlicher Eingebung über dieses Einstürmen in die Seele: «Ecce ego declinabo super eam quasi fluvium pacis, et quasi torrentem inundantem gloriam» (66, 12). Das besagt: «Siehe, ich werde mich niederneigen über sie (gemeint ist die Seele), gleich einem Fluß des Friedens will ich sie überkommen, gleich einem Sturzbach will ich sie mit Seligkeit überfluten.» Diese göttliche Überwältigung, sie erfüllt – wie der «Ströme tönend Rollen» – die Seele mit seligem Frieden. Die zweite erfahrene Eigentümlichkeit ist diese: die göttliche Flut füllt nun die Tiefen ihrer Demut und ergießt sich in die Leere ihrer Triebe – gemäß den Worten des Evangelisten Lukas: «Exaltavit humiles. Esurientes implevit bonis.» «Die Demütigen erhob er, die Schmachtenden erfüllte er mit Gütern» (1, 52). Die dritte Eigentümlichkeit, die von der Seele in diesen brausenden Strömen ihres Geliebten erfahren wird, ist das Tönen einer geisthaften Stimme, erhaben über alle Klänge und Laute – eine Stimme, die alle anderen Stimmen entkräftet, ein Getön, das alles Getön der Welt überhallt. Wie aber solches sich ereignet, muß ausführlicher dargetan werden.

10 Diese Stimme, dies volltönende Rauschen der Ströme, dessen die Seele hier gedenkt, ist ein so ausfüllendes Eingießen von Gaben, eine so machtvolle, von ihr Besitz ergreifende Kraft, daß die Seele nicht nur das Brausen von Wasserfällen, sondern auch ein übergewaltiges Donnern zu hören vermeint. Jedoch diese Stimme ist geistig und zieht nicht die körperlichen Sinne in Mitleidenschaft. Sie bringt nicht Pein

und Beschwerde, vielmehr Größe und Kraft, stärkende Lust und Seligkeit. Und so ist sie wie ein ungeheures inneres Anklingen und Ansprechen, das der Seele Macht und Starkmut verleiht. Diese geistige Stimme, dies Tönen erklang in dem Geist der Apostel zur Zeit, als der Heilige Geist, nach dem Bericht der Apostelgeschichte, mit der Gewalt einer Sturzflut sie überkam; und damit die geistige Stimme, die in ihrem Inneren laut wurde, vernommen würde, schwang der innere Klang im äußeren Raume, gleich stürmender Luft, hörbar für alle in Jerusalem. So wurde kund, was die Apostel im Innern empfingen, die Eingießung von Macht und Starkmut. Und als unser Herr Jesus, von Feinden umringt und bedrängt, zum Vater emporrief, wie es Johannes berichtet, auch da erklang eine Stimme vom Himmel in seinem Innern, die ihn in seiner menschlichen Schwäche tröstete; und den Juden erklang dieser Hall so heftig und wuchtig, daß die einen meinten, es habe gedonnert, und wieder andere, ein Engel habe mit ihm geredet (12, 28). In Wahrheit aber bekundete jene äußere Stimme den Starkmut und die Macht, die Christus nach seiner Menschheit im Innern empfing; und nicht behindert der äußere Schall das Eindringen der geistigen Stimme in den Geist. Diese geistige Stimme ist gleichbedeutend mit ihrer Einwirkung auf die Seele, so wie die körperliche Stimme ihren Klang dem Ohr und dem Bewußtsein einprägt. Solches wollten Davids Worte begreiflich machen: «Ecce dabit voci suae vocem virtutis» (Ps. 67, 34). Das heißt: «Seht, Gott macht seine Stimme zur Stimme der Kraft.» Diese Kraft ist die innere Stimme. So bedeuten Davids Worte: Zur sinnenhaften Stimme, die von außen gehört wird, fügt er die Stimme der Kraft, die im Innern empfangen werden soll. Gott aber, so muß man wissen, ist unendliche Stimme; und wenn er sich der Seele derart mitteilt, so wird sie von einer übergewaltigen Stimme durchbebt.

11 Diese Stimme hörte Johannes in der Offenbarung. Und von dieser Himmelsstimme sagt er: «erat tamquam vocem

aquarum multarum» und «tamquam vocem tonitrui magni». (14, 2). Das heißt, sie war eine Stimme wie von vielen Gewässern und wie der Hall eines gewaltigen Donners. Und damit man nicht glaube, diese Stimme sei kraft ihrer Übergewalt peinigend hart, so fügt er hinzu: sie war so sanft «sicut citharoedorum citharizanthum in citharis suis», wie der Harfenklang von vielen Harfenspielern. Und Ezechiel sagte, dieses Brausen wie von vielen Gewässern sei «quasi sonum sublimis Dei» (1, 24), gleich dem Getöse des hocherhabenen Gottes. Das bedeutet, auf erhabenste und gelindeste Weise habe Gott sich darin mitgeteilt. Diese Stimme ist unendlich; ist es doch Gott selber, der sich mitteilt und in der Seele verlautet. Jeder Seele schmiegt er sich an mit seiner Stimme der Kraft, wie es zu ihrer Beschränktheit sich schickt; und so erhöht und beglückt er sie. Deshalb sagt er zu der Braut im Hohenliede: «Sonet vox tua in auribus meis, vox enim tua dulcis» (2, 14). Das heißt: «Es töne deine Stimme in meinen Ohren; denn deine Stimme ist süß.» Es folgt der Vers:

das Flüsterlied der Luft, der liebevollen

12 Vom Flüsterlied und von Luft spricht hier die Seele. Mit der liebevollen Luft sind hier die Tugenden und Begnadungen des Geliebten gemeint, die dank der bräutlichen Einigung in die Seele einfließen und die aufs Liebreichste an das innerste Wesen der Seele rühren. Und das Flüsterlied der Luft meint hier ein allererhabenstes, allerköstlichstes Empfinden Gottes und seiner Tugendkräfte; und das Bewußtwerden dieser innersten Berührung durch Gottes Kräfte bringt die erhebenste unter den Beseligungen, von denen die Seele hier erquickt wird.

13 So wie die Luft auf zwei Weisen, als Berührung und als Säuseln oder Sausen wahrgenommen wird, so wird bei dieser Heimsuchung des Bräutigams zweierlei wahrgenommen: ein Gefühl der Beseligung und ein Innewerden. Und wie die

Berührung durch die Luft im Tastsinn genossen wird und das Säuseln dieser Luft im Gehör, so wird das Berührtwerden von der Tugendkraft des Geliebten im Getast der Seele empfunden und genossen, in ihrer Substanz; und das Innewerden der göttlichen Erhabenheiten vollzieht sich im Gehör der Seele, in der Erkenntniskraft. Und von einem Nahen der liebevollen Luft wird alsdann gesprochen, wenn sie erquickend auftrifft, das Verlangen nach Erfrischung stillt und damit dem Tastsinn Erquickung schenkt. Und zusammen mit solcher Liebkosung des Tastsinnes empfindet das Gehör große Wohligkeit bei dem sanften Getön der Luft, eine viel stärkere Lust als der Tastsinn bei dem Anhauch verspürt; denn der Klang im Ohre ist geistiger, oder richtiger, er kommt dem Geistigen näher, und so ist auch die von ihm erregte Lust eine geistigere.

14 Eben dieses Berührtwerden durch Gott tut der Substanz der Seele tiefstes Genügen und sättigt huldreich ihr Verlangen, in solcher Einigung aufzugehen; und so nennt sie das Geeintwerden oder Berührtwerden «liebevolle Luft». Denn – wir sagten es schon – liebreich und sanft wird sie von den Herrlichkeiten des Geliebten in ihrer Tiefe angerührt; und von dort entfließt in die Erkenntniskraft jenes Flüsterlied, das Innewerden. Und es wird «Flüsterlied» genannt, weil es vergleichbar ist dem von der Luft erregten Säuseln, das sich dem Ohrgewinde anschmiegt; denn nicht anders schmiegt sich dieses hauchzarte Einvernehmen in das Heimlichste der Seelentiefe, mit wunderbarem Wohltun, durchdringender als alle andere Lust. Der Grund dafür ist, daß sie hier die Substanz selber erfährt, Substanz frei von Unwesentlichem und Scheinhaftem; denn hier empfängt jene Einsichtsfähigkeit, die von den Philosophen «passiv» oder «möglich» genannt wird; denn dieses Vermögen empfängt leidend, ohne irgend eine eigene Betätigung. Solches ist die höchste Wonne der Seele, denn ergriffen wird das Erkenntnisvermögen, darin nach Aussage der Theologen die beseligende Gottesschau

ihre Stätte hat. Weil nun das «Säuseln» das Innewerden des göttlichen Wesens bedeutet, meinen einige Theologen, es habe unser Vater Elias Gott erschaut, als er in der Öffnung seiner hochgelegenen Höhle jenes Säuseln sanfter Luft vernahm; wurde er doch wissend dank der zart eindringenden Mitteilung des Geistes, wie es die Schrift besagt. Und wie dort die Schrift, so spricht hier die Seele von einem Säuseln liebreicher Luft; denn die liebreiche Eingießung der Tugendkraft des Geliebten schwillt über in die Erkenntniskraft, vergleichbar einem Flüsterhauch zärtlicher Luft.

15 Dieser göttliche Hauch, der durch das Gehör der Seele eindringt, ist nicht nur bewußtgewordene Substanz, wie wir schon sagten; er enthüllt auch Wahrheiten über die Gottheit und offenbart, was tief in ihr verborgen ist. Wenn in der Heiligen Schrift von vernehmbaren göttlichen Mitteilungen gekündet wird, dann sind es zumeist Enthüllungen dieser unbedingten Wahrheiten innerhalb des Erkenntnisvermögens oder Offenbarungen göttlicher Geheimnisse, Eingebungen oder Schauungen rein geistiger Art, die von der Seele ohne Vermittlung der Sinne empfangen werden. Und so ist das, was Gott durch das Gehör mitteilt, von großer Erhabenheit und Gewißheit. Als Paulus die Erhabenheit der ihm gewährten Offenbarung verdeutlichen wollte, sagte er nicht «Vidit arcana verba», auch nicht «Gustavit arcana verba», sondern «Audivit arcana, verba, quae non licet homini loqui» (2. Kor. 12, 4). «Geheime Worte vernahm ich, die Menschenmund nicht aussprechen darf.» Dabei mag er Gott nicht anders gesehen haben wie unser Vater Elias bei dem Säuseln. Und so wie der Glaube – nach dem gleichen Apostel – sich an das leibliche Gehör wendet, so wendet sich sein Gegenstand, eben jene erfahrene Substanz, an das geistige Ohr. Das geht auch klar aus Hiobs Worten hervor, als Gott sich ihm offenbarte: «Auditu auris audivi te, nunc autem oculus meus videt te» (42, 5). Das besagt: «Mit dem Gehörsinn meines Ohres hörte ich dich; nun aber sieht dich mein Auge.» Daraus geht

klar hervor: ihn vernehmen mit dem Gehör der Seele ist gleich ihn sehen mit dem Auge der erwähnten gottleidenden Einsicht. Darum sagte er nicht «ich vernahm dich mit dem Hörsinn meiner Ohren» sondern meines Ohres, und nicht «mit meinen Augen» sondern mit meinem Auge, dem einen Erkenntnisvermögen. Demnach ist das Hören der Seele gleich einem Sehen kraft des Erkenntnisvermögens.

16 Solch Empfangen scheinlosen Wesens darf nicht als bereits vollkommene und klare Gottesschau verstanden werden, gleich jener im Himmel. Ist diese Gotterfahrung auch frei von Unwesentlichem, so ist sie dennoch nicht klar, sondern dunkel. Sie ist die Wesensschau, die nach den Worten des Areopagiten in diesem Leben ein dunkler Strahl ist, und so können wir ihn Strahl einer schattenhaften Gottesschauung nennen, eine Schauung in dem für sie aufnahmefähigen Erkenntnisvermögen. Diese wesentliche Gotterfahrung, die von der Seele hier als Flüsterlied bezeichnet wird, sie ist gleichzusetzen «den Augen, die ich misse», den Augen, die der Geliebte ihr enthüllte und deren Übergewalt sie mit den Worten abzuwehren suchte: «Laß sie nicht, Liebster, offen!»

17 Da eine Stelle aus dem Buche Hiob weitgehend meine Ausführungen über das geistliche Verlöbnis mit seinen Verzückungen bestätigt, will ich ein wenig länger bei ihr verweilen und die hier bedeutsamen Teile erklären. Ich werde sie erst auf Lateinisch und dann in unserer Sprache anführen und nach kurzer Ausdeutung zur Erklärung des zweiten Teils der Doppelkanzone übergehen. Im Buch Hiob spricht Elifaz Temanites folgende Worte: «Porro ad me dictum est verbum absconditum, et quasi furtive suscepit auris mea venas susurri ejus. In horrore visionis nocturnae, quando solet sopor occupare homines, pavor tenuit me, et tremor, et omnia ossa mea perterrita sunt: et cum spiritus, me praesente, transiret, inhorruerunt pili carnis meae: stetit quidam, cuius non agnoscebam vultum, imago coram oculis meis, et vocem quasi

aurae lenis audivi» (4, 12–16). Das heißt in unserer Sprache: «In Wahrheit, es wurde mir ein verborgenes Wort gesagt; und wie verstohlen fing mein Ohr das Geäder seines Geflüsters auf. In der erschreckenden nächtlichen Schauung, wann die Menschen sich dem Schlafe hingeben, befiel mich Schaudern und Entsetzen. Und all meine Knochen wurden geschüttelt; und als der Geist hart an mir vorbeistreifte, da schrumpfte mir die Haut. Ein Wesen stellte sich vor mich hin, dessen Gesicht ich nicht erkannte: da war eine Gestalt vor meinen Augen, und ich hörte eine Stimme, die lind war wie Windhauch.» In dieser Schriftstelle findet sich fast alles bislang Ausgeführte bis hin zu der Verzückung bei den Worten «Laß sie nicht, Liebster, offen!»

18 Wenn hier gesagt wird, in sein Ohr sickere das Geflüster gleich einem Geäder, in verstohlener Weise, so ist damit jene scheinlose Wesenhaftigkeit gemeint, die von der Erkenntniskraft aufgenommen wird. Denn der Ausdruck «Geäder» weist auf die innere Substanz; und das Geflüster meint jene kraftspendende Berührung und Heimsuchung, darin das Erkenntnisvermögen sich jenes Wesenhaften bewußt wird. Und Geflüster wird es hier genannt, weil diese Heimsuchung überaus zart ist, nicht anders wie die Seele sie hier «liebevolle Luft» nennt, wegen der liebevollen Weise der Mitteilung. Und es heißt, daß er sie verstohlen empfing; denn wie das, was gestohlen wird, fremdes Gut ist, so ist jenes Geheimnis der menschlichen Natur fremd, und die Seele empfing, was über Menschennatur hinausgeht. Wie dieser Natur ein solches Empfangen nicht angemessen war, so war auch Paulus unvermögend, das Empfangene auszusagen. Darum sagte auch jener andere Prophet zweimal: «Mein Geheimnis für mich» (Jes. 24, 16). «In der erschreckenden nächtlichen Schauung, wann die Menschen sich dem Schlafe hingeben, befiel mich Schaudern und Entsetzen», das meint, ihn befiel Schaudern und Entsetzen, wie es natürlicherweise verbunden ist mit jener verzückenden Gotterfahrung, mit jener Mittei-

lung des göttlichen Geistes, die von der Natur nicht ertragen werden kann. Dieser Prophet spricht hier von der Zeit, da sich die Menschen zur Ruhe legen und dann zwischen Traum und Wachen, genau zu Beginn des Einschlafens, von einem Spuk, einem Albdruck überkommen werden; und er vergleicht sie mit der Zeit jenes Gotterleidens zwischen dem Schlaf der natürlichen Unwissenheit und dem Erwachen übernatürlicher Einsicht, mit dem Beginn der ekstatischen Verzückung, mit der Zeit, wo das Empfangen der göttlichen Eingießung Beben und Entsetzen erregt.

19 Und er fügt mehr hinzu: all seine Gebeine gerieten in Aufruhr. Damit will er sagen, daß sie aus ihren Gelenken verrenkt wurden, womit er auf die von uns gekennzeichnete ekstatische Gliederzerrung hinweist. Nicht anders sagte Daniel angesichts des Engels: «Domine, in visione tua dissolutae sunt compages meae.» (10, 16). «Herr, da ich dich erschaute, zerrissen die Sehnen meiner Gebeine.» Sodann spricht er vom Geist, der hart an ihm vorbeistreifte; und damit will er sagen, daß der eigene Geist über seine natürlichen Grenzen hinweg verzückt wurde. Und wenn er sagt, sein Fleisch schrumpfte, so meint er den von uns aufgezeigten Hinübergang des Leibes, der wie tot verbleibt, erkaltet und verkrampft.

20 Und gleich darauf heißt es: «Ein Wesen stellte sich vor mich hin, dessen Gesicht ich nicht erkannte: da war eine Gestalt vor meinen Augen.» Dieses Daseiende war Gott, der sich auf solche Weise mitteilte. Und er bekundet, daß er sein Antlitz nicht erkannte, weil bei solch gottgeschenkter Schauung, wie hoch sie auch sei, das Antlitz wie die Wesenheit Gottes nicht erfaßt wird. Es war, wie er sagte, eine Gestalt vor seinen Augen, weil jenes Aufnehmen geheimen Wortes erhabenster Art war, wie eine Spur, ein Abbild Gottes. Doch darf diese Erfahrung nicht als Wesensschau Gottes verstanden werden.

21 Zum Schluß sagt er: «Ich hörte eine Stimme, die lind war wie Windhauch.» Es ist jenes Flüsterlied der liebevollen Luft, von dem die Seele hier singt, es ist ihr Geliebter. Und es muß nicht angenommen werden, daß diese Heimsuchungen immer mit natürlicher Beängstigung und Schädigung verbunden sind; es ist so – wir sagten es schon – bei denen, deren Erleuchtung und Vollkommenheit erst beginnt; und es vollzieht sich so bei dieser Art von Mitteilungen, während andere mit großer Sanftmut einwirken.

Es folgt die weitere Erklärung:

Die Nacht, zur Ruh gekommen

22 In solchem geistigen Schlummer, den die Seele an der Brust ihres Geliebten genießt, besitzt und verkostet sie alle Gelassenheit und entspannte Ruhe der friedvollen Nacht; und gleichzeitig wird ihr in Gott ein abgründiges dunkles Wahrnehmen gewährt. Und so sagt sie, ihr Geliebter sei für sie «die Nacht, zur Ruh gekommen.»

Die Morgenröten, die ins Dunkel münden

23 Allein diese gestillte Nacht ist nicht ausgefüllt von Dunkelheit; sie ist Nacht, in die sich bereits der Morgenschimmer mischt, sie ist gepaart mit dem Tagesanbruch. Denn dies gelassene Ausruhen in Gott ist für die Seele nicht dunkelste Nacht, sondern friedvolle Rast in göttlichem Licht, in neuer Gotterfahrung, darin der Geist tief gesänftigt und gestillt ist, emporgetragen zu Gottes Klarheit. Und solche Erleuchtungen nennt sie treffend Morgenröten, Tagesanbruch. Denn wie die Morgendämmerung den dunklen Vorhang der Nacht lüftet und das Tageslicht aufschimmern läßt, so ist dieser in Gott gestillte und gelassene Geist aus der Finsternis des natürlichen Erkennens emporgehoben in das Frühlicht des übernatürlichen Gotterkennens, eines Erkennens, das nicht klar ist, sondern gleich den «Morgenröten, die ins Dunkel

münden.» Wie die Schwebe zwischen Nacht und Tag nicht gänzlich Nacht und nicht gänzlich Tag ist, sondern Zwielicht, so ist diese göttliche Einsamkeit und Gelassenheit weder mit völliger Klarheit von dem göttlichen Licht durchtränkt, noch ist sie gänzlich davon ausgeschlossen.

24 In solcher Gelassenheit findet sich das Erkenntnisvermögen über alles natürliche Begreifen in das göttliche Licht erhoben, in einem noch nie erfahrenen Zustand – vergleichbar einem, der nach langem Schlummer seine Augen dem unverhofften Licht öffnet. Auf solche Erkenntnis zielen wohl Davids Worte: «Vigilavi, et factus sum sicut passer solitarius in tecto» (Ps. 101, 8). Das heißt: «Ich war wachsam; und ich glich dem einsamen Vogel auf dem First.» Als ob er sagte: «Ich öffnete die Augen meines Verständnisses, und da fand ich mich über alle natürlichen Erkenntnisse erhoben, einsam ohne sie, allein auf dem First» – das meint, über allen niedrigen Dingen. Und er vergleicht sich mit dem einsamen Vogel, weil bei dieser Art von Gotterfahrung der Geist in fünf Merkmalen dem Vogel vergleichbar ist: einmal liebt er es, sich auf die höchste Spitze zu setzen; und so erhebt sich der Geist bei solcher Gotterfahrung zur Höhe der Verzückung. Zum andern wendet der Vogel immer seinen Schnabel in die Richtung des Windes. So wendet der Geist die Spitze seiner Neigung hin zum Geiste der Liebe, zu Gott. Weiter ist der Vogel zumeist allein, ohne einen anderen neben sich zu dulden; läßt sich jedoch einer neben ihm nieder, so fliegt er gleich davon. So ist der Geist bei dieser Gotterfahrung einsam, entblößt von allen Dingen; auch duldet er nichts außer Einsamkeit in Gott. Seine vierte Eigentümlichkeit ist gar süßer Gesang. Und so singt zu dieser Zeit der Geist hin zu Gott: seine Lobgesänge sind voll holder Gottesliebe, köstlich für ihn und überaus kostbar vor Gott. Zudem besitzt der Vogel keine ausgeprägte Färbung. Und so ist es mit dem vollkommenen Geist: in diesem Überschwang färbt ihn keine Sinnenneigung, keine Eigenliebe; nicht einmal besitzt

er ein besondertes Bewußtsein von Höherem oder Niedrigerem, nicht könnte er etwas von deren Art und Weise aussagen – was er besitzt, ist ein abgründiges Innewerden Gottes.

Die Weise, nie vernommen

25 In jenem besänftigenden Schweigen der Nacht und in jenem Innewerden des göttlichen Lichtes gelingt es der Seele, die Hinordnungen göttlicher Weisheit zu entdecken, die Übereinstimmung in den Unterschieden all seiner Geschöpfe und Werke. Denn sie alle zusammen und jedes einzelne haben ein Mitwesen mit Gott, kraft dessen ein jedes mit seiner Sonderstimme dartut, was in ihm Gott ist. Und so erklingt für die Seele eine unsäglich erhabene Harmonie, weit herrlicher als alle Melodien und Reigen der Welt. Und das nennt sie «die Weise, nie vernommen«. Ist es doch ein stilles und gelassenes Aufnehmen, fern von dem Lärm der Stimmen. Und so erquickt diese Weise sie zugleich mit der Lieblichkeit der Musik und mit der Beschwichtigtheit des Schweigens. Und so sagt die Seele, daß ihr Geliebter diese verschwiegene Musik ist. Erfährt und genießt sie doch in ihm solche Harmonie geistförmiger Musik.

Doch ist er nicht nur solches sondern auch:

die Einsamkeit voll Künden

26 Das ist fast das gleiche wie die «verschwiegene Musik». Denn ist solche Musik auch verschwiegen gegenüber den Sinnen und den natürlichen Vermögen, so ist sie doch für die geistigen Kräfte eine überaus klangvolle Einsamkeit. Da jene einsam und leer von allen natürlichen Formen und Wahrnehmungen sind, vermögen sie in dem Geist sehr wohl den geistigen Klang aufzunehmen, dieses volltönend hinschwingende Lied von Gottes Herrlichkeit in sich und in seinen Geschöpfen, vergleichbar den erwähnten Zitherklängen von vielen Zitherspielern, die Johannes im Geiste als Offenbarung

vernahm. Das geschah im Geiste, nicht bedingt von stofflichen Zithern, sondern bestimmt von den Lobgesängen der verklärten Seelen, die eine jede von ihnen auf ihre Weise der Seligkeit Gott unablässig darbringt, mit dem Zusammenklang der Musik. Da jeder seine unterschiedlichen Gaben besitzt, so singt er seine Loblieder auf seine Eigenweise. Und alle zusammen singen in einer Übereinstimmung der Liebe, in der Harmonie der Musik.

27 Eingemündet in jene friedvolle Weisheit, vermag die Seele in allen Geschöpfen, nicht nur in den höheren, sondern auch in den niedrigen, wohl zu vernehmen, wie ein jedes mit seiner Stimme vom Wesen Gottes zeugt, je nach dem, was es von ihm in sich empfangen hat. Und sie vermag zu sehen, wie ein jedes auf seine Weise Gott erhebt, je nach seiner Fähigkeit, Gott in sich zu fassen. Und so bilden all diese Stimmen einen melodischen Gesang von Gottes staunenwerter Größe und tiefer Weisheit. Und solches verkündet der Heilige Geist in dem Buche der Weisheit: «Spiritus Domini replevit orbem terrarum: et hoc quod continet omnia, scientiam habet vocis» (1, 7). Das heißt: «Der Geist des Herren erfüllte das Erdenrund; und diese Welt, die alles von ihm Geschaffene umfaßt, ist mit einer Stimme begabt.» Und dieses ist «die Einsamkeit voll Künden», die von der Seele hier erfahren wird, dies das Bezeugen, das alle in sich ertönen lassen, das Bezeugen Gottes. Und weil die Seele diese klangreiche Musik nicht ohne Einsamkeit und Entfremdung von allen äußeren Dingen empfängt, nennt sie die Weise «nie vernommen», und die Einsamkeit «voll Künden». Und die eine wie die andere sind für sie ihr Geliebter.

Und mehr:

des Abendmahls Erfrischen und Entzünden

28 Im Abendmahl finden die sich Liebenden Erfrischung, Sättigung und Liebe. Und weil die Seele all dieses in der sanften Heimsuchung ihres Geliebten findet, so nennt sie ihn

hier «des Abendmahls Erfrischen und Entzünden». Unter Abendmahl wird in der Heiligen Schrift die Anwesenheit Gottes bezeichnet. Und so wie das Abendmahl Abschluß der Tagesarbeit und Beginn der nächtlichen Entspannung bedeutet, so fühlt die Seele in jenem friedvollen Innewerden etwas wie ein Ende ihrer Übel und einen Besitz von Vollkommenheiten, wodurch sie mehr als zuvor für Gott entbrennt. Des Abendmahls Erfrischen ist er für sie, sofern er Ende ihrer Nöte ist; und liebeerweckend ist er, sofern sie in ihm alles Wertvolle besitzt.

29 Doch um besser zu verstehen, was solches Abendmahl, was damit der Geliebte für die Seele bedeutet, sei der Worte gedacht, die der Geliebte und Bräutigam in der Apokalypse spricht: «Sieh, ich stehe vor der Tür und rufe. Wenn jemand mir die Tür öffnet, werde ich eintreten, und ich werde mit ihm und er wird mit mir das Abendmahl halten» (3, 20). Mit ihm ist das Abendmahl gegeben, die köstliche Freudenfülle, die er selber genießt und die er die Seele mitgenießen läßt. Denn solches meinen die Worte: «Und ich werde mit ihm und er wird mit mir das Abendmahl halten.» Aus solchen Worten hebt sich die Wirkung der Vereinigung von Seele und Gott, darin dank seiner huldvollen Freigebigkeit seine eigenen Güter auch die der bräutlichen Seele werden. Und so ist er selber für sie «des Abendmahls Erfrischen und Entzünden». Denn mit seiner Freigebigkeit erquickt, mit seiner Huld entflammt er die Seele.

30 Meiner Erklärung der nächsten Kanzonen muß Folgendes vorausgeschickt werden: wohl sagten wir, die Seele genieße voller Beschwichtigung und ihr würde alles in diesem Leben Erreichbare geschenkt; doch darf das nicht so verstanden werden, als ob solche Befriedigung ausschließlich die Geistseele beträfe. Die Leibseele empfängt ihrerseits das Höchste, was sie bei diesem Stande des Verlöbnisses aufzunehmen vermag. Allein bis der Stand der geistlichen Ehe ge-

wonnen ist, verliert sie niemals ganz ihre Gewohnheitsfehler, unterordnet sich ihre Kräfte niemals ganz, wie später gezeigt werden soll. Die geistliche Ehe besitzt dem gegenüber große Vorzüge. Denn es mag die bräutliche Seele in der Zeit des Verlöbnisses all das Gute, dessen wir gedachten, genießen – immer noch leidet sie an Gottes Fernsein, an Verstörungen und Beschwerden durch ihr niedrigeres Bereich und durch den Dämon, Verstörungen, die mit der geistlichen Ehe ihr Ende finden.

Anmerkungen zur folgenden Strophe

1 In der bräutlichen Seele sind die Tugenden bis zur Vollkommenheit emporgewachsen, so daß sie die Heimsuchungen des Geliebten in stetem Frieden genießen kann. Mitunter genießt sie die Lieblichkeit und den Duft dieser Tugenden aufs Lebhafteste, dann, wenn der Geliebte sie anrührt – so wie die samtige Schönheit der Lilien und anderer Blüten entzückt, wenn ihre offenen Kelche bewegt werden. Denn bei vielen dieser Heimsuchungen wird sich die Seele all ihrer Tugenden bewußt, in dem einfallenden göttlichen Licht. Und da faßt sie diese alle mit unsäglichem Entzücken zusammen und bietet sie dem Geliebten dar, gleich einer Piniennuß aus schönen Blumen. Und wenn der Geliebte sie dann annimmt – und er nimmt sie wirklich an – dann empfängt er zugleich eine große Dienstleistung. All dies geht im Innern der Seele vor, darin sie den Geliebten anwesend fühlt wie in seiner eigenen Ruhestatt. Die Seele bietet sich dabei selber an, zugleich mit den Tugenden; und dieses ist der größte Dienst, den sie ihm leisten kann; und diese Weise der Hingabe an den Geliebten ist eine der tiefsten Entzückungen, die ihr der innere Austausch mit Gott zu gewähren pflegt.

2 Und da der Dämon solches Auferblühen der Seele kennt und ihr in seiner großen Mißgunst all ihre Vollkommenhei-

ten neidet, so bietet er zu dieser Zeit seine ganze Geschicklichkeit auf und läßt all seine Künste spielen, um der Seele zum mindesten in etwa diesen Schatz zu mindern. Ist er doch mehr darauf aus, den Reichtum und die verklärte Wonne gerade dieser Seele ein wenig zu beeinträchtigen, als andere in viele und schwerste Sünden fallen zu lassen. Denn jene anderen haben wenig oder nichts zu verlieren, diese aber viel, weil sie reichlich gewonnen hat und überaus Kostbares. So ist es ein größerer Verlust, etwas gediegenes Gold zu verlieren als viel niedriges Metall. Der Dämon macht sich hier die sinnlichen Triebe der Seele zunutze; doch da er damit wenig oder gar nichts erreicht, da ihre Triebe schon gedämpft worden sind, so wirft er sich auf ihre Einbildungskraft mit allerhand Gaukeleien. Und mitunter erregt er in ihrem sinnenhaften Teil viele Bewegungen, deren noch gedacht werden soll, und sowohl geisthafte wie sinnenhafte Bedrängnisse, von denen sie sich nicht aus eigener Kraft befreien kann. Hier muß der Herr seinen Engel schicken, der die Gottesfürchtigen, nach den Psalmworten, umschirmt und befreit (33,8), und der ihren sinnenhaften wie geisthaften Teil sänftigt und beschwichtigt. Da sie die listigen Versuche des Dämons, ihr zu dieser Zeit Schaden zuzufügen, bereits erfahren hat und neue Angriffe argwöhnt, so bittet sie um jene Himmelsgunst und wendet sich an die Engel, deren Amt es ist, zu jener Zeit Beistand zu leisten und die Dämonen zu verscheuchen:

SECHZEHNTE STROPHE

Die Füchse scheucht, die losen,
von unsers Weinbergs aufgeblühten Reben,
indessen wir uns Rosen
wie Schuppen fest verweben –
und auf den Berg soll sich kein Lauscher heben.

3 So begehrt die Seele, daß ihr innerer Liebesjubel ungehindert fortwähre, diese ihre Rebenblüte, unverstört von den Nachstellungen neidischer Dämonen, von den blindwütigen Trieben der Sinnlichkeit, von dem Kommen und Gehen der Phantasien, von anderen sich aufdrängenden gegenwärtigen Dingen; und sie beschwört die Engel, all dieses zu behindern und zu verscheuchen, so daß sie sich innig einer Liebe hingeben kann, einer köstlichen Wonne, darin die Seele und der Gottessohn wechselseitig die Tugenden und die Hulderweise genießen. Und so sagt sie:

Die Füchse scheucht, die losen,
von unsers Weinbergs aufgeblühten Reben,

4 Der genannte Weinberg ist die Pflanzung aller Tugenden in dieser heiligen Seele; und diese Tugenden geben der Seele einen süß würzigen Wein. Alsdann steht der Weinberg der Seele in voller Blüte, wenn sie ihren Willen dem des Bräutigams angeglichen hat und wenn sie kraft dieser Gesamtheit von Tugenden in ihrem Bräutigam beseligt ist. Und mitunter – wir sagten es schon – stürmen in das Gedächtnis und in die Phantasie viele und mannigfaltige bildhafte Vorstellungen; und der sinnenhafte Teil wird durchwogt von den verschiedensten Regungen und Trieben. Als David diesen blumigen Wein des Geistes trank, mit heißem Dürsten in Gott, und dabei die Belästigung und Behinderung eines so vielfältigen Andrangs verspürte, da rief er aus: «Voller Dürsten war meine Seele in dir; doch auf welch vielfältige Weise verhält sich mein Leib zu dir!» (Ps. 62, 2)

5 Dieses ganze Zusammenspiel von Trieben und Sinnesregungen wird von der Seele mit «Füchsen» bezeichnet, wegen der großen Ähnlichkeit, die sie derzeit mit jenen Tieren aufweisen. So wie die Füchse sich zum Schlaf niederlegen,

um bei ihrem Aufbruch zur Jagd besser Beute zu machen, so blieben all diese Triebe und Sinnenkräfte in ruhigem Schlaf, bis in der Seele diese Blüten der Tugenden sich erschließen und wirksam werden; dann aber scheinen sie zu erwachen und treiben im Feld der Sinnlichkeit ihre Blüten von Trieben und Sinnenkräften, wie um den Geist zu überwuchern und zu herrschen. Soweit geht derartige Begier, daß ein Paulus sagen kann, das Gelüste des Fleisches streite wider den Geist (Gal. 5, 17). Denn das Fleisch, das stark zum Sinnenhaften hingezogen wird, stellt sich feindlich gegen den Geist, wenn dieser sich entzückt. Und weil die Sinnentriebe auf solche Weise den holden Geist bedrängen, fleht die Seele: «Die Füchse scheucht, die losen!»

6 Allein die tückischen Dämonen befehden hier die Seele auf zweierlei Weise. Sie reizen und erregen jene Triebe aufs heftigste, und mit ihnen, mit Gaukelbildern und anderem befehden sie dieses friedlich blühende Reich in der Seele. Wenn sie dabei abgeschlagen werden, versuchen sie das Zweite: mit körperlichen Qualen und Geräuschen fallen sie in die Seele ein, um sie zu zerstreuen. Schlimmer, sie kämpfen gegen sie mit geisthaftem Grauen von mitunter verstörender Pein. Solches vermögen sie durchaus zur Zeit, da es ihnen verstattet wird. Verhält sich doch die Seele bei diesem mystischen Austausch als lauterster Geist, und so kann der Dämon, er selber Geist, mit großer Leichtigkeit auf sie treffen. Andere Male befällt er sie mit anderen Schrecknissen, noch bevor sie dazu kommt, jene holden Blüten nun zu genießen, nun, da Gott begonnen hat, sie aus dem Bau ihrer Sinnlichkeit herauszuholen und ihr den Fruchtgarten des Bräutigams zu jenem innigen Austausch zu öffnen. Denn er weiß: ist sie einmal in jene Gottversenkung eingegangen, dann ist sie so geborgen, daß er sie trotz größter Anstrengungen nicht mehr bekriegen kann. Und oft, wenn der Dämon sich aufmacht, ihr den Weg zu versperren, dann versenkt sich die Seele eilends in ihren verborgenen Grund, wo sie Schutz

und tiefes Entzücken findet. Und alsdann wird sie von jenen Schrecknissen nur äußerlich und wie von weitem betroffen, so wenig, daß sie ihr nicht Grauen sondern Freude und Lust erregen.

7 Solcher Schrecknisse gedachte die Braut im Hohenliede: «Meine Seele wurde bestürzt angesichts der Wagen Aminadabs» (6, 11). Aminadab ist dort als Dämon aufzufassen; und als Wagen bezeichnet sie seine Angriffe wegen ihrer geräuschvollen, wuchtig sich überstürzenden Heftigkeit. Und wie hier die Braut fleht: «Die Füchse scheucht, die losen», so sagt die Braut des Hohenliedes beim gleichen Anlaß: «Scheucht uns die kleinen Füchse, von denen die Weinberge zernagt werden. Denn unser Weinberg steht in Blüte» (2, 15). Und sie sagt nicht «Scheucht mir» sondern «Scheucht uns»; denn sie spricht von sich und dem Geliebten, da sie vereint die Blüte des Weinbergs genießen. Wenn sie hier von Blüten des Weinbergs spricht und nicht von Früchten, so deshalb, weil die Tugenden in diesem Leben zwar so vollkommen wie von dieser Seele genossen werden können, aber doch nur gleich Blüten; denn erst im anderen Leben werden sie gleich Früchten verkostet. Und sogleich sagt die Seele:

indessen wir uns Rosen
wie Schuppen fest verweben

8 Zu dieser Frist, da die Seele die Blüten des Weinberges genießt und beseligt an der Brust des Geliebten ruht, da geschieht es, daß die Tugenden der Seele sich in klarer Bereitschaft darbieten, voll erblüht, und in solcher Entfaltung ihr sanfte Freude erwecken. Und diese Tugenden fühlt die Seele in sich selber und in Gott, gleich einem erquickenden, über und über blühenden Weinberg, der ihr und ihm angehört und daran sie beide sich weiden. Und nun faßt die Seele all diese Tugenden zusammen, jede einzelne und alle in ihrer Ganzheit mit überquellenden Bekundungen der Liebe begleitend;

und so zusammengefaßt, werden sie von ihr mit großer Innigkeit dem Geliebten dargeboten. Und dabei hilft ihr der Geliebte; könnte sie doch ohne seinen huldreichen Beistand dem Geliebten nicht dies geschlossene Gefüge von Tugenden darbringen. Deshalb sagt sie: indessen wir uns Rosen / wie Schuppen fest verweben – wir, der Geliebte und ich.

9 Sie vergleicht dies Gebund von Tugenden mit einem schuppigen Pinienzapfen: so wie der Zapfen ein einziges festes Stück ist und in sich viele feste und stark verschränkte Stücke, die Schuppen, enthält, so ist dieser Zapfen aus Tugenden, die von der Seele für ihren Geliebten zusammengeschlossen werden, ein einziges Gebilde seelischer Vollkommenheit – einer Vollkommenheit, die in starker Geordnetheit viele kraftvolle Vollkommenheiten und überreiche Gaben in sich beschließt. Denn alle Vollkommenheiten und Tugenden gliedern sich ineinander zu einer festgefügten Vollkommenheit der Seele. Ist diese Vollkommenheit durch die Ausübung der Tugenden gewonnen, so kann die Seele sie dem Geliebten im Geiste der Liebe darbieten, wie es hier geschieht. Es müssen demnach die Füchse verjagt werden, damit sie nicht den inneren Austausch der beiden behindern. So erbittet die Braut in dieser Kanzone Beistand, um ihren «Pinienzapfen» fest zu fügen. Und zudem begehrt sie:

Und auf den Berg soll sich kein Lauscher heben

10 Für dieses göttliche innere Wirken tut außerdem Einsamkeit not und Entfremdung von allen Dingen, die der Seele vom unteren, dem sensitiven Bereich oder vom oberen, dem rationalen, aufgedrängt werden könnten. In diesen beiden Bereichen ist die ganze Harmonie menschlicher Vermögen und Sinne beschlossen. Und diese Harmonie wird von der Seele Berg genannt. Wenn sie in dieser Harmonie weilt oder wenn all ihre Wahrnehmungen und Triebe sich wie zu einer Bergjagd in dieser hohen Harmonie zusammenfinden, dann pflegt der Dämon auf dieser Höhe die Triebe und Wahrneh-

mungen zu jagen und zu erbeuten, zum Schaden der Seele. So sagt sie, niemand möge sich auf diesem Berg erheben, keinerlei Vorstellung und Abbild aus dem Bereich der seelischen Vermögen und Sinne möge vor ihr und dem Bräutigam erscheinen. Es ist als sagte sie: in allen geistigen Vermögen wie Gedächtniskraft, Erkenntniskraft und Willenskraft erhebe sich keine Sonderwahrnehmung, kein Sondergefühl noch welcher Bewußtseinsinhalt immer; und in allen Sinnen und inneren wie äußeren leibseelischen Vermögen, wie Einbildungskraft und Phantasie, wie Sehen oder Hören, gebe es keine ablenkenden Formen, Bilder, Abbilder noch andere natürliche Vorgänge.

11 Für ein vollkommenes Auskosten dieses Mitwirkens mit Gott ist das, was die Seele hier erbittet, unerläßlich: all ihre Sinne und Vermögen, innere wie äußere, müssen leer und unbeschäftigt sein, ledig der ihnen eigenen Betätigungen und Inhalte. Denn je mehr sie in diesem Fall sich nach ihrer Weise betätigen, um so mehr stören sie. Denn da die Seele bereits zu einer Art innerer Liebeseinigung gelangt ist, so tragen nunmehr die geisthaften Seelenkräfte nichts mehr dazu bei, und noch weniger die sinnenhaften Vermögen. Das Werk der Liebeseinigung ist zustandegekommen, die Seele wurde in Liebe vollendet; so ist für die Vermögen nichts mehr zu leisten, denn wo der Zweck erreicht ist, bedarf es keiner Hilfsmittel mehr. Und der Seele bleibt nichts mehr zu tun, als diese Liebe in Gott zu pflegen, in Fortführung der einigenden Liebe zu lieben. Es möge sich demnach niemand auf dem Berge erheben außer dem Willen, der mit dem Geliebten zusammenwirken soll bei dieser gekennzeichneten Hingabe der Seele und all ihrer Tugenden.

Anmerkung zur folgenden Strophe

1 Zum besseren Verständnis der folgenden Kanzone sei bemerkt: das Fernesein des Geliebten auf dieser Höhe des

geistlichen Verlöbnisses ist für die Seele große Trübsal und mitunter eine so schwere, daß keine Qual sich mit ihr vergleichen läßt. Da die Liebe zu Gott in diesem Zustand groß und stark ist, so ist auch die Qual über sein Fernesein groß und stark. Und vermehrt wird solche Pein durch die Beschwerde, die ihr zu dieser Zeit jeglicher Umgang und Austausch mit Geschöpfen bereitet – wirklich eine lastende Beschwerde. Denn da sie mit so gewaltigem, mit so abgründig tiefem Verlangen nach der Einigung mit Gott drängt, wird ihr jederlei Beschäftigung schwerste Last. Es ist, wie wenn ein Stein, der schnell und ungestüm der Schwere folgt, von einem Gegenstand aufgehalten würde, in heftigstem Zusammenstoß. Und da sich die Seele schon an diesen holden Heimsuchungen tief erlabt hat, sind sie ihr begehrenswerter als Gold und alle Schönheit. Auch scheint es der Seele ein schwerer Verlust, wenn sie so kostbare Gegenwart auch nur einen Augenblick entbehrt; und so spricht sie zu ihrer Trockenheit und zum Geist ihres Bräutigams:

SIEBZEHNTE STROPHE

Nordostwind, eisiger, weiche!
Komm, Südwind – fach empor der Liebe Glosen;
durch meinen Garten streiche,
laß seine Düfte kosen –
und weiden wird der Liebste unter Rosen.

Erklärung

2 Außer dem zuvor Genannten ist die Trockenheit des Geistes ein Hindernis für den quellenden Saft innerer Süße, von dem die Seele gesprochen hat. Und da sie solche Austrocknung befürchtet, tut sie in dieser Kanzone zweierlei: sie

schließt die Türe vor der Trockenheit mithilfe ständigen Gebetes, ständiger Hingabe. Als Zweites ruft sie den Heiligen Geist an, ihn, der diese Trockenheit verjagen kann, ihn, der in ihr die Liebe zum Bräutigam wachhält und mehrt. Auch soll er die Seele zur inneren Betätigung der Tugenden anregen, damit der Gottessohn, ihr Bräutigam, tiefere Wonne an ihr finde; denn die Befriedigung des Geliebten ist ihr ganzes Bestreben.

Nordostwind, eisiger, weiche!

3 Der Nordostwind ist ein trockenes, kaltes Wehen, das Blüten und Pflanzen zum Welken bringt oder es doch bewirkt, daß sie sich vor seinem Blasen dicht in sich verschließen. Und weil die geistliche Trockenheit und das herb empfundene Fernesein des Geliebten hier der Seele das zuvor Genossene, den Saft, den Wohlgeschmack und Duft ihrer Tugenden niederdrückt, so nennt sie dies Verstörende: «Nordostwind, eisiger». Und da ferner alle Tugenden und Liebesregungen der Seele dadurch gedämpft werden, ruft sie beschwörend: «Nordostwind, eisiger, weiche!» Dieser Ausruf ist so zu verstehen, daß durch Auswirkung des Gebetes, durch geistliche Stählungen die Trockenheit abgewiesen werden soll. Weil aber zu dieser Zeit Gottes Heimsuchungen sich in solcher Seelentiefe vollziehen, daß die Seele selber sie durch keine Anspannung ihrer Kräfte wiederbeleben und genießen kann, wenn nicht der Geist des Bräutigams sie mit seinem Liebeshauch belebt, so beschwört sie diesen Geist:

«*Komm, Südwind – fach empor der Liebe Glosen!*

4 Der Südwind ist von anderer Art: mit seinem milden Wehen bringt er Regen, läßt er Pflanzen sprossen, Blumen erblühen und Düfte entschweifen, im Gegensatz zum Nordostwind. Und so meint die Seele mit solchem Wehen den Heiligen Geist, der die Liebesregungen wieder erweckt. Wenn dieser göttliche Hauch in die Seele weht,dann setzt er sie lieb-

kosend in Flammen, dann erweckt und belebt er ihren Willen und erregt ihre verlangende Gottesliebe, die zuvor in Schlaf verfallen war. So kann sie wohl bitten, er möge bei ihm und bei ihr die Liebe emporfachen. Den Heiligen Geist bittet sie:

Durch meinen Garten streiche

5 Dieser Garten ist die Seele selber. So wie die Braut zuvor ihre Seele einen aufblühenden Weinberg nannte, weil die Blüten ihrer Tugenden würzigen Wein bereiten, so bezeichnet sie diese auch als Garten, weil die Blüten der Vollkommenheiten und Tugenden darin gepflanzt wurden und dort treiben und emporwachsen. Und wohlgemerkt, die Braut sagt nicht «in meinem Garten streiche» sondern «durch meinen Garten streiche»; macht es doch einen großen Unterschied, ob Gott in die Seele haucht oder ob er durch die Seele haucht. In die Seele hauchen heißt, ihr Gnaden, Gaben und Tugendkräfte eingießen; und durch die Seele haucht Gott, wenn er die ihr bereits verliehenen Tugenden berührt und aufweht und sie damit erneuert und ihren überaus lieblichen Duft für die Seele aufwirbelt. Nicht anders streuen aufgewühlte aromatische Gewächse die Fülle ihres vorher unmerklichen Duftes umher. Der Duft der Tugenden war zuvor nicht so würzig und nicht so stark wahrnehmbar; und die Seele kann sie nicht immer vergegenwärtigen und genießen. Denn sie sind in diesem Leben, wie noch gezeigt werden soll, gleich Blüten mit verschlossenem Kelch oder wie verdeckte Gewürzsträucher, deren Duft erst beim Erblühen oder beim Windhauch wahrnehmbar wird.

6 Doch mitunter erweist Gott solche Gunst: er haucht mit seinem göttlichen Geist durch diesen erblühten Garten der bräutlichen Seele, er läßt alle Blütenkelche der Tugenden sich erschließen und enthüllt die würzigen Gewächse ihrer Gaben, Vollkommenheiten und Schätze; und mit solchem Aufdecken ihres inneren Reichtums und Vermögens offenbart

er ihre ganze Schönheit. Und es ist ein staunenswerter Anblick, ein wohliges Gefühl für die Seele, diese Enthüllung ihrer Gaben und der blühenden Schönheit ihrer Tugenden, die insgesamt in ihr erschlossen sind. Und die Lieblichkeit des Duftes, den jede Tugend auf ihre Weise aussendet, ist über alles kostbar. Und von diesen hinwogenden Düften spricht sie im folgenden Vers:

laß seine Düfte kosen

7 In der Überschwenglichkeit dieser Düfte scheint es der Seele mitunter, sie sei mit Entzückung bekleidet und mit unschätzbarer Herrlichkeit übernetzt. Und das empfindet sie nicht nur in ihrem Innern. Vielmehr bricht dieser Glanz so stark nach außen hervor, daß die Aufgeschlossenen ihn zu bemerken pflegen. Und auf sie wirkt dann eine solche Seele wie ein wonniger Garten voll von Gottesfreuden und Gottesschätzen. Und nicht nur dann, wenn die Blumen aufgesprungen sind, wird solcher Reichtum in den heiligen Seelen wahrgenommen. Denn es ist ihnen beständig eine unaussagbare Erhabenheit und Würde zueigen, die bei den anderen eine ehrende Zurückhaltung erweckt, kraft der übernatürlichen Wirkung, die von einem Vertrauten Gottes ausgeht. So heißt es im Buch Exodus von Moses, daß niemand den Blick auf sein Angesicht heften konnte wegen des erhabenen Glanzes, den sein Umgang von Angesicht zu Angesicht mit Gott hinterlassen hatte (35, 30).

8 Mit solchem Hinhauchen des Heiligen Geistes durch die Seele, mit solcher Heimsuchung bezeugt der göttliche Bräutigam in erhabener Weise seine Liebe zu ihr. Darum sendet er – wie bei den Aposteln – seinen Geist voraus, gleich einem Kämmerer, der ihm in der bräutlichen Seele Herberge bereiten soll: dieser erhebt sie in Entzückung, läßt ihren Garten mit erschlossenen Blüten prangen, enthüllt ihre Vorzüge und schmückt sie mit dem reichen Gewirk ihrer begnadeten Anmut. Und so begehrt die Seele leidenschaftlich all dieses: das

Entweichen des Nordwindes, das Aufkommen des Südwindes und sein Durchhauchen des Gartens. Denn damit gewinnt die Seele Vieles zugleich: sie genießt die Tugenden auf dem Höhepunkt einer lustvollen Betätigung, wie wir schon sagten; als Gewinn genießt sie den Geliebten in ihnen, da er dank dieser Tugenden sie inniger liebt, sie sonderlicher begnadet; sie gewinnt, daß sich der Geliebte während solcher Ausübung der Tugenden tiefer an ihr freut, und daß sie sich an seiner Freude mehr als an allem mit ihm freuen kann; und sie gewinnt auch die Fortdauer des sanften Wohlgefallens an den Tugenden – eine Fortdauer für die ganze Zeit, da der Bräutigam fühlbar in ihr weilt und die Liebkosung ihrer Tugenden empfängt. So sagt die Braut im Hohenliede: «Solange der König in seinem verschlossenen Gemach weilte», – das besagt, in der Seele – «hauchte mein Blütenbaum seinen lieblichen Duft.» Dieser duftreiche Blütenbaum ist die Seele mit den Blüten ihrer Tugenden, die zart für den mit ihr geeinten Geliebten duften.

9 So ist dieser Hauch des Heiligen Geistes inbrünstig zu wünschen; und so möge jede Seele darum flehen, daß er in ihrem Garten göttliche Düfte wachhauche. Weil die Seele dieses Wehens so sehr bedarf, und weil sie dadurch so hohes Heil, so große Beseligung gewinnt, fleht hier die Braut mit den Worten des Hohenliedes: «Weiche von hier, Nordwind; komm, Südwind, und wehe durch meinen Garten, daß seine Düfte und köstlichen Gewürze hingleiten.» Und dies alles wünscht die Seele nicht um ihrer eigenen Beseligung willen, sondern in der Gewißheit, daß es ihrem Bräutigam lieb ist, und weil es als Vorbereitung und Vorzeichen dient, daß der Gottessohn abermals naht, sich an ihr zu erquicken.

So fügt sie gleich hinzu:

Und weiden wird der Liebste unter Rosen

10 Die Freude, die der Gottessohn zu dieser Zeit an der Seele gewinnt, wird von ihr nun, noch treffender, als Weide

bezeichnet: denn die Weide oder Speise erfreut nicht nur, sie ernährt zudem. Und so erquickt sich der Gottessohn an ihren Erquickungen und erhält sich in ihr, das heißt, er verharrt in ihr als einer ihm wohlgefälligen Stätte, die ihrerseits an ihm wahres Wohlgefallen findet. Und solches wollte er wohl durch den Mund Salomos in den Sprüchen verkünden: «Meine Freuden sind es, mit den Menschenkindern zu sein» (8, 31). Er nennt es seine Freuden, wenn es auch ihre Freuden sind, mit ihm, dem Gottessohn, zu weilen. Die Seele sagt nicht, der Geliebte wird die Blumen weiden, sondern: er wird unter den Blumen weiden. Der Bräutigam sucht die Seele heim dank ihrer schmückenden Tugenden; woran er sich weidet, ist die in ihn selber überformte Seele. Schon ist sie bereitet und mit den Blumen der Tugenden, Gaben und Vollkommenheiten gewürzt. Auf solcher Weide, unter solchen Blumen nährt er sie; und mithilfe des vorbereitenden Geistes bieten sie dem Gottessohn liebliche Köstlichkeit in der Seele, damit er sich an der Liebe zu ihr stärker erlabe. Denn solches ist dem Bräutigam eigen: sich der Seele unter dem Dufthauch ihrer Blüten zu einen. Diese Weise wird von der liebeskundigen Braut im Hohenliede so verdeutlicht: «Mein Geliebter stieg herab in seinen Garten, hin zum Blütenteppich und Anhauch der duftspendenden Würzstauden; weiden will er sich an den Gärten und Lilien pflücken» (6, 1). Und ein andermal sagt sie: «Ich für meinen Geliebten, und mein Geliebter für mich, er, der zwischen den Lilien weidet» (2). Damit sagt sie; «er weidet und labt sich an meiner Seele, seinem Garten, unter den Lilien meiner Tugenden, Vollkommenheiten und Begnadungen.»

Anmerkung zur folgenden Strophe

1 In diesem Stande des mystischen Verlöbnisses sieht die Seele wohl ihre großen Schätze und Auszeichnungen, aber auch, daß sie dies alles nicht nach Verlangen besitzen und genießen kann, solange sie im Leibe verweilt. So leidet sie oft

aufs tiefste, zumal dann, wenn sie sich dessen lebhafter bewußt wird. Sie muß erkennen, daß sie dem Körper verhaftet ist; und es ergeht ihr dabei nicht anders als einem großen Herrscher, der eingekerkert wurde: er sieht sich tausend Unwürdigkeiten ausgesetzt, seine Reiche sind ihm genommen, seine Schlösser und Schätze beschlagnahmt, und von seinem ganzen Besitz wird ihm nur eine spärliche Nahrung zugemessen. Jeder kann nachfühlen, was er dabei empfindet, zumal dann, wenn sogar die Diener seines Hauses ihm nicht mehr gehorchen, ja, wenn Diener und Sklaven sich voll Mißachtung gegen ihn wenden und ihm selbst noch den Bissen von der Schüssel wegraffen wollen. Denn sobald Gott der Seele Huld erweist und ihr einige Bissen von den ihr vorbehaltenen erlesenen Schätzen zu kosten gibt, flugs erhebt sich im Sinnenbereich, jetzt ein arger Knecht, die Gier, jetzt ein Sklave, eine ungeordnete Regung, jetzt andere Aufrührer dieses Sinnenreiches, um ihr solches Heil zu hindern.

2 In solcher Lage fühlt sich die Seele wie in Feindesland und unter der Tyrannei von Fremden und wie tot unter Toten. Sie versteht tief die Worte des Propheten Baruch, mit denen er die qualvolle Gefangenschaft Jakobs beklagt: «Wer ist Israel, daß es auf Feindeserde verharren muß? Alt wurdest du im Fremdland, vermengt hast du dich mit den Toten, und du wurdest gleich jenen geachtet, die zur Hölle fahren» (3, 10). Und Jeremias fühlte die elende Behandlung, die der Seele in der Gefangenschaft des Leibes widerfährt. In geistlichem Sinne spricht er zu Israel, «Ist etwa Israel Knecht oder Sklave, daß es so gefangen ist? Hin über Israel brüllten die Löwen...» (2, 14). Unter den Löwen sind hier die Triebe und Empörungen zu verstehen, die von diesem Tyrannen, der Sinnlichkeit, ausgehen. So will die Seele die Beschwerde darlegen, der sie dadurch ausgesetzt ist, und in der Folge ihren Wunsch, daß dieses Reich der Sinnlichkeit mit seiner verstörenden Streitmacht nun ein Ende finde oder doch sich ihr gänzlich unterwerfe. So erhebt sie die Augen zu dem alleswaltenden Bräu-

tigam; und sie wendet sich gegen jene Regungen und Empörungen, in folgender Kanzone:

ACHTZEHNTE STROPHE

Solang in Blumen, Sträuchern,
ihr Nymphen von Judäa, Düfte schauern
und Ambra–Rüche räuchern,
bleibt ferne unsern Mauern,
wollt nicht vor unsern Schwellen dringlich lauern.

Erklärung

3 Die Braut, die in dieser Kanzone spricht, sieht ihr geistiges Bereich üppig erfüllt von den erlesenen, beseligenden Geschenken ihres Geliebten; und sie möchte sich diesen Besitz, darein der Geliebte – laut der beiden vorhergehenden Kanzonen – sie versetzt hat, sich bewahren und festigen. Zudem wird sie gewahr, daß jenes untere Bereich der Sinnlichkeit ihr so hohes Heil behindern kann und es auch wirklich behindert und stört. So beschwört sie die Betätigungen und Regungen jenes niedrigen Bezirkes, sich innerhalb ihrer Vermögen und Sinne ruhig zu verhalten, nicht die Grenzen ihres Bereiches zu überschreiten, um das höhere geistige Gebiet der Seele zu beunruhigen, vielmehr durch keinerlei Regung ihre heilvolle Erquickung zu beschränken. Denn die Bewegungen der Sinnlichkeit und ihrer Kräfte belästigen und beunruhigen um so stärker, je wirksamer und lebendiger sie sind. So sagt sie:

Ihr Nymphen von Judäa

4 Sie nennt Judäa ihr unteres, sinnenhaftes Bereich, und zwar deshalb, weil es gleich dem Judenvolke schwach, fleisch-

lich und an sich blind ist. Und als Nymphen bezeichnet sie alle Vorstellungen, Phantasien, Regungen und Neigungen dieses niedrigeren Teiles. Denn so wie die Nymphen mit ihrer lokkenden Anmut die Liebhaber anziehen, so sind diese Betätigungen und Neigungen der Sinnlichkeit darauf aus, mit ungestümer Verführung den Willen aus dem Vernunftbereich an sich zu ziehen, hinweg aus dem Inneren: er soll das Äußerliche lieben, wie sie es lieben und anstreben; und ebenso wollen sie die Erkenntniskraft dazu bewegen, sich mit ihrer niedrigen Gesinnung zu vergatten, um so den ganzen Vernunftbereich dem Sinnengebiet anzugliedern. Ihr dort, sagt sie, ihr sinnlichen Betätigungen und Regungen:

solang in Blumen, Sträuchern

5 Die Blumen sind – wir sagten es – die Tugenden der Seele; die Rosensträucher sind die Seelenvermögen, Gedächtniskraft, Erkenntniskraft und Willenskraft, darin die Blumen der göttlichen Ideen und der Liebeserweise wurzeln und wachsen, zusammen mit den genannten Tugenden. Solange demnach in diesen Tugenden und Vermögen der Seele Düfte schauern

und Ambra-Rüche räuchern

6 Unter Ambra versteht sie hier den göttlichen Geist ihres Bräutigams, der in der Seele weilt. Und das Hinräuchern dieses göttlichen Ambra zu Blumen und Sträuchern ist sein gelindes Sich-Ausgießen, Sich-Mitteilen in die Vermögen und Tugenden der Seele, ihr den Wohlgeruch göttlicher Sanftmut hinschenkend. Solange dieser göttliche Geist seine geistige Holdheit durch die Seele hingießt,

bleibt ferne unsern Mauern

7 Die umgebenden Außenviertel Judäas sind die niedrigen Teile, das Sinnenhafte der Seele. Die Umgebung der Seele sind

ihre sensitiven inneren Sinne, wie Gedächtnis, Phantasie und Vorstellungskraft, darinnen Formen, Bilder und Phantasmen der Gegenstände festgehalten und gesammelt werden. Und diese Formen und Bilder werden hier eigentlich als Nymphen bezeichnet. Sind diese still und beschwichtigt, dann schlafen auch die Triebe. Diese gelangen zu den Vorstädten, den inneren Sinnen, durch die Tore der äußeren Sinne, wie Gehör, Gesicht, Geruchsinn, derart, daß alle Vermögen und Sinne dieses sinnenhaften Teils, innere wie äußere, als Außenbezirke bezeichnet werden können, Vorstädte außerhalb der Mauern der Innenstadt. Denn was Stadt genannt wird, ist der innere Teil, der Bereich der Vernunft, die zum Umgang mit Gott befähigt ist und deren Wirkweise im Gegensatz zu jener der Sinnlichkeit steht. Weil nun die Bewohner der Außenbezirke, eben jene als Nymphen Bezeichneten, Verbindung mit dem höheren Teil, der Innenstadt haben, und weil demnach das im äußeren Bezirk Betriebene auf den inneren zurückwirkt, die Seele ablenkend und in ihrem geistigen Mitwirken mit Gott beunruhigend, deswegen sagt diese, sie möchten fernebleiben in ihren Bezirken, in ihrer äußeren und inneren Sinnenhaftigkeit sich ruhig halten.

wollt nicht vor unsern Schwellen dringlich lauern

8 Das bedeutet: nicht einmal in ersten Regungen berührt den höheren Bereich. Denn die ersten Regungen der Seele sind die Eingänge und Schwellen ins Bereich der Seele; auch wenn sie als erste Regungen in die Vernunft gelangen, dann überschreiten sie bereits die Schwellen. Allein wenn sie nichts als erste Regungen sind, dann rühren sie nur an die Schwellen oder rufen nur vor der Türe; das geschieht dann, wenn die Sinnlichkeit den vernünftigen Bereich zu irgend einer ungeordneten Handlung herausfordert. Und nicht nur von diesen will die Seele unberührt bleiben; sogar bloße Wahrnehmungen, die ihr den Genuß der Beschwichtigung und des Heiles nicht beeinträchtigen, weist sie von sich.

Anmerkung zur folgenden Strophe

1 In diesem Zustand ist die Seele so sehr Feindin des niedrigen Bereiches und seiner Betätigungen, daß sie ihn am liebsten von dem Geistigen, das Gott dem höheren Bereich mitteilt, ausgeschlossen sehen möchte; kann doch der sinnenhafte Teil ohnedies nur sehr wenig davon aufnehmen, oder er kann es wegen seiner schwachen Beschaffenheit nicht ertragen, ohne daß seine Natur hinschwindet. Und in der Folge leidet und betrübt sich der Geist und kann die Begnadungen nicht in Frieden auskosten. Denn der Körper belastet, wie der Weise sagt, den Geist, weil er sich zersetzt (Sap., 9, 15). Und weil die Seele von Gott das erhabenste und vollkommenste Einlassen erhofft und sie ein solches nicht in der Gesellheit des Sinnenteiles empfangen kann, so ersehnt sie, daß Gott jenen Teil nicht in seine Hulderweise einbeziehe. Von jener erhabenen Schauung des dritten Himmels, die Paulus gewährt wurde, von der Schauung Gottes sagt der Apostel selber, er wisse nicht, ob sie sich innerhalb oder außerhalb des Körpers vollzog (2. Kor. 12, 2). Doch wie sie sich immer vollzogen haben mag, sie muß ohne den Körper geschehen sein: ein Teilhaben des Leibes hätte ihm ja bewußt werden müssen; auch hätte die Gotterfahrung nicht so hoch sein können, daß er geheimste Worte vernahm, die auszusprechen dem Menschen nicht vergönnt ist. Da die Seele sehr wohl weiß, daß so große Begnadungen nicht in so engem Gefäß aufgenommen werden können, so ersehnt sie, daß der Bräutigam sie ihr außerhalb dieses Gefäßes gewähre. Und so erbittet sie es von ihm in dieser Kanzone:

NEUNZEHNTE STROPHE

Geliebtester, versteck dich;
laß deinen Blick zu Bergeshöhen gleiten;
mit keinem Wort entdeck dich.
Schau an, die mich geleiten
auf meinem Zug durch fremde Inselweiten.

Erklärung

2 Um vier Dinge bittet die bräutliche Seele in dieser Kanzone den Bräutigam. Das erste: es möge ihm gefallen, ganz tief in ihre Seele, bis in das Verborgenste einzugehen. Das zweite: er durchströme und durchtränke ihre Vermögen mit der überwältigenden Klarheit seiner Gottheit. Das dritte: so erhaben und so tief geschehe dieses, daß die Sprache und auch der Wille zum Aussprechen versage, und daß der äußere, der sinnenhafte Teil nichts davon erfasse. Das vierte: er entbrenne in Liebe zu allen Tugenden, zur Holdheit, die er ihr eingesenkt hat, – Tugenden und Gnaden, in deren Geleit sie zu Gott emporsteigt, durch hochtragende Wahrnehmungen der Gottheit und durch Überschwang der Liebe, die ganz abweichend von dem Gewohnten, ganz fremdartig sind.

Und so sagt sie:

Geliebtester, versteck dich

3 Als sagte sie: mein Bräutigam, geliebter, schmiege dich ins Innerste meiner Seele, und dort, in geheimster Mitteilung, offenbare ihr deine verborgenen Wunder, die allen sterblichen Augen fremd sind.

laß deinen Blick zu Bergeshöhen gleiten

4 Das Antlitz Gottes ist die Gottheit; die Bergeshöhen sind die Vermögen der Seele: Gedächtnis, Erkenntniskraft und

Willenskraft. Und so scheint sie zu sagen: «Flute über mit deiner Gottheit in mein Erkenntnisvermögen, ihm göttliche Einsichten spendend, und in meinen Willen mit der Eingießung göttlicher Liebe, und in meine Gedächtniskraft, ihr göttliche Beseligung zueignend». Damit erbittet die Seele alles, was sie erbitten kann; denn nun begnügt sie sich nicht mehr mit den Erleuchtungen und Gunsterweisen der abgewandten Gottheit, wie Moses sie empfing, das heißt, mit Erkenntnissen Gottes aus seinen Werken und Taten – sie trachtet nach dem Antlitz Gottes, nach der Mitteilung der göttlichen Wesenheit in die Seele, ohne irgend ein Vermittelndes, nur durch ein gewisses Aneinanderrühren von ihr und der Gottheit. Solches ist jedem Sinn und allem Unwesentlichen fremd; ist es doch das Aneinanderrühren bloßer Substanzen, der seelischen wie der göttlichen.

Deshalb fährt sie fort:

mit keinem Wort entdeck dich

5 Wolle es nicht weitersagen, wie zuvor, da du es bis zu den äußeren Sinnen gelangen ließest. Jene früheren Mitteilungen vermochten sie aufzufassen, da deren Höhe und Tiefe nicht über ihre Fassungskraft hinausging. Allein jetzt seien die Gunsterweise so erhaben, so wesenhaft und innerlich, daß sie den Sinnen nichts sagen und nichts in deren Reichweite gelangt. Kann doch die Substanz des Geistes nicht den Sinnen mitgeteilt werden; und alles, was ihnen mitgeteilt wird, zumal in diesem Leben, kann nicht reiner Geist sein, für den sie nicht aufnahmefähig sind. Da die Seele hier nach der unmittelbaren und wesentlichen Berührung mit Gott trachtet, jenseits der Sinne, bittet sie den Bräutigam um Verschwiegenheit. Es ist als sagte sie: so tiefverborgen sei diese Einigung von Geist zu Geist, daß die Sinne sie weder empfinden noch aussagen können; vergleichbar sei sie den Geheimnissen, die Paulus vernahm und deren Aussage er für verwehrt erklärte.

Schau an, die mich geleiten

6 Gottes Anschauen ist Lieben und Huld Erweisen. Und das Geleit der Seele, darauf Gott hinschauen soll, ist die Menge von Tugenden, Gaben, Vollkommenheiten und anderen geistigen Reichtümern, womit er sie schon geschmückt hat, wie mit einem verheißungsvollen Brautschmuck. Es ist, als sagte sie: lieber wende dich, Geliebter, hin zum Innern meiner Seele, sieh in Liebe auf ihr Geleit, auf die Schätze, womit du sie ausgestattet hast: so wirst du in ihrem Geleit sie selber lieben, dich in ihr verbergen, bei ihr weilen. Denn in Wahrheit – ist solches Geschmeid auch deine Gabe, so ist es doch auch mir zueigen

auf meinem Zug durch fremde Inselweiten

7 Das bedeutet: meine Seele zieht dir entgegen, auf Weisen und Wegen, die ungewohnt sind und fremd allen Sinnen und natürlichen Erkenntnisweisen. Es ist, als sagte sie, um ihn zu verpflichten: nun, wo meine Seele durch geisthafte, durch allen Sinnen fremde und unvertraute Erfahrungen dir entgegengeht, so teile dich ihr auch so innerlich mit, so auserlesen, daß es den Sinnen unzugänglich bleibt.

Anmerkung zu den folgenden Strophen

1 Um zu einem so hohen Stande der Vollkommenheit zu gelangen, wie es die Seele hier erstrebt, bis zu der Höhe der mystischen Ehe, genügt es nicht, daß sie von jeder Unvollkommenheit, Empörung und fehlerhaften Gewohnheit des unteren Teiles geläutert sei, und daß sich der alte Mensch entblößt dem oberen Teile gänzlich unterworfen habe. Sie braucht zudem großen Starkmut und überaus erhabene Liebe, um Gottes so starkem und innigem Umfassen gewachsen zu sein. Denn in jenem Stande erlangt die Seele nicht nur höchste Reinheit und Schönheit, sondern zugleich bezwingenden Starkmut, kraft des engen und starken Bandes, mit denen Gott und Seele geeint sind.

2 Um zu dieser Einigung zu gelangen, muß die Seele den Gipfel der Reinheit, Stärke und Liebe erreicht haben. Deshalb begehrt der Heilige Geist, er, der solche geisthafte Bindung wirkt, daß die Seele durch jene Vorzüge mehr solcher Huld würdig wird; und er spricht mit dem Vater und dem Sohne im Hohenliede: «Was sollen wir mit unserer Schwester tun, an dem Tage, da sie hervorgehen soll und sprechen? Denn noch ist sie so klein, und noch sind ihre Brüste nicht gewachsen. Ist sie Mauerwerk, so laßt uns darauf silberne Bollwerke errichten. Ist sie Pforte, dann laßt sie uns mit Zedernholz einfassen» (7, 8). Es sind hier unter dem übersilberten Bollwerk die heroisch starken Tugenden zu verstehen, die vom Glauben, gleichwie von Silber, umschlossen sind. Diese heroischen Tugenden gehören bereits der mystischen Ehe an. Sie stützen sich auf die starke Seele, die hier als Mauerwerk bezeichnet wird; und auf solchem Starkmut kann der friedvolle Gatte ruhen, frei von der Störung durch irgendeine Schwäche. Die Einfassung von Zedernholz weist auf die Neigungen und Äußerungen der erhabenen Liebe, die dem Zedernholz verglichen wird; und so hohe Liebe eignet der mystischen Gattin. Pforte muß sie sein, um so mit Zedernholz eingefaßt zu werden. Und damit der Bräutigam eingehen kann, muß sie für ihn die Pforte ihres Willens offenhalten; und bei dem Jawort des Verlöbnisses, das sie schon vor der mystischen Ehe gegeben hat, bei diesem rückhaltlosen und wahrhaftigen Ja der Liebe, muß sie verharren. Auch die «Brüste» der Braut weisen auf die gleiche Liebe, deren Vollkommenheit unerläßlich ist, damit sie vor dem Bräutigam Christus erscheinen und die mystische Ehe sich vollenden könne.

3 Nach dem Wortlaut des Hohenliedes antwortete die Braut sogleich, in ihrem Verlangen nach solcher Begegnung: «Ich bin Mauerwerk, und mein Brüste sind wie ein Turm» (8, 10). Als sagte sie: «Meine Seele ist so stark und meine Liebe so hoch, daß jener Bund vollzogen werden kann.» Das hat

auch hier die bräutliche Seele, in ihrem Verlangen nach einer vollkommenen Einigung und Überformung, in ihren Gesängen zum Ausdruck gebracht, zumal in dem zuletzt ausgelegten, darin sie vor dem Bräutigam ihre Tugenden und reichen Fähigkeiten ausbreitet, um ihn stärker anzuziehen. Deshalb will nun der Bräutigam die Verbindung besiegeln, und er tut so mit den Worten der beiden folgenden Kanzonen: damit will er die Seele vollends läutern und stärken und sowohl in ihrem sinnenhaften wie in ihrem geisthaften Teil für solche Bindung vorbereiten. So beschwört er alle Befehdungen und Empörungen, so die des sinnenhaften Teils wie jene des Dämons.

ZWANZIGSTE UND EINUNDZWANZIGSTE STROPHE

Euch, Vögel, gaukelfrohe,
euch, Löwen – Hinden – Hirsche, lüstern jache,
Gewässer, Luft und Lohe,
Anhöhe, Abgrund, Blache,
euch, Schrecknisse der Nächte, immerwache,

beschwöre ich beim Klange
lieblicher Leier, beim Sirenenhalle:
laßt ab vom wilden Drange –
bleibt ferne unserm Walle,
daß meine Gattin sanft in Schlummer falle.

Erklärung

4 In diesen beiden Gesängen erhebt der Gatte, der Sohn Gottes, die Seele zu seiner Gattin, in dauernden Frieden und in dauernde Gestilltheit, ferner in die Übereinstimmung des

unteren Teiles mit dem oberen. Er läutert sie damit von all ihren Unvollkommenheiten und erleuchtet ihre Vermögen und ihr natürliches Denken und beschwichtigt all ihre anderen Triebe mit den Worten der beiden Gesänge. Folgendes ist deren Sinn: Zuerst beschwört der Gatte gebieterisch die Phantasie und Einbildungskraft, daß sie fortan von ihrem unnützen Umherschweifen abstehen; sodann ordnet er die natürlichen Kräfte des Zornmuts und der Begierde, von denen die Seele so lange verstört wurde; und er vervollkommt die seelischen Kräfte des Vergegenwärtigens, Begreifens und Wollens hin zu ihren Gegenständen, soweit es in diesem Leben möglich ist. Als Herrscher beschwört er zudem die vier Leidenschaften der Seele: Lust, Hoffnung, Schmerz und Furcht, daß sie fortan gedämpft und eingeordnet verbleiben. All die störenden Betätigungen dieser Kräfte, die durch die Namen der ersten Kanzone bezeichnet werden, sie alle werden nun von dem Gatten beschwichtigt, dank der großen Sanftmut, Freudigkeit und Stärke, die Gottes geistige Hingabe ihr gewährt. Er verwandelt die Seele mit kraftvoller Ganzheit in sich; und so verlieren ihre Triebe, Kräfte und Regungen ihre natürliche Unvollkommenheit, so werden sie vergottet.

Euch, Vögel, gaukelfrohe

5 Er bezeichnet als Vögel die Abschweifungen der Phantasie, die leicht und behend hierhin und dorthin fliegen. Wenn die Seele in Stille das holde Einströmen des Geliebten genießt, bereiten sie ihr mit ihren ungebundenen Flügen Unlust und Verdruß. Ihnen sagt der Gemahl, er beschwöre sie beim lieblichen Leierklange. Damit bekundet er, die holde Beseligung der Seele sei nun so reich und überquillend, daß sie nicht länger diese Beseligung zu stören vermöchten, und daß sie darum ihr unruhiges Geschwirr, ihren stürmischen Mutwillen lassen sollten.

Im gleichen Sinne sind die nachfolgenden Zeilen zu verstehen.

6 Als Löwen bezeichnet er das heftige Ungestüm des Zornmutes; denn diese Kraft ist in ihren Betätigungen verwegen und löwenhaft kühn. Als jache Hinden und Hirsche ist die andere seelische Kraft, die der Begierde, gekennzeichnet. Diese Kraft des Begehrens hat zwei Auswirkungen, eine der Feigheit, eine des Wagemutes. Sie wirkt sich als Feigheit aus, wenn die Umstände ihr entgegenstehen; dann zieht sie sich zurück und duckt sich ängstlich. Und darin ist sie den Hinden vergleichbar; in ihnen ist die Begehrlichkeit heftiger als in vielen anderen Tieren, und so sind sie ängstlich und scheu. Als Wagemut äußert sie sich, wenn die Umstände ihr günstig sind; dann ist sie nicht scheu und ängstlich, sondern sie wagt es, das Gewünschte anzustreben. Und in solchem Wagemut ist jene Kraft den Hirschen vergleichbar, die dem Begehrten mit solcher Lüsternheit zustreben, daß sie es nicht nur im Lauf, sondern sogar in jähen Sprüngen verfolgen, weshalb sie hier «lüstern jache» genannt werden.

7 Mit dem Beschwören der Löwen legt er den Ausbrüchen des Zornes Zügel an. Mit der Beschwörung der Hinden stärkt er den Erhaltungstrieb gegenüber scheuer Verzagtheit. Und mit der Beschwörung der sprunghaften Hirsche beschwichtigt und besänftigt er Wünsche und Gelüste, die zuvor unruhig umhertollten, hierhin und dorthin gleich Hirschen unter dem Anreiz jäher Gelüste. Doch nun sind solche Begierden befriedet, durch den Genuß des lieblichen Leierklanges, durch den Sirenengesang von erfüllendem Wohlgetön. Und nicht beschwört hier der Gemahl den Zorn und die Begierde selber; denn diese Kräfte fehlen niemals in der Seele. Was er beschwört, sind die lästigen und ungeordneten Betätigungen dieser Kräfte. Denn diese Betätigungen, hier Löwen, Hinden und lüstern jache Hirsche genannt, müssen bei so hehrem Stande fehlen.

Anhöhe, Abgrund, Blache

8 Mit diesen drei Namen werden die fehlerhaften und maßlosen Betätigungen der drei Seelenvermögen bezeichnet, des Gedächtnisses, der Erkenntniskraft und des Willens. Und diese Betätigungen sind maßlos und fehlerhaft, wenn sie übermäßig hoch zielen, wenn sie übermäßig niedrig und unentschlossen sind, oder wenn sie doch zu einem der beiden Extreme neigen. Und so bezeichnen die Anhöhen, die sich hoch erheben, die übertriebenen, allzu ungeordneten Handlungen; unter den Niederungen der Täler sind solche Handlungen der drei Vermögen zu verstehen, die hinter dem Erforderlichen zurückbleiben. Und die Blachen, die nicht sehr hoch und nicht sehr tief sind aber auch nicht eben, so daß sie an beiden Gegensätzen in etwa teilhaben, sie bedeuten solche Tätigkeiten der drei Vermögen, die vom Ebenmaß des Richtigen ein wenig nach der einen oder der anderen Seite abweichen – solche Handlungen, die nicht in todsündiger Weise im Übermaß ausschweifen, die jedoch im Gedächtnis, im Verstand oder im Willen um ein Weniges – sei es als läßliches Vergehen, sei es auch nur als geringfügige Unvollkommenheit – vom rechten Maß abweichen. All diese Handlungen, die sich nicht im Maß des Gerechten halten, auch sie werden von ihm beim lieblichen Leierklang und bei jenem wohltönenden Gesang beschworen; solche Harmonien sollen die drei Seelenkräfte aufs reinste einstimmen, so daß sie vollkommen in der ihnen eigenen gerechten Betätigung aufgehen und sich nicht im geringsten, geschweige denn im Übermaß an ein Ding hingeben.

Es folgen die übrigen Verse:

Gewässer, Luft und Lohe,
euch, Schrecknisse der Nächte, immerwache

9 Mit diesen vier Dingen weist er auf die Wallungen der vier schon genannten Leidenschaften: Schmerz, Hoffnung,

Lust und Furcht. Mit dem Gewässer sind die Wallungen des seelentrübenden Schmerzes gemeint, die gleich Gewässer ins Gemüt einfluten. So spricht David von ihnen zu Gott: «Salvum me fac, Deus, quoniam intraverunt aquae usque ad animan meam.» Das heißt: «Rette mich, Gott, denn die Gewässer fluteten bis in meine Seele.» Luft nennt er die Wallungen der Hoffnung; denn deren Wünsche wehen gleich Luft hin zum erhofften Entlegenen. Darum sagt David auch: «Os meum aperui, et attraxi spiritum, quia mandata tua desiderabam» (Ps. 118, 131). Als ob er sagte: «Ich öffnete den Mund meiner Hoffnung und sog die Luft meines Verlangens ein; denn ich erhoffte und begehrte deine Gebote.» Die Lohe bedeutet die Wallungen der Leidenschaft der Lust, von denen die Seele wie von Feuer entflammt wird. So sagt David auch dazu: «Concaluit cor meum intra me: et in meditatione mea exardescet ignis» (Ps. 38, 4). Das meint: «In mir entbrannte mein Herz; und meine Betrachtung wird gleich Feuer auflohen.» Womit er sagt: «An meiner Betrachtung entzündet sich Freude.» Mit den immerwachen Nächten und ihren Schrecknissen sind die Wallungen der Furcht gemeint, die bei solchen Vergeistigten, die noch nicht bis zur mystischen Ehe gelangten, überaus heftig zu sein pflegen. Solche Furcht wird bisweilen von Gott eingeflößt, zu Zeiten, da er irgendwelche Gnaden erweisen will. Dann pflegt er dem Geist Furcht und Beängstigung zu erregen und auch Verkrampfungen des Leibes und der Sinne, da sie ihrer Natur nach noch nicht gestärkt und vervollkommt sind, noch nicht gewöhnt an solche Gnaden. Mitunter kommen solche Beängstigungen auch vom Dämon. Zur Zeit, da Gott die Seele huldreich an sich zieht, hegt er Neid und Groll gegen die Seele und ihren heilvollen Frieden; so sucht er ihren Geist durch Schrecknisse und durch Entsetzen aus solcher Wonne aufzuscheuchen. Dann ist es mitunter, als bedrohe er sie in der Tiefe ihres Geistes; und wenn er gewahrt, daß er nicht bis in das Innere der Seele eindringen kann, da sie ganz hingegeben mit Gott geeint ist, so versucht er, zum mindesten in ihrem sinnenhaften Teil Zerstreuung, Unstete, Beklemmung, Schmerz und Grauen zu erregen, um so am Ende die Gattin von ihrem bräutlichen Lager aufzuschrecken. Der Gatte nennt solche Erregungen «Schrecknisse der Nächte», weil sie von den Dämonen herrühren, und weil der Dämon mit ihnen Finsternis in der Seele verbreiten will, um ihr die Wonne des göttlichen Lichtes zu verdunkeln. Und er nennt diese Schrecknisse «immerwache», weil sie von ihnen wachgehalten, oder aus ihrem süßen inneren Schlummer aufgeweckt wird, und zudem aus dem Grunde, weil die furchterregenden Dämonen immer wachen, um so zu verstören. Solche Schrecknisse von der Seite Gottes oder der Seite des Dämons erleidet die Geistseele, jene der schon Vergeistigten. Von zeitlicher und natürlicher Furcht spreche ich nicht, da die Vergeistigten nicht von ihr befallen werden. Allein die genannten Arten der Furcht sind den Vergeistigten eigentümlich.

10 So beschwört denn der Geliebte die Auswirkungen dieser vier Leidenschaften, so beschwichtigt er sie dadurch, daß er der Gattin in ihrem Bunde Fülle und Kraft verleiht und Genugtuung dank der süßen Leier, ihres Wohlklangs, und dank des Sirenensanges, ihrer Beseligung. Dergestalt können jene Leidenschaften nicht in ihr herrschen, ja, nicht einmal ihr Unruhe erregen. Denn es ist die Erhabenheit und Geschlossenheit der Seele in diesem Bunde so groß, daß sie von den Wassern des Schmerzes nicht mehr überflutet wird, sogar wenn es um das geht, was dem Vergeistigten am schmerzlichsten ist, eigene oder fremde Sünde: sie wertet diese wohl, allein sie wird von ihnen nicht zu Schmerz oder zu andern Gefühlen hingerissen. Mitleid, das heißt die Gefühlserregung des Mitleids hat sie nicht; sie hat jedoch die Werke und die Vollkommenheit des Mitleidens. Denn jetzt fällt von der Seele ab, was noch Schwäche an ihren Tugenden war; und es bleibt davon nur das Beständige, Starke, und Vollkommene. So wie die Engel auf vollkommene Weise das Schmerzerregende abschätzen, frei von der Gereiztheit des Schmerzes, so

wie sie Werke der Barmherzigkeit ausüben, ohne die Erregung des Mitleidens, so geschieht es der Seele in dieser Liebesverwandlung. Gleichwohl durchbricht Gott mitunter und zu gelegener Stunde solche Abgeklärtheit und läßt die Seele mitfühlen und mitleiden, damit sie mehr Verdienst gewinne und sich mehr in der Liebe entflamme, oder in anderer Absicht, wie er es bei der Jungfrau Mutter und dem heiligen Paulus tat. Allein der Phase als solcher ist das nicht eigentümlich.

11 Von den Wünschen der Hoffnung wird die Seele ebensowenig getrübt. Denn sie ist schon in dieser Gotteinigung so befriedigt, wie es in diesem Leben nur möglich ist. Nichts Weltliches bleibt ihr zu erhoffen, und nichts Geistliches bleibt ihr zu wünschen. Fühlt sie sich doch überreich an Gottes Schätzen. Im Leben wie im Sterben hat sie sich dem göttlichen Willen innig angeglichen; und aus ganzem Gemüt, aus ihren sinnenhaften wie geisthaften Kräften spricht sie: «Dein Wille geschehe», ohne das Aufkommen eines anderen Verlangens oder Triebes. Und so ist ihr Verlangen, Gott zu schauen, frei von Qual. Auch bei den Wallungen der Lust, die in der Seele bald das Gefühl des Ermangelns, bald das des Überflusses erregten, ist es jetzt so, daß sie kein Abnehmen von ihnen verspürt und daß sie vor ihrer Überfülle nicht erstaunt. Denn so groß ist die Glückseligkeit, die sie beständig genießt, daß sie dem Meere gleicht und weder durch Hinzuströmen noch durch Abfließen ihren Stand ändert. So wurde sie durch ihre Wandlung zu dem Quell, von dem Christus – nach Johannes – sagte, er entspränge hin zum ewigen Leben (4, 14).

12 Doch weil ich gesagt habe, daß die Seele in solchem Zustand der Überformung nichts Neues mehr empfängt, so könnte es scheinen, als wären ihr die minder wesenhaften Freuden genommen, die selbst bei den Seligen nicht fehlen. Solche Freuden und Entzückungen fehlen ihr aber nicht, ja,

sie sind sogar sonder Zahl. Dennoch wird das substantielle Sichmitteilen von Geist zu Geist dadurch nicht vermehrt. Besitzt sie doch bereits alles, was sie an Neuem empfangen könnte. Und so ist das, was sie in sich besitzt, mehr als das, was ihr neu hinzukommt. Wenn sich demnach solcher Seele Gegenstände der Lust und Freude bieten, Äußeres oder Geistiges und Inneres, dann wendet sie sich beseligt den Reichtümern zu, die sie in sich selber birgt; und so, angesichts der eigenen Schätze wie auch jener, die ihr neu hinzukommen, ist ihre Beglückung noch um vieles größer. Sie hat darin in gewisser Weise die Eigenheit Gottes, der sich – bei aller Wonne an den Dingen – mehr in sich selber als an ihnen freut, da er in sich unendlichen Wert besitzt, über alle Dinge hinaus. Alle neuen Freuden und Köstlichkeiten dienen der Seele demnach mehr zur Erinnerung, damit sie an dem, was sie schon besitzt und in sich fühlt, innigere Freude hat als an dem Hinzukommenden; denn wirklich, dieses ist mehr als jenes Neue.

13 Wenn die Seele einem Gegenstand Freude und Befriedigung abgewinnt, und wenn sie bereits einen anderen besitzt, den sie höher schätzt und der sie tiefer erfreut, dann ist es nur natürlich, daß sie sich alsbald solchen Besitzes erinnert und ihn freudig umfängt. Und so ist das, was die neuen Geistesfreuden hinzubringen, so geringfügig, daß Neues im Vergleich mit dem Wesentlichen, was die Seele schon in sich besitzt, wohl ein Nichts genannt werden kann. Denn die Seele hat mit dieser Überformung ihr Wachstum vollendet; im Gegensatz zu minder Vollendeten wächst sie nicht mehr durch nebensächlichere Geistesfreuden. Es ist wunderbar: auch ohne hinzukommende Freuden ist es der Seele, als ob sie immer neue empfinge, und zugleich ist es ihr, als ob sie all diese bereits besäße. Immer von neuem genießt sie diese, weil sich ihr Heil immer erneuert; und so glaubt sie immer Neues zu empfangen, ohne solchen Empfangens zu bedürfen.

14 Die Erleuchtung voll Seligkeit, die Gott in dieser dauernden Umfassung mitunter der Seele gewährt, diese Art von geistigem Umgang mit ihr, wobei er sie sehen und genießen läßt, was er ihr eingesenkt hat, dieser Abgrund voll beglükkender Schätze – darüber läßt sich nichts aussagen, was irgendetwas davon erklärte. Wie es geschieht, wenn die Sonne machtvoll in das Meer einfällt und seine tiefen Buchten und Höhlen durchleuchtet und Perlen und Adern von Gold und andern edlen Metallen aufschimmern läßt, so wendet sich Gott sonnenhaft zur Gattin und läßt die Reichtümer in ihrer Seele so hell erstrahlen, daß selbst die Engel darüber staunen und mit den Worten des Hohenliedes rufen: «Wer ist diese, die gleich der Morgenröte hervorbricht, schön wie der Mond, auserlesen wie die Sonne, bezwingend und wohlgegliedert wie Heeresscharen?» (6, 99) Diese Erleuchtung, so erhaben sie ist, bringt der Seele dennoch nicht neuen Reichtum, sondern hebt nur zu ihrer Beglückung ans Licht, was sie zuvor schon besaß.

15 Demnach gelangen auch die immerwachen nächtlichen Schrecknisse nicht an sie heran. Zu verklärt, zu stark ist sie geworden dank ihrer währenden Geborgenheit in Gott, daß die Dämonen sie nicht mit ihren Finsternissen verdunkeln können, mit ihrem Grauen nicht einschüchtern, nicht aufstören mit ihren Anfällen. Nichts kann sie behelligen, da sie hinweg von allen Dingen in Gott eingegangen ist, wo sie allen Frieden genießt, alles Holde verkostet und an allem Verklärenden sich entzückt, so sehr es die Bedingtheit dieses Lebens nur irgend zuläßt. Von solcher Seele gelten die Worte des Weisen: «Die friedvolle und gelassene Seele ist wie ein beständiges Gastmahl» (Sprüche 4, 15). Wie es bei einem Gastmahl Wohlgeschmack jeglicher Speisen und Wohlklang jeglicher Musik gibt, so genießt die Seele bei diesem Gastmahl an der Brust des Gemahls alles Beseligende und verkostet alles Zärtliche. Und so wenig haben wir von all dem gesagt, was sich hier ereignet und was sich in Worte fassen ließe, daß

es weit hinter dem zurückbleibt, was bei so glückseligem Zustand sich in der Seele ereignet. Denn wenn die Seele in ihr Ziel eindringt, in den Frieden Gottes, der nach den Worten der Kirche alle Sinne übersteigt, dann versagt und verstummt das Vermögen der Sprache.

Es folgen die ersten Verse der zweiten Kanzone:

beschwöre ich beim Klange
lieblicher Leier, beim Sirenenhalle

16 Unter dem lieblichen Leierklang versteht der Gemahl hier, wie wir schon sagten, die Holdheit, die er der Seele in diesem Stande zu verspüren gibt, als eine Beschwichtigung aller Beschwerden. Denn so wie die Seele von dem Klang der Leier hold erquickt wird, wie sie ihn so entzückt in sich saugt, daß sie allem Lästigen und Plagenden entfremdet ist, so ist hier die Seele mit solch sanfter Gelassenheit erfüllt, daß sie von nichts Qualvollem erreicht wird. So scheint er zu sagen: «Um der holden Gelassenheit willen, die ich in die Seele eingoß, soll alles Unholde die Seele meiden.» Auch wurde gesagt, der Sirenengesang bedeute die unaufhörliche Glückseligkeit der Seele; und er nennt solche Wonne Sirenengesang, weil der ihm Lauschende von seinem Wohlklang berückt und so begeistert wird, daß die Welt ihm entschwindet. Nicht anders zieht die Glückseligkeit der Gotteinigung die Seele so tief, so erquickend in sich hinein, daß sie gegen alle Belästigungen und Störungen jener Dinge gefeit ist.

Auf jene behelligenden Dinge weist dieser Vers:

Laßt ab vom wilden Drange

17 Als wilden Drang bezeichnet er jene Störungen und Behelligungen durch die ungeordneten Neigungen und Betätigungen. Und wie der Zorn ein gewisses Aufbrausen ist, das störend aus dem Bereich des Friedens ausbricht, so überschreiten auch die andern Gemütsbewegungen in der Seele

die Grenzen friedlicher Gelassenheit. Sie wird von ihnen aus der Entzückung aufgeschreckt; und darum sagt er:

bleibt ferne unserm Walle

18 Der Wall bedeutet den Umkreis des Friedens und die Umschanzung der Tugenden und Vollkommenheiten, von denen die Seele selber umgeben und behütet ist, sie, jener Garten, wo der Geliebte die Blumen weidet, die nur für ihn umhegt und gepflegt wurden. Deshalb nennt er sie im Hohenliede «verschlossener Garten»: «Meine Schwester ist ein verschlossener Garten» (4, 12). Und so sagt er, daß sie nicht an Wall und Mauer dieses seines Gartens rühren sollten.

daß meine Gattin sanft in Schlummer falle

19 Das meint, damit sie die harmonische Stille in ihrem Geliebten aus Herzensgrund genießen könne. So gibt es fortan für die Seele keine verschlossenen Pforten; vielmehr liegt es bei ihr, wann und wie oft sie diesen beglückenden Schlummer der Liebe auskosten will. Solches gibt der Gatte im Hohenliede zu verstehen: «Ich beschwöre euch, Töchter von Jerusalem, bei den Ziegen und Hirschen der Fluren, stört die Geliebte nicht auf, laßt sie nach Herzbegehr schlafen» (3, 5).

Anmerkung zur folgenden Strophe

1 Groß war der Wunsch des Bräutigams, diese seine Braut aus dem Griff der Sinnlichkeit und des Dämons zu befreien. Und hat er sie losgelöst, wie es hier geschehen ist, so freut er sich, wie sich der gute Hirte freut, wenn er nach vielem Umhersuchen das verlorene Lamm auf seinen Schultern heimträgt. Er freut sich gleich jenem Weibe, das nach einer verlorenen Drachme im ganzen Hause mit Kerzenlicht gesucht hatte, und das nach ihrem Wiederfinden Freunde und Nach-

barn zusammenruft, daß sie sich mit ihr freuen. Staunenswert ist es, wie dieser liebreiche Hirt und Gatte der Seele freudige Genugtuung fühlt, wenn er die gewonnene und vervollkommte Seele derart auf seine Schultern gehoben, in seinen Händen geborgen hat, bei dieser ersehnten Zusammenfügung und Einigung. Und seine Freude hegt er nicht nur in sich, mitfreuen sollen sich mit ihm die Engel, die heiligen Seelen. Wie im Hohenliede ruft er: «Tretet heraus, Töchter Sions, und seht den König Salomo mit der Krone, mit der ihn seine Mutter am Tage seiner Hochzeit bekrönte, am Tage seines Herzensjubels» (3, 115). Es ist seine Braut, die er mit jenen Worten als seine Krone, seine Gattin und Herzensfreude bezeichnet, sie, die er umfangen hält und mit der er hervorschreitet wie ein Gemahl von seinem Brautbett. All das gibt er in der folgenden Strophe zu verstehen:

ZWEIUNDZWANZIGSTE STROPHE

In den begehrten Garten,
den schönen, ist die Gattin eingegangen.
Sie neigt den Hals, den zarten –
ruhend nach Herzverlangen –
auf des Geliebten Arme, hold umfangen.

Erklärung

2 Nachdem die Braut darauf gedrängt hatte, daß die Füchse verjagt würden, daß der Nordwind sich lege und die Nymphen beschwichtigt wären, all diese Behinderungen einer vollkommenen Freude am Zustande der mystischen Ehe, und nachdem sie in den vorhergehenden Kanzonen den Hauch des Heiligen Geistes erfleht und empfangen hatte, als geeignete Vorbereitung auf so vollkommenen Zustand, so ist nun

von diesem Zustand auszusagen, in dieser Kanzone, darin der Gatte nunmehr die Seele als Gattin bezeichnet und zweierlei bekundet. Als erstes sagt er, wie sie nun nach siegreichem Überwinden zu diesem beseligenden Stande der mystischen Ehe hochgedrungen sei, der von ihm wie von ihr so stark ersehnt worden war. Und als zweites nennt er die Vorzüge jenes Standes, die von der Seele nunmehr genossen werden, so das Ausruhen nach Herzverlangen, so das Hinneigen des Hauptes auf die huldreichen Arme des Geliebten.

Das sei des näheren erklärt:

In den begehrten Garten,
den schönen, ist die Gattin eingegangen

3 Um die Anordnung dieser Gesänge eingehender zu verdeutlichen und um begreiflich zu machen, was die Seele in der Regel erfährt, bis sie zu diesem Stande mystischer Vermählung gelangt, dem erhabensten, von dem ich mit Gottes Hilfe zu sprechen habe, sei folgendes zu Bewußtsein gebracht: bevor die Seele so weit gelangt, übt sie sich zunächst in den herben Mühen der Abtötung und in geistlichen Meditationen, wie es aus ihren Worten hervorgeht, vom Anbeginn bis zu den Worten «Gaben auf Gaben spendend». Dann beschreitet sie den Weg der Kontemplation, mit seinen Bedrängnissen der Liebe; von ihnen singt sie anschließend bis zu dem Ausruf «Laß sie nicht, Liebster, offen», der den Vorgang des mystischen Verlöbnisses bezeichnet. Darüber hinaus dringt sie auf dem Weg der Einigung empor, auf dem sie zahlreiche und machtvolle Eingebungen und Heimsuchungen empfängt, Gaben und Kleinodien, wie sie der Bräutigam seiner Anverlobten schenkt. Hier dringt sie tiefer und vollkommener in seine Liebe ein, wie es in den Kanzonen ausgesagt wird, von jener Kanzone des mystischen Verlöbnisses an «Laß sie nicht, Liebster, offen», bis zu dieser hier, die beginnt: «In den begehrten Garten, den schönen, ist die Gattin eingegangen», wo nun als letzte Vollendung die mystische Ehe zwischen dieser

Seele und dem Gottessohne geschlossen wird. Diese Vermählung ist unvergleichlich viel mehr als das mystische Verlöbnis. Ist sie doch eine vollkommene Umgestaltung in den Geliebten, wobei sich beide Teile zu einem wechselseitigen Zueigensein gänzlich hingeben, mit einem gewissen Vollzug der Liebeseinigung, darinnen die Seele göttlich gemacht wird, Gott durch Teilhaben, soweit es in diesem Leben möglich ist. Und solcher Stand, denke ich, kann niemals gewonnen werden, ohne daß die Seele ihres Gnadenstandes gewiß wird; denn hier wird die Treue beider Parteien bekräftigt, und es ist Gott, der seine Treue in die Seele einprägt. So ist dieses der höchste Stand, der in diesem Leben gewonnen werden kann. Denn wie nach den Schriftworten (Gen. 2, 24) bei dem leiblichen Vollzug der Ehe zwei in einem Fleische sind, so werden durch den Vollzug der mystischen Ehe zwischen Gott und Seele zwei Naturen zu einem Geist und einer Liebe. Auch Paulus wendet dies Gleichnis an, wenn er sagt: «Wer sich dem Herren eint, wird ein Geist mit ihm» (1. Kor. 6, 17). Es ist, wie wenn sich Sternenlicht oder Kerzenlicht dem Sonnenlichte eint: fortan ist es nicht der Stern oder die Kerze, die leuchten – es ist die Sonne, mit der die anderen Leuchten verschmolzen sind. Und von solchem Stande künden in unserm Verse die Worte des Gemahls: «In den begehrten Garten, den schönen, ist die Gattin eingegangen», das heißt, hinweg von allem Zeitlichen und von allem Natürlichen, hinweg von allen Neigungen und geistlichen Eigentümlichkeiten, im Vergessen aller Versuchungen, Störungen, Qualen und beflissener Sorgen, hinübergeformt dank dieser erhabenen Umarmung.

Davon zeugt dieser Vers:

in den begehrten Garten

4 Es ist, als sagte er: umgewandelt wurde sie in ihren Gott, den er hier als schönen Garten bezeichnet. In diesen Garten der vollen Umwandlung, in diesen lieblichen und verklären-

den Genuß der mystischen Ehe kann niemand eingehen, ohne zuvor zum mystischen Verlöbnis gelangt zu sein, zu der getreuen, gemeinschaftlichen Liebe von Angelobten. Wenn die Seele einige Zeit als Braut im Austausch hingebender, zarter Liebe mit dem Gottessohn verharrt hat, erst dann wird sie von Gott gerufen und in seinen Blütengarten geleitet, die seligste Vermählungsfeier mit ihm zu begehen. Darin vollzieht sich eine derartige Verschmelzung beider Naturen und solche Ausströmung der göttlichen Natur in die menschliche, daß jede von ihnen – ohne Wandel ihrer Wesenheit – Gott erscheint. In diesem Leben freilich kann solches nicht vollkommen geschehen, wenn dies Geschehen auch alles Sagen und Denken übersteigt.

5 Sehr wohl gibt das der Gatte im Hohenliede zu verstehen, dort wo er die Seele, die bereits Braut wurde, zu solcher Höhe lockt: Veni, in hortum meum, soror mea sponsa, messui myrrham meam cum aromatibus meis» (5, 1). Das bedeutet: «Komm und geh ein in meinen Garten, Schwester, meine Braut. Schon habe ich meine Myrrhe mit meinen Würzkräutern geschnitten.» Er nennt sie Schwester und Gattin, weil sie es nach ihrer Liebe und Hingabe schon war, bevor er sie zum Stande der mystischen Ehe erhoben hatte; darum sagt er, schon habe er seine duftende Myrrhe und seine Würzkräuter geschnitten, seine zu Früchten gereiften Blüten, die er der Seele bereitet hat, das meint die erhabenen Wonnen, die er auf solcher Höhe ihr mit seinem Wesen mitteilt. Und deshalb ist er für sie der liebliche, begehrte Garten. Gottes und der Seele Wunsch, ihrer beider Ziel bei allen Werken der Seele ist die vollkommene Verwirklichung dieses Standes; und so ruht die Seele niemals, bis sie dahin gelangt. Findet sie doch auf solcher Höhe reichere Gotterfülltheit, gewisseren und beständigeren Frieden und unvergleichlich tiefere Erquickung als im mystischen Verlöbnis. Von den Armen eines solchen Gatten ist sie derart umschlossen, daß sie zumeist ein enges, geistiges Umfangen spürt, ein wirkliches Umfangen, dank

dessen sie das Leben Gottes lebt. An solcher Seele bewahrheiten sich die paulinischen Worte: «Ich lebe, doch nicht mehr ich, Christus ist es, der in mir lebt» (Gal., 2, 20). Nun lebt die Seele in so seliger Klarheit, wie es das Leben Gottes ist; und jeder mag aussinnen, soweit er es vermag, wie tief erlabend sie von einem Leben durchdrungen sein muß, darinnen sie nichts Widriges fühlt, so wie Gott nichts Widriges fühlen kann. Vielmehr fühlt diese Seele, schon überformt in Gott, Entzückung in der göttlichen Herrlichkeit.

Und deshalb kündet der folgende Vers:

Sie neigt den Hals, den zarten,
ruhend nach Herzverlangen

6 Der Hals bedeutet hier den Starkmut der Seele, der diese gefestigte Einigung zwischen ihr und dem Gatten möglich macht. Könnte doch die Seele so inniges Umfangen nicht ertragen, wäre sie nicht bereits überaus stark. Und weil die Seele in solchem Starkmut sich die Tugenden erwirkte und die Laster besiegte, so ist es wohl gerecht, daß sie nach solchen Mühen und Siegen den Hals niederneigt

auf des Geliebten Arme, hold umfangen

7 Den Hals hinneigen auf Gottes Arme, das heißt, daß die eigene Stärke, oder besser, die eigene Schwäche schon der göttlichen Stärke geeint ist. Denn die Arme Gottes bedeuten seine Stärke, zu der unsere Schwäche sich hinneigt und darin sie aufgeht, so teilhabend an Gottes Stärke. Durch solche Hinneigung des Halses auf die holden Arme des Geliebten wird die Weise der mystischen Ehe gut veranschaulicht. Denn nunmehr ist Gott die huldreiche Stärke der Seele, in dem sie abgeschlossen ist von allem Übel und beglückt mit allen Heilsgütern. Darum sagt die Braut im Hohenliede zum Bräutigam, im Verlangen nach solchem Zustand: «Wer gewährt es mir, mein Bruder, daß du die Brüste meiner Mutter

saugst, so daß ich dich draußen allein anträfe und dich küssen könnte, und daß fortan mich niemand mehr verachtet?» Wenn sie ihn «Bruder» ruft, so weist sie damit auf die Gleichheit, die das Verlöbnis der Liebe zwischen beiden herstellt, vor der vollendeten Vermählung. Mit dem, was sie von dem Saugen der mütterlichen Brüste sagt, meint sie, er möge in ihr Triebe und Leidenschaften austrocknen und beschwichtigen, diese milchvollen Brüste der Mutter Eva in unserer Fleischlichkeit, diese Hindernisse für so erhabenen Stand. Und ist das geschehen, so sagt sie, wenn ich dich dann doch allein draußen anträfe – ich, außerhalb aller Dinge und meiner selbst, in Einsamkeit und in jener Lauterkeit, die der Geist nach dem Austrocknen der Triebe gewinnt; und daß ich, die Einsame, dich den Einsamen dort küssen könnte – daß meine Natur, nun ledig alles Unlauteren zeitlicher, natürlicher und geistiger Art, sich unmittelbar mit dir allein, mit deiner lauteren Wesenheit vereinigen könnte. Nur in der mystischen Ehe begibt sich dieses, daß die Seele Gott küßt, wonach sie von niemandem mehr verachtet oder angegriffen wird. Denn in solchem Stande behelligen weder Dämon noch Sinnlichkeit noch Welt. Hier erfüllt sich, was gleichfalls im Hohenliede ausgesagt wird: «Schon ist der Winter vergangen, verrauscht der Regen; und auf sproßten die Blumen in unserm Gefild» (2, 11).

Anmerkung zur folgenden Strophe

1 In diesem hohen Stande der mystischen Ehe entdeckt der Gatte häufig der Seele mit großer Willfährigkeit seine wundersamen Geheimnisse, ihr, der neuen Gefährtin. Denn die wahre und beständige Liebe kann dem, den sie liebt, nichts verbergen. Er teilt ihr vor allem die huldreichen Geheimnisse seiner Menschwerdung mit und seine Wege zur Erlösung der Menschen, eines der erhabensten unter den göttlichen Werken und darum eines der köstlichsten für die Seele. Und wenn

der Gatte auch viele andere Geheimnisse enthüllt, so gedenkt er in der folgenden Kanzone nur der Menschwerdung als des bedeutsamsten von allen.

Und so spricht er zu ihr:

DREIUNDZWANZIGSTE STROPHE

Unter den Apfelzweigen
dort wurdest du als Braut mit mir verbunden
und nahm ich dich zueigen;
dort durftest du gesunden,
wo deine Mutter Schande fand und Wunden.

Erklärung

2 Der Gatte erklärt in dieser Kanzone der Seele den staunenswerten Plan, nach dem er sie erlöste und sich antraute, und zwar durch die gleichen Mittel, wodurch die menschliche Natur zerrüttet und verdorben wurde: so wie die Seele durch den verbotenen Baum im Paradies durch Adam nach ihrer menschlichen Natur zerrüttet wurde, so wurde sie durch den Baum des Kreuzes erlöst und wiederhergestellt. Von ihm herab bot er ihr Gunst und Erbarmen, kraft seines Leidens und Sterbens, und setzte Frieden an die Stelle des Waffenstillstandes, der seit der Ursünde zwischen Gott und Mensch bestand.

Und so spricht er:

Unter den Apfelzweigen

3 Dort, mit der Gnadenkraft des Kreuzesholzes, das hier als Apfelbaum bezeichnet wird, dort geschah es, daß der Sohn Gottes die menschliche Natur erlöste und damit jede Seele

sich anverlobte, ihr vom Kreuz herab die Kräfte und Gaben dafür verleihend.

So sagt er:

dort wurdest du als Braut mit mir verbunden
und nahm ich dich zueigen

4 Das heißt: Ich bot dir Huld und Hilfe und erhob dich aus deinem niedrigen Stande in die vertraute Gemeinschaft mit mir.

dort durftest du gesunden,
wo deine Mutter Schande fand und Wunden

5 Denn deine Mutter, die menschliche Natur, wurde von den ersten Eltern unter dem Baume geschändet. Und wieder unter einem Stamme, unter dem Kreuze fandest du Genesung. Und wenn deine Mutter dir unter dem Baume den Tod gab, so gab ich dir unter dem Kreuzesstamm das Leben. Auf solche Weise zeigt dir Gott die Ratschlüsse seiner Weisheit, wie er dem Bösen herrlich das Gute enthebt, und wie er das, was Übel erzeugte, hinordnet zum höchsten Heil. Die Worte dieser Kanzone entsprechen genau denen, die der Bräutigam zur Braut im Hohenliede sagt: «Sub arbore malo suscitavi te: ibi corrupta est mater tua, ibi violata est genitrix tua» (8, 5). Das heißt: «Unter dem Apfelbaum hob ich dich auf; dort wurde deine Mutter verletzt, dort sie, die dich gebar, geschändet.»

6 Dies Anverloben, das am Kreuz geschah, ist nicht das Gleiche, das wir hier darlegen. Denn jenes geschah mit einem Mal, wobei Gott der Seele die ursprüngliche Gnade wiederverleiht, wie es sich bei der Taufe in jeder Seele auswirkt. Doch hier wird die Bindung auf dem Wege der Vervollkommnung gewirkt; und diese kann mit ihren Mitteln nur Schritt für Schritt erreicht werden. Und mag auch das Gleiche gewirkt sein, so besteht doch der Unterschied, daß sich das eine im Schritt der Seele nur allmählich vollzieht, daß an-

dere im göttlichen Vorgehen, auf einmal. Was wir hier behandeln, ist das gleiche, was Gott durch Ezechiel zu der Seele spricht: «Auf die Erde wurdest du hingeschleudert am Tage deiner Geburt, in Mißachtung deiner Seele. Und im Vorbeigehen sah ich dich in deinem Blute niedergetreten daliegen; und ich sagte dir, als du blutend dalagest: «Lebe!» Und ich ließ dich zunehmen wie die Gewächse des Feldes. Du nahmest zu und wurdest groß bis zur Größe einer Frau; und es schwollen deine Brüste, üppig wurden deine Haare; und da standest du entblößt und verwirrt. Und ich schritt an dir vorbei, und ich schaute dich an; ich sah, daß deine Lebenszeit die Zeit der Liebenden war. Da hob ich meine Hand über dich und bedeckte deine Blöße. Da schwor ich dir einen Treueid und schloß mit dir einen Bund, und ich nahm dich zueigen. Und ich wusch dich mit Wasser, reinigte dich von deinem Blute und salbte dich mit Öl und hüllte dich in farbiges Gewand und legte dir Schuhe mit Edelsteinen an. Umgeben habe ich dich mit feinem Linnen und duftig umschleiert. Mit Schmuck habe ich dich geziert, an deine Hände steckte ich Ringe, deinen Hals umgab ich mit einer Kette. Auf deine Lippen legte ich ein Geschmeide, Goldscheiben befestigte ich an deinen Ohrmuscheln, dein Haupt bekrönte ich aufs herrlichste. Mit Gold und Silber warest du geschmückt, mit Seide und Linnen, goldbestickten, habe ich dich geziert, mit vielen Farben. Erlesenes Brot, Honig und Öl war deine Speise. Du strahltest vor Schönheit und stiegest empor zur Herrschaft, bis zur Würde einer Königin; und dank deiner Schönheit wurde dein Name berühmt unter den Völkern» (16, 5–14). So weit die Worte Ezechiels. Von solcher Gestalt ist die Seele, von der wir hier reden.

Anmerkung zur folgenden Strophe

1 Nach dieser freudvollen Hingabe beider, der Braut und des Geliebten folgt nun unmittelbar die Vereinigung beider,

das Lager, darauf die Vermählte viel ruhevoller die Herrlichkeit ihres Geliebten genießen kann. Und so besingt sie in der folgenden Kanzone ihr gemeinsames Lager, das göttliche, reine, keusche, auf dem die Seele göttlich, rein und keusch verweilt. Dies Lager ist nichts anderes als der ihr angetraute Gottessohn, das Wort, wie bald dargetan werden soll; auf ihm ruht die Seele dank jener Liebeseinigung. Blühend nennt sie dies Lager nicht nur, weil ihr Gemahl blühend ist, sondern weil er – nach seiner eigenen Aussage im Hohenliede – die Blütenfülle des Feldes ist, die Lilie der Täler (2, 1). Und so ruht die Seele nicht nur auf dem blühenden Brautbett, sie ruht in der Blüte selber, dem Gottessohne, in Schmelz und Duft seiner huldreichen Schönheit. Solches sagt er auch durch David: «Die Schönheit der Fluren ist mit mir» (Ps. 49, 11).

So besingt die Seele die Holdheit des bräutlichen Lagers:

VIERUNDZWANZIGSTE STROPHE

GATTIN

O unser Brautbett blühend,
von Löwenhöhlen breschelos umdichtet,
vom Purpurhimmel glühend,
auf Frieden hochgerichtet,
von goldenen Schilden kronengleich umlichtet!

Erklärung

2 Zuvor hatte die bräutliche Seele die gnadenreiche Herrlichkeit ihres göttlichen Geliebten besungen. Hier fährt sie nicht nur fort, diese zu rühmen, sie besingt auch den glückseligen, erhabenen Stand, zu dem sie erkoren wurde, und die Gewißheit dieser Erhebung, und zudem die Fülle von Gaben und Kräften, mit denen der Gatte sie ersichtlich auf dem

Brautlager überhäuft. Denn nunmehr, so sagt sie, hat sie die Einigung mit Gott gewonnen, nun, wo sie die Tugenden in heroischem Maße besitzt. Als viertes erklärt sie, nunmehr vollkommene Liebe zu besitzen. Zuletzt bekundet sie, der Friede ihres Geistes sei unerschütterlich, und sie sei gänzlich von der Fülle der Gaben und Tugenden verschönt, und sie genieße solchen Besitz so tief, wie es im Diesseits nur irgend möglich ist.

Als erstes besingt sie die Wonnen in der Vereinigung mit dem Geliebten:

O unser Brautbett blühend

3 Wir sagten schon: für die Seele ist der Gemahl, der Gottessohn das hochzeitliche Lager, blühend für sie. Denn ihr, der Gattin, der in ihm ausruhenden, teilt der Geliebte seine inbrünstige Liebe mit, seine Weisheit und seine Geheimnisse, seine holdseligen Gaben und Tugenden. Mit diesen ist sie so verschönt, so reich, so beglückt, als wäre sie hingebettet auf eine Mannigfaltigkeit licht schwellender Blüten, die sie mit ihrer Berührung entzücken, mit ihrem Dufte erquicken. Zutreffend nennt die Seele deshalb ihre Liebesverbindung mit Gott «unser Brautbett blühend». So spricht auch die Braut im Hohenliede zu ihrem Bräutigam «Lectulus noster floridus», unser Brautbett blühend. Und sie nennt es «unser», weil nun die gleichen Vollkommenheiten beiden zueigen sind, und weil eine einzige Liebe, nämlich die Liebe, die vom Geliebten ausgeht, ihnen beiden zueigen ist, und eine einzige Wonne ihnen beiden. Nicht anders spricht der Heilige Geist in den «Sprüchen»: «Meine Wonne ist mit den Menschenkindern.» Auch nennt sie das Brautbett blühend, weil auf dieser Höhe schon die Tugenden der Seele vollkommen und heroisch sind, was sie nicht eher sein konnten, als bis dies Lager in vollkommener Liebeseinigung mit Gott erblühte.

Alsbald singt sie vom nächsten Vorzug:

von Löwenhöhlen breschelos umdichtet

4 Unter diesen Löwenhöhlen sind die Tugendkräfte zu verstehen, mit denen die Seele in dieser Gotteinigung ausgezeichnet ist. Denn die Löwenhöhlen sind vor allen anderen Tieren geschützt und gesichert. In ihrer Furcht vor der kraftvollen Kühnheit des Löwen, der sich im Innern aufhält, wagen sie nicht einzudringen, ja, nicht einmal in der Nähe zu verweilen. Und so ist jede einzelne Tugend der Seele, die sie schon in Vollkommenheit besitzt, für sie wie eine Löwenhöhle, darinnen Christus, der Gemahl, hilfreich weilt, gleich einem starken Löwen, er, in dieser Tugend, wie in jeder anderen, mit der Seele vereint. Und die Seele, mit ihm vereinigt in eben diesen Tugenden, ist selber löwenstark. Denn hier empfängt sie die Eigenschaften Gottes. Und nunmehr ist die Seele so fest verstrebt, so stark in jeder einzelnen der Tugenden und in allen zusammen, so zusammengefügt auf diesem blühenden Lager der Einigung mit ihrem Gott, daß die Dämonen sie nicht anzugreifen wagen. Ja, sie wagen nicht einmal, sich ihr zu nähern, aus großer Furcht angesichts ihrer Verherrlichung, ihres feurigen Wagemutes und der Kraft ihrer vollkommenen Tugenden, die sie auf dem Lager des Geliebten gewann. Denn sie fürchten die Umgewandelte und Gottgeeinte nicht weniger als ihn selber und wagen nicht einmal, sie ins Auge zu fassen. So groß ist die Furcht des Dämons vor der vollkommenen Seele.

5 Auch sagt sie, das Brautbett sei von diesen Höhlen der Tugenden umdichtet. Denn bei dieser Erhebung sind die Tugenden so dicht und so stark untereinander verwoben, sie sind in ihrem wechselseitigen Halt so undurchdringlich zur abgeschlossenen Vollkommenheit der Seele zusammengepaßt, daß da kein offener und schwacher Teil geblieben ist, durch den der Dämon eindringen könnte oder durch den irgend etwas von der Welt, Hohes oder Niedriges durchschlüpfen und sie beunruhigen oder auch nur bewegen könnte. Frei, wie sie ist, von allen Behelligungen natürlicher Leidenschaften, entfremdet den Stürmen und Umschwüngen

zeitlicher Sorgen, genießt sie in stiller Gesichertheit ihr Teilhaben an Gott. Solches begehrte sich die Braut im Hohenliede: «Wer gewährte es mir, mein Bruder, daß du die Brüste meiner Mutter saugtest, so daß ich dich draußen allein anträfe und dich küssen könnte, und daß fortan mich niemand mehr verachtet?» Dieser Kuß ist die Einigung, darin sich die Seele durch Liebeskraft Gott angleicht. Darum wünscht und sagt sie, daß der Geliebte ihr Bruder, das heißt, ihr gleich sei, und daß er die Brüste ihrer Mutter sauge, das heißt, daß er all ihre Unvollkommenheiten tilge wie die natürlichen Triebe, die ihr von ihrer Mutter Eva überkommen sind, und daß sie ihn draußen allein anträfe, das heißt, daß sie sich ihm allein, außerhalb aller Dinge einen könne, mit einem von allen Trieben ledigen Willen; und so würde niemand sie verachten, das heißt, dann würden nicht Welt, nicht Sinnlichkeit, nicht Dämon ihr engegenzutreten wagen, ihr, die in ihrer lauteren Freiheit von allen Dingen mit Gott geeint ist, unerreichbar für alles Lästige. So genießt die Seele auf solcher Höhe eine holde Gestilltheit, die niemals sich verliert.

6 Doch über dies beständige friedvolle Genügen hinaus, erschließen sich in der Seele süß duftend die Blüten der Tugenden so machtvoll in jenem göttlichen Garten, daß sie sich in Wahrheit von Gottes Seligkeit gänzlich durchhaucht fühlt. Und ich sagte, daß die Blüten der Tugenden sich in der Seele zu erschließen pflegen; denn ist die Seele auch immer von vollkommenen Tugenden erfüllt, so genießt sie nicht immer solches Blühen. Was sie immer genießt, ist deren Auswirkung, der gelassene Friede. So läßt sich sagen, daß in diesem Leben die Tugenden in der Seele den geschlossenen Kelchen des Gartens gleichen. Nun ist es ein wunderbares Schauspiel, wenn sich zuweilen alle Blüten unter dem Hauch des Heiligen Geistes erschließen: dann spenden sie aus ihrem Schoße köstlichen Duft, den mannigfaltigsten Wohlgeruch. So kann die Seele folgendes in sich gewahren: die Blumen der Berghänge, diese Erfahrung göttlicher Überfülle und höchster

Schönheit; und mit ihnen verwoben die Maiglöckchen der waldreichen Täler, die Entspannung, Erfrischung und Geborgenheit bieten; und in sie hineingeschmiegt die duftreichen Rosen der fremdartigen Inseln, die auf die fremdartigen Gotterfahrungen hinweisen; auch wird die Seele überfallen von dem Duft der weißen Lilien, den klangvoll schäumenden Flüssen, die ja Gottes alleserfüllender Gewalt entsprechen; und hineingewirkt der zarte Wohlhauch des Jasmin, jenes Flüsterlied der liebevollen Luft, dessen Wohlklang die Seele auf dieser Höhe genießt; und all jene andern Kräfte und Gaben, die wir schon nannten, erblühen hier: das friedliche Erfassen, die Weise, nie vernommen, und die Einsamkeit voll Künden und das Abendmahl der Liebe. Und so stark wird die Seele mitunter von dem ineinesströmenden Duft all dieser Blüten überkommen, daß sie wohl ausrufen kann: «O unser Brautbett blühend, von Löwenhöhlen breschelos umdichtet!» Glückselig die Seele, die in diesem Leben würdig wird, den Wohlgeruch dieser göttlichen Blüten zu genießen.

Noch sagt sie von diesem Lager:

vom Purpurhimmel glühend

7 Die Purpurfarbe weist in der Heiligen Schrift auf die Liebe; auch bekleiden sich mit ihr und bedienen sich ihrer die Könige. Die Seele sagt hier, daß dies blühende Brautbett vom Purpurhimmel glüht. Denn all diese Tugenden, Schätze und Güter gedeihen und blühen allein dank der barmherzigen Liebe des Himmelskönigs; fehlte diese Liebe, dann könnte sich die Seele nicht an diesem Bett und an seinen Blüten erquicken. Und so sind all diese Tugenden in der Seele wie überglüht von Gottes Liebe, von ihr, die ihnen Bestand verleiht. Und sie sind wie gebadet in Liebe; denn sie insgesamt und jede einzelne entfachen in der Seele immerwährend die Liebe zu Gott. Und in allen Dingen und Werken bewegen sie sich voll Liebe zu größerer Gottesliebe. Solches bedeutet «vom Purpurhimmel glühend». Das wird auch aus dem Ho-

henliede begreiflich: von dem Ruhesitz oder Lager, das Salomon sich bereitete, heißt es dort: er ließ es aus den Zedern des Libanon zusammenfügen, mit silbernen Säulen und goldenen Lehnen und purpurbekleideten Stufen; und dies alles, so heißt es, gestaltete er kraft der Liebe (3, 9). Denn die Kräfte und Gaben, die Gott in die Seele hineinlegt, hier Zedernholz des Libanon und Silbersäulen genannt, sie haben ihre Lehnen in der Liebe, was durch das Gold angedeutet wird. Denn, wir sagten es schon: in der Liebe ruhen und beharren die Tugenden; und sie alle gliedern und steigern sich aneinander, kraft der Liebe Gottes und der Seele.

Und sie nennt dieses Brautbett auch

auf Frieden hochgerichtet

8 Hier führt sie den vierten Vorzug dieses Lagers an, der von dem dritten, der vollkommenen Liebe abhängt, jener Liebe, die nach Johannes' Worten alle Furcht austreibt (1. Ep. 4, 18). Und daraus geht der vollkommene Friede hervor, die vierte Eigentümlichkeit dieses Lagers. Zum klareren Verständnis sei gesagt: jede einzelne Tugend ist in sich friedfertig, sanftmütig und stark. Und so wirken sie alle in der Seele, die sie hegt, Frieden, Sanftmut und Starkmut. Und weil es Blüten der Vollkommenheit sind, die sich zu diesem Lager verweben, allesamt friedlich, sanftmütig und stark, so ist es wohl auf Frieden gegründet. Und sie selber ist friedfertig, sanftmütig und starkmütig, drei Eigenschaften, denen weder Welt noch Dämon noch Sinnlichkeit etwas anhaben können. Und die Tugendkräfte gewähren der Seele solche Friedlichkeit und Sicherheit, daß sie sich selber wie «auf Frieden hochgerichtet» erfährt. Und als fünfte Eigentümlichkeit dieses Blütenlagers fügt sie folgende hinzu:

von goldenen Schilden kronengleich umlichtet

9 Die Tugendkräfte und Gaben der Seele, zuvor mit Blumen des Lagers und anderem verglichen, erscheinen hier als

Schilde, als Bekrönung und Preis für die Mühen, mit denen sie erworben wurden. Auch dienen diese Tugenden gleich Schilden zur Verteidigung gegen die Laster, denen sie mit solcher Hilfe widerstand. Und so ist dies Blütenlager, diese Ruhestatt aus krönenden, schirmenden Tugenden von ihnen, wie von Schilden, gesichert und bekrönt, zum Ruhm der Gattin. Golden werden sie genannt, um den hohen Wert der Tugenden zu erhellen. Das Gleiche sagt die Braut im Hohenliede mit anderen Worten: «Schaut hin auf Salomons Lager: sechzig Starke aus den Stärksten Israels umringen es, jeder von ihnen das Schwert am Schenkel, bereit zur Abwehr nächtlicher Schrecknisse» (3, 7). Die Zahl Tausend soll die Menge der Tugenden, Gnaden und Gaben anzeigen, mit denen Gott die Seele auf dieser Höhe ausstattet. Auch bedient er sich eines ähnlichen Gleichnisses, um die Unzählbarkeit der Tugenden seiner Gattin zu bezeichnen: «Es gleicht dein Hals dem Turme Davids, ihm, der als Bollwerk aufgerichtet ist; tausend Schilde hängen von ihm herab und alle Waffen der Festen» (Cant. 4, 4).

Anmerkung zur folgenden Strophe

1 Allein es genügt der so hoch erhobenen Seele nicht, die Herrlichkeit ihres göttlichen Geliebten zu lobpreisen und ihm für seine Hulderweise und die in ihm verkosteten Wonnen Dank zu singen. Sie gedenkt auch jener beseligenden Gnaden, die er den anderen Seelen gewährt. Denn in dieser glückseligen Liebeseinigung wird die Seele so der eigenen wie der fremden Begnadungen inne. So preist sie ihn dankerfüllt für die Huld, die er anderen Seelen schenkt.

Und sie sagt diese Kanzone:

FÜNFUNDZWANZIGSTE STROPHE

Von deinen Spuren trunken
schwärmen die Mädchen hin und her, in Gluten
von deines Griffes Funken,
von Wein, dem würzig guten –
rückwirbelnd gottentstammte Balsamfluten.

Erklärung

2 In dieser Kanzone preist die Gattin den Geliebten für drei Begnadungen, die er den ihm ergebenen Seelen gewährt, solche, die zu höherer Gottesliebe befeuern und beschwingen. Und weil die Seele diese Gnaden in ihrem Stande selber erfahren hat, gedenkt sie ihrer hier. Die erste ist die Erfahrung göttlicher Sanftmut, eine so wirksame Einprägung, daß sie fortan beflügelt den Weg zur Vollkommenheit durcheilen. Die zweite Gunst ist eine Heimsuchung seiner Liebe, die sie jäh in Liebe entflammt. Das dritte ist eine Fülle werktätiger Liebe, die er in sie eingießt, und womit er sie derart berauscht, daß sie in der Kraft dieser Trunkenheit und dieser Liebesheimsuchung Lobpreisungen zu Gott emporsenden und herzhaften Liebesjubel.

Und so sagt sie:

Von deinen Spuren trunken

3 Die Spur ist die Fährte dessen, der gesucht wird. Das Innewerden seiner Sanftmut, das Gott der ihn suchenden Seele verleiht, ist eine Spur, auf der Gott gesucht und erkannt werden kann. So sagt die Seele hier zu ihrem Gemahl, dem Wort: «von deinen Spuren trunken», hingerissen von deiner Sanftmut, die du ihnen eingießest, und von dem Duft, der dir weithin enthaucht,

schwärmen die Mädchen hin und her, in Gluten

4 Die gotterschlossenen Seelen, sie entschwärmen mit den Kräften der Jugend, die ihnen die Lindigkeit deiner Spur gewährt; sie eilen auf vielen Pfaden und auf manigfache Weise – denn auf solches deutet das Wort «schwärmen» –, eine jede gemäß dem Teil und dem geistigen Stande, die sie von Gott empfangen. Sie entschwärmen, mit vielen Unterschieden in ihren geistigen Anstrengungen und Werken, auf dem Wege des ewigen Lebens, diesem Weg der evangelischen Vollkommenheit, auf dem sie sich mit dem Geliebten in Liebeseinigung zusammenfinden – nachdem ihr Geist sich aller Dinge entledigt hatte. Diese Spur der Sanftmut, die Gott der Seele einprägt, sie verleiht ihr die Leichtigkeit, ihm nachzueilen. Denn nunmehr hat die Seele ihrerseits nur geringe oder gar keine Arbeit zu leisten, wenn sie diesen Weg durcheilt; vielmehr wird sie von dieser göttlichen Spur dazu bewegt und hingerissen, daß sie diesen Weg nicht geht, sondern daß sie ihn auf mancherlei Weise durcheilt. Solche göttliche Hingerissenheit erbat die Braut im Hohenliede vom Bräutigam: «Trahe me: post te curremus in odorem unguentorum tuorum» (1. 3). Das heißt: «Zieh mich dir nach; und wir folgen eilends dem Duft deiner Salben» (1, 3). Und als sie diesen göttlichen Duft erlangt hatte, sagt sie: «In odorem unguentorum currimus: adulescentulae dilexerunt te nimis.» Das heißt: «Wir eilen, befeuert vom Duft deiner Salben. Die Mädchen liebten dich sehr.» Und David sagt: «Ich durcheilte den Weg deiner Gebote, als du mein Herz dir erdehntest» (Ps. 118, 32).

von deines Griffes Funken,
von Wein, dem würzig guten –
rückwirbelnd gottentstammte Balsamfluten

5 In den ersten beiden Versen wurde dargetan, daß die Seelen den göttlichen Spuren nachschwärmen, mit äußeren Übungen und Werken; und mit diesen drei Versen weist die Seele auf die innere Willensanstrengung dieser Seelen, die von zwei weiteren inneren Hulderweisen des Geliebten be-

wegt werden – Heimsuchungen, die sie hier «Griff voll Funken» und «würzig guten Wein» nennt. Und die innere Willensbetätigung, die aus jenen Heimsuchungen entspringt, nennt sie den Rückprall göttlicher Balsamflut. «Des Griffes Funken» meint eine zart eindringliche Berührung der Seele durch den Geliebten, mitunter dann, wenn sie es am wenigsten erwartet. Damit setzt er ihr Herz in Liebesflammen, so als wäre seine Berührung ein überspringender, zündender Funken. Und dann, wie in einem jähen Erwachen, beginnt der entbrannte Wille, Gott zu lieben, zu begehren und zu preisen, und dankbar zu verehren, anzubeten und anzuflehen, durchdrungen von Liebe; und diese Regungen nennt sie Rückfluten göttlichen Balsams, da sie eine Fortwirkung seines Griffes sind, seiner Funken aus göttlichem Liebesfeuer; solcher Griff ist der göttliche Balsam, der mit seinem Duft und seiner Substanz die Seele sänftigt und heilt.

6 Von solcher göttlichen Berührung kündet die Braut im Hohenliede: «Dilectus meus misit manum suam per foramen et venter meus infirmuit ad tactum ejus» (5, 4). Das heißt: «Mein Geliebter streckte die Hand durch die Maueröffnung; und mein Leib erzitterte bei seiner Berührung.» Das Anfassen des Geliebten ist jene Liebesberührung, die er der Seele erweist. Die Hand ist die Gunst, die so mitgeteilt wird; die Öffnung für die Hand bedeutet die Weise und den Grad der Vollkommenheit bei der Seele. Entsprechend der Erschlossenheit der Seele ist die Berührung mehr oder minder stark; entsprechend ihrer geistigen Eigenart ist deren Art und Weise. Ihr Leib, der erzitterte, ist ihre Einwilligung in solche Berührung. Und das Erzittern ist ein Emporschwellen ihrer Triebe und Leidenschaften hin zu Gott, mit überströmendem Verlangen, Lieben, Preisen und allen anderen Regungen – mit solchen Balsamfluten, die das göttliche Einströmen zurückwerfen.

von Wein–, dem würzig guten

7 Dieser würzige Wein bedeutet eine noch höhere Gnade, die Gott zuweilen den erschlossenen Seelen erweist: hier berauscht er sie im Heiligen Geiste mit einem Wein der Liebe von so milder Fülle und Feurigkeit, daß sie ihn Würzwein nennt. Denn so wie dieser Wein mit starken, duftenden Gewürzen gekocht wird, so ist diese Liebe, die Gott den schon Vollkommenen eingießt, in ihren Seelen schon geglüht und geklärt und mit den von der Seele gewonnenen Tugenden gewürzt. Kraft dieser köstlichen Gewürze durchglüht dieser Wein die Seele bei den göttlichen Heimsuchungen mit solch feuriger Fülle, daß sie in sanfter Trunkenheit zu Gott ihre wirksamen Erwiderungen, ihren Lobpreis, ihre Liebe und ihre Ehrfurcht hinsendet, erfüllt von einem stürmischen Verlangen, für ihn zu wirken und zu leiden.

8 Und diese Gnade der sanften Trunkenheit vergeht nicht so schnell wie der Funke, da sie sich tiefer einsenkt. Der Funke berührt und vergeht; was etwas länger und mitunter lange anhält, ist seine Wirkung. Allein der Würzwein selber wie seine Wirkung haben längere Dauer; diese sanfte Liebe in der Seele währt mitunter einen Tag und einen weiteren, ein andermal viele Tage, wenngleich nicht immer mit der selben Eindringlichkeit. Sie wird schwächer oder kraftvoller, ohne daß die Seele auf solche Änderung einwirken kann. Denn mitunter verspürt die Seele ohne ihr Zutun in ihrer innersten Wesenheit ein sanftes Trunkenwerden ihres Geistes, ein Entbrennen von diesem göttlichen Wein. Wie es David sagt: «Mein Herz entbrannte in mir, und an meinen Betrachtungen wird sich Feuer entzünden» (Ps. 38, 4). Die Ausströmungen dieser Liebestrunkenheit währen so lange, wie sie selber jeweils währt. Mitunter ist nur die Trunkenheit in der Seele, ohne jene Ausströmungen. Sind sie aber da, so entspricht ihre Eindringlichkeit jener des Liebesrausches. Allein die Ausstrahlungen oder Wirkungen des Funkens überdauern ihn für gewöhnlich. Sie werden in der Seele zurückgelassen und sind glühender als jene der Trunkenheit. Denn mitunter

läßt dieser göttliche Funke die Seele in einer verzehrenden Liebesbrunst zurück.

9 Und weil wir vom würzigen Wein gesprochen haben, so sei hier auch kurz der Unterschied zwischen solchem abgeklärten Wein und einem neuen aufgewiesen. Es wird der gleiche sein, der zwischen erfahrenen und neuen Liebhabern besteht; und so mögen die Spiritualen ein wenig daraus lernen. Der neue Wein ist noch nicht ausgegoren, und so gärt er empor; und seine Güte ist nicht eher festzustellen, als bis sein schäumender Gärstoff verbraucht ist. Bis dahin ist er in großer Gefahr zu verderben; auch schmeckt er dickflüssig und herb, und bei seinem reichlichen Genuß wird der Magen geschädigt; seine Kraft befindet sich vor allem im Gärstoff. Bei dem abgelagerten Wein ist der Gärstoff bereits umgesetzt; und darum schäumt er nicht, wie der neue, nach außen. Schon läßt sich seine Güte verkosten; und er ist schon weit davon entfernt, zu verderben, und das Gären und Schäumen, das ihn gefährden konnte, hat sich gelegt. Ganz selten geschieht es, daß ein solcher Wein verdirbt; sein Geschmack ist ausgeglichen, seine Kraft liegt in seiner Substanz, nicht im äußerlichen Geschmack, und so belebt und kräftigt ein Trunk von ihm.

10 Die neuen Liebhaber sind dem neuen Wein vergleichbar. Sie sind es, die Gott zu dienen anheben. Noch erfüllt sie die Treibkraft des Liebesweines äußerlich in den Sinnen, denn noch ist die Gärkraft der schwachen und unvollkommenen Sinne nicht umgesetzt. Noch beruht die Kraft ihrer Liebe auf dem begleitenden Lustgefühl. Denn zumeist treibt ein sinnliches Wohlgefallen sie an zu ihren gottdienlichen Werken. So ist kein Verlaß auf diese Liebe, solange noch diese Gärungen und grobsinnlichen Gelüste fortdauern. Denn so wie dieser Feuereifer, diese sinnenhafte Erhitzung zu guter und vollkommener Liebe hinleiten können, wenn der Gärstoff des Unvollkommenen gut verarbeitet wird, so

kann in diesen Anfängen und bei der Neuheit der Lustempfindung der Wein der Liebe sehr leicht nicht ausgären und das befeuernde Wohlgefallen am Neuen sich dann verlieren. Und diese neuen Liebenden haben immer sinnenhaftes Liebestrachten. Ihnen muß man den Trank verdünnen. Denn wenn sie stark unter der Einwirkung solcher schäumenden Kraft handeln, dann werden sie ihre Natur mit diesem Liebesdrang, diesem Liebesmühen zugrunderichten, mit diesem neuen, noch herben, dickflüssigen Wein, bei dessen vollendeter Ausgärung diese Anstürme der Liebe, wie wir bald zeigen werden, sich legen würden.

11 Den selben Vergleich zieht der Weise: «Der neue Freund ist wie der neue Wein; er muß sich abklären, und dann wird er dir lieblich munden» (Ekkl. 9, 15). So sind die alten Liebenden, die im Dienst des Bräutigams erfahrenen und erprobten, gleich dem ausgegorenen, abgeklärten Wein; sie gären nicht mehr in sinnenhaften Wallungen, in stürmischen Brünsten nach außen; sie genießen die Lieblichkeit des durchklärten Weines der Liebe, der nicht mehr den Sinnen schmeichelt, wie bei der Liebe der Unerprobten, sondern tief im Wesen der Seele abgelagert ist, mit dem Wohlgeschmack des Geistes und der Wahrhaftigkeit des Wirkens. Und diese versäumen sich nicht mit sinnenhaften Wohligkeiten und Wallungen und wollen sie nicht verkosten, um nicht unter Ekel und Abmattung zu leiden. Denn wer dem Trieb nach irgend einer sinnenhaften Lust die Zügel schießen läßt, der erleidet notwenig Unlust und Pein in den Sinnen wie im Geist. Wenn demnach diese abgeklärten Liebenden jenes geisthaften Wohlgefallens entbehren, das im Sinnenbereich wurzelt, so erleiden sie auch keine Liebesstürme und Liebespein in ihrem Geist mehr. Diese abgeklärten Freunde versagen schwerlich vor Gott; denn sie sind schon über das erhaben, was zum Versagen führen könnte, über die Sinnlichkeit. Der Wein ihrer Liebe ist nicht nur ausgegoren und geklärt, sondern auch gewürzt – wie es jener Vers sagt – mit den Gewürzen

vollkommener Tugenden, durch die sie, anders als der neue Wein, vor dem Verderben bewahrt bleiben. So ist der alte Freund vor Gott hochgeschätzt. Und von ihm kann der Ekklesiast sagen: «Du wirst den altbewährten Freund nicht im Stich lassen, denn der neue wird ihm nicht gleichkommen» (9, 14). Solchem Würzwein erprobter Liebe in der Seele verleiht der göttliche Geliebte jene göttliche Kraft der Entzükkung, mit welcher die Seele hin zu Gott die süßen, köstlichen Rückschwingungen sendet. Und so ist der Sinn der genannten drei Verse: bei dem Griff voll Funken, womit du meine Seele aufweckst, und beim Würzwein, womit du sie liebreich berauschest, wirfst sie dir die Liebesschwingungen zurück, die du in ihr erregtest.

Anmerkung zur folgenden Strophe

1 Wie glückselig können wir uns nun die Seele vorstellen, auf ihrem bräutlichen Lager, wo all dies und noch vieles mehr sich ereignet. Als Lehne hat sie hier den göttlichen Bräutigam und als Decke und Baldachin die erbarmende Liebe eines solchen Gemahls. So kann sie wirklich mit der Braut sagen: «Deine Linke unter meinem Haupt» (Cant. 2, 6). Und so kann von dieser Seele in Wahrheit ausgesagt werden, sie sei angetan mit Gott und gebadet in Göttlichkeit – und das nicht nur oberflächlich, sondern bis in die tiefsten Senken ihres Geistes, durchflutet, wie sie ist, von göttlicher Beseligung, gestillt von den geistigen Wassern des Lebens. So erfährt sie an sich die Wahrheit jener Worte, die David von den Gottesfreunden sagt: «Sie werden sich an der Wucht deines Hauses berauschen; und mit dem Sturzbach deiner Wonne wirst du sie tränken; denn die Quelle des Lebens ist nahe bei dir» (Ps. 35, 9). Wie tief wird die Seele in ihrem ganzen Wesen gestillt sein, da der ihr gebotene Trank nichts Geringeres ist als ein Sturzbach der Wonne, nichts Geringeres als der Heilige Geist. Denn dieser ist, wie Johannes bezeugt, der aufschim-

mernde Strom des lebendigen Wassers, entspringend vom Throne Gottes und des Lammes (Apok. 22, 1). Als innerste Liebe Gottes ergießen sich diese Wasser ins Innerste der Seele und tränken sie mit dem Sturzbach der Liebe, diesem Geist ihres Bräutigams, der in solcher Einigung ihr eingegossen wird.

Und so singt sie im Überschwang der Liebe folgende Kanzone:

SECHSUNDZWANZIGSTE STROPHE

Tief in versenktem Raume
trank ich vom Freund... Als ich zum Tag mich wandte,
war bis zum fernsten Saume
kein Ding, das ich noch kannte –
die Herde war entrückt, mit der ich rannte.

Erklärung

2 In diesem Gesang erzählt die Seele jene erhabenste Gunst, die Gott ihr erwies, als er sie in das Innerste seiner Liebe hineinzog, in die umwandelnde Einigung kraft der Liebe in Gott. Und sie nennt zwei Auswirkungen, die sie daraus gewann: Entfremdung von allen Dingen der Welt und deren Entschwinden, und Absterben aller Triebe und Gelüste.

Tief in versenktem Raume

3 Von solchem Kellergewölbe und von dem, was die Seele damit begreiflich machen will, läßt sich nichts Angemessenes aussagen, es sei denn, daß der Heilige Geist die Hand ergreift und die Feder führt. Das Gewölbe, von dem die Seele hier spricht, ist der letzte Grad, die innigste Weise der Liebe, darin die Seele in diesem Leben beheimatet werden kann. So

nennt sie ihn den tief versenkten Raum, nämlich den innersten; und daraus ergibt sich, daß andere weniger innerliche Gewölbe vorhanden sind, Gelasse der Liebe, die von einem zum andern bis zum letzten führen. Und es lassen sich sieben solcher Gewölbe der Liebe zählen; und jene haben all diese Räume in Besitz genommen, denen die sieben Gaben des Heiligen Geistes in vollkommenem Maße zuteil wurden, in der Weise, wie es der Aufnahmefähigkeit der Seele entspricht. Wenn die Seele den Geist der Ehrfurcht vollkommen gewonnen hat, dann besitzt sie bereits den Geist der Liebe in Vollkommenheit. Denn jene Furcht, die letzte der sieben Gaben, ist die des Kindes; und die vollkommene Furcht des Kindes geht hervor aus der vollkommenen Liebe des Vaters. Wenn die Heilige Schrift jemanden als in der hingebenden Liebe vollkommen bezeichnen will, so nennt sie ihn demnach gottesfürchtig. Als Isaias die Vollkommenheit Christi weissagte, sprach er: «Replebit eum spiritus timoris Domini» (11, 3). Das heißt: «Der Geist der Gottesfurcht wird ihn erfüllen.» So sagte Lukas vom heiligen Simeon: «Er war ein gerechter und gottesfürchtiger Mann» (2, 25). Und so heißt es von vielen anderen.

4 Viele Seelen erreichen und betreten die ersten Gewölbe, eine jede gemäß der Vervollkommnung der Liebe. Doch zu dieser letzten und innersten gelangen wenige in diesem Leben. Denn in ihr ist jene vollkommene Gotteinigung, die mystische Ehe genannt wird, bereits vollzogen. Und von ihr spricht die Seele hier. Was Gott in dieser innigen Bindung der Seele mitteilt, ist gänzlich unaussagbar in allem und jedem, so wie sich von Gott selber nichts aussagen läßt, das ihm entspräche. Ist es doch Gott selber, der sich ihr mitteilt, der sie mit staunenswerter Herrlichkeit aus ihrem eigenen Wesen in sich hinüberwandelt. Und es läßt sich von ihnen sagen, sie verhielten sich in ihrer Einigung zueinander, wie das durchlässige Glas zum Sonnenstrahl oder die Kohle zum entzündenden Feuer oder wie die Sterne zum Sonnenlicht, doch

nicht so wesentlich und innig verschmolzen wie im anderen Leben. Und wenn die Seele veranschaulichen will, was sie in jener Versenkung der Einigung von Gott empfängt, sagt sie nichts anderes und kann wohl auch nichts Treffenderes sagen als die Worte des folgenden Verses:

trank ich vom Freund...

5 Wie sich das Getränk durch alle Glieder und Adern des Körpers ergießt, so ergießt sich diese Mitteilung Gottes wesentlich durch die ganze Seele, oder richtiger, die Seele wird in Gott überformt. Und kraft solcher Umwandlung trinkt die Seele von ihrem Gott, mit ihrem ganzen Wesen und mit ihren einzelnen geistigen Kräften. Denn mit ihrer Erkenntniskraft trinkt sie Weisheit und Einsicht; und nach der Willenskraft trinkt sie holdselige Liebe, und gemäß der Gedächtniskraft trinkt sie wohlige Erfrischung im Bewußtsein und Vergegenwärtigen der ewigen Herrlichkeit. Von diesem Aufnehmen der Seligkeit in ihr Wesen sagt die Braut im Hohenliede: «Anima mea liquefacta est, ut sponsus locutus est» (5, 6). Das ist: «Meine Seele schmolz hin, sobald mein Gatte sprach.» Das Sprechen des Gatten ist hier: sein Sichmitteilen an die Seele.

6 Und daß die Erkenntniskraft Weisheit trinkt, das sagt im gleichen Buche die Braut, dort, wo sie den Kuß der Einigung begehrt und den Bräutigam darum bittet: «Darin wirst du mich lehren», das meint, in Weisheit und Wissenschaft der Liebe. «Und ich will dir einen Trunk von Würzwein geben» (8, 2). Das heißt, meine Liebe, gewürzt mit der deinen, will ich dir geben, meine Liebe, umgewandelt in die deine.

7 Das Dritte, daß der Wille dort Liebe trinkt, auch das sagt die Braut im Hohenliede: «Er führte mich in das geheime Gewölbe und ordnete in mir die Liebe.» Das meint: er zog mich in seine Liebe und gab mir dort Liebe zu trinken, – oder noch

eigentlicher: er ordnete in mir seine Liebe, seine hingebende Liebe mir anpassend und angleichend. So trinkt die Seele ihres Geliebten eigene Liebe, die von ihm selber eingegossene.

8 Wenn einige behaupten, daß der Wille nicht lieben kann, ohne daß zuvor der Verstand erkennt, so gilt das für das natürliche Erkennen. Natürlicherweise ist es unmöglich, etwas zu lieben, das nicht zuvor erkannt worden ist. Jedoch auf übernatürliche Weise kann Gott sehr wohl Liebe eingießen und mehren, ohne deutliches Verständnis einzugießen und zu mehren, wie es auch jene Schriftstelle besagt. Und viele Mystiker haben das erfahren: oft erleben sie, daß sie in Gottesliebe entbrennen, ohne daß ihre Erkenntnis darum deutlicher würde. Denn sehr wohl können sie wenig verstehen und viel lieben, wie sie auch viel verstehen und wenig lieben können. Vielmehr pflegen gerade jene, die in der Gotterkenntnis nicht allzu weit vorgedrungen sind, mit ihrer Willenskraft weit fortgeschritten zu sein: ihnen genügt der eingegebene Glaube als Quelle der Einsicht; und mit seiner Hilfe verleiht und mehrt ihnen Gott die Liebe und deren Betätigung. Und das heißt mehr lieben, ohne darum besser wahrzunehmen, wie ich es sagte. Demnach kann der Wille Liebe trinken, ohne daß die Erkenntniskraft von neuem Einsicht tränke. Doch in dem Falle der Seele, die aussagt, daß sie von ihrem Geliebten trank, besteht im innersten Gelaß eine Einigung gemäß sämtlicher Seelenkräfte, und darum trinken sie vom Geliebten allesamt.

9 Soweit der Trunk, den die Seele hier von ihrem Geliebten gewinnt, in ihre Gedächtniskraft einströmt, so ist es klar, daß sie im Lichte des Erkennens sich des Heiles bewußt wird, das sie in der Einigung mit ihrem Geliebten besitzt und genießt.

10 Dies göttliche Getränk erhebt, vergottet und berauscht die Seele so sehr in Gott, daß sie sagt:

Als ich zum Tag mich wandte

11 Das meint: wenn diese Gnade vorbeigegangen ist. Denn wenngleich die Seele auch immer in dieser erhabenen mystischen Ehe bleibt, nachdem sie einmal dazu erhoben wurde, so verharrt sie zwar ihrem Wesen nach, aber nicht immer nach der Betätigung ihrer Vermögen in solcher Einigung. Allein in diese wesentliche Einigung der Seele werden sehr häufig auch ihre Kräfte einbezogen. Dann trinken auch sie in diesem Weingewölbe, die Erkenntniskraft erkennend, die Willenskraft liebend und so fort. Wenn die Seele sagt: «Als ich zum Tag mich wandte», so gilt das nicht von ihrer bleibenden wesentlichen Einigung, sondern von der Einigung ihrer Vermögen, die in diesem Leben nicht beständig ist und es nicht sein kann. Als sie zum Tag sich wandte,

war bis zum fernsten Saume

12 das meint: hin durch die ganze Weite der Welt

kein Ding, das ich noch kannte

13 Jener Trunk von Gottes erhabenster Weisheit, den sie dort empfing, läßt sie alle Dinge der Welt vergessen. Und es scheint ihr, daß ihr früheres Wissen und selbst das Wissen der ganzen Welt im Vergleich mit jenem Wissen reine Unwissenheit ist. Für dieses Nichtwissen von Dingen der Welt ist der Hauptgrund, daß die Seele auf ihrer Höhe übernatürliches Wissen empfängt, mit dem verglichen alles natürliche und alles menschliche Wissen eher ein Nichtwissen ist. Wenn die Seele demnach von jenem erhabensten Wissen erfüllt wurde, dann erkennt sie in dessen Lichte, daß alle Erkenntnis, die nicht nach jenem Wissen schmeckt, Nichtwissen und nicht wissenswert ist. Und daraus erhellt die Wahrheit des Apostelwortes, daß vor Gott nur Torheit ist, was den Menschen als höchste Weisheit erscheint (1. Kor. 3, 19). Und darum sagt

die Seele, daß sie kein Ding mehr kannte, nachdem sie von jener göttlichen Weisheit trank. Und diese Wahrheit, neben der die Weisheit der Menschen und der ganzen Welt nur vergessenswerte Unwissenheit ist, sie läßt sich nur kraft jener Gnade erkennen, nur durch Gottes Verweilen in der Seele, die er mit seiner Weisheit beschenkt und mit dem Trunk der Liebe erquickt. Das geht auch aus Salomons Worten klar hervor: «Dies ist die Schauung, gesehen und ausgesagt von dem Manne, mit dem Gott weilt.» Und getröstet durch Gottes Verweilen in ihm, sprach er: «Unwissender bin ich als alle Männer, und Menschenweisheit ist nicht bei mir» (Sprüche Salomons, 20, 1, 2). Denn entrückt in die erhabene göttliche Weisheit ist ihm die niedrige der Menschen Unwissenheit. Das natürliche Wissen und selbst Gottes Werke sind im Vergleich zum unmittelbaren Auffassen Gottes ein Nichts-Erfassen. Denn wer Gott nicht weiß, der weiß nichts. So ist die Erhabenheit Gottes Unwissenheit und Torheit für die Menschen, wie auch Paulus sagt (1. Kor. 2, 14). So halten die Weisen Gottes und die Weisen der Welt sich wechselseitig für unwissend; denn die einen können nicht die Weisheit Gottes und das Einsehen dieser Weisheit auffassen und die andern nicht jene der Welt. So ist denn das Wissen der Welt ein Nichtwissen von Gottes Weisheit, und die göttliche Weisheit ein Nichtwissen der Weisheit der Welt.

14 Mehr noch als dieses: dies Eingehen des Gemütes in Gott, diese Vergottung, darin die Seele in Liebesverzückung ganz Gott geworden ist, läßt keinen Raum für irgend ein Gewahren der Welt. Ist doch die Seele nicht nur den Dingen, sondern auch sich selber entfremdet und vernichtet, wie aufgelöst und wieder verdichtet in Liebe, die nichts anderes ist als ein Übergehen von dem eigenen Selbst in den Geliebten. Die Braut im Hohenliede verdeutlicht dieses Nichtwissen, nachdem sie von der Liebesumwandlung ihrer selbst in den Geliebten gesprochen hatte, mit dem Worte «nescivi», nicht wußte ich. In gewisser Weise ist die Seele auf dieser Höhe wie

Adam im Stande der Unschuld, darin er nicht wußte, was Böses war. Denn sie ist so unschuldig, daß sie das Böse nicht versteht und nichts für böse hält; und sie hört sehr Schlechtes und sieht es mit ihren Augen an und kann nicht verstehen, daß es schlecht ist. Wohnt ihr doch nichts Schlechtes mehr inne, an dem sie Schlechtes ermessen könnte. Gott hat ihre unvollkommenen Gewohnheiten getilgt und jene Unwissenheit, die den Sündenfall nach sich zieht – er hat sie ausgetilgt mit der vollkommenen Eingewöhnung wahrer Weisheit. Und so sagt sie auch aus diesem Grunde: kein Ding, das ich noch kannte.

15 Eine solche Seele wird sich wenig in fremde Angelegenheiten einmischen; entsinnt sie sich doch nicht einmal ihrer eigenen. Es ist ja dem ihr innewohnenden göttlichen Geiste eigen, daß er sie unverweilt dazu bewegt, von fremden Dingen nichts wissen zu wollen, am wenigsten von jenen, von denen sie nicht gefördert wird. Denn Gottes Geist hat sich in die Seele gegeben, um sie den fremdartigen Dingen zu entziehen, und nicht, um sie jenen zuzugesellen; und so verliert die Seele nichtwissend ihr gewohntes Wissen von Dingen.

16 Das darf nicht so verstanden werden, als ob die Seele in solchem Nichtwissen ihre erworbenen Kenntnisse verlöre; sie werden vielmehr durch die höchste Einprägung, jene der eingegebenen übernatürlichen Wissenschaft vervollkommt. Allein jenes erworbene Wissen herrscht nicht mehr derart in der Seele, daß sie durch dasselbe notwendig Erkenntnisse gewinnt, wenn sie auch mitunter darauf zurückgreift. Denn in dieser Einigung mit der göttlichen Weisheit verschmelzen diese Einprägungen mit den Wahrheiten der überlegenen Weisheit. Wenn ein kleines Licht sich zu einem großen fügt, dann wird es zwar von dem großen überstrahlt, allein es verliert sich nicht; vielmehr ist es vollkommener geworden, wenn es auch nicht vornehmlich leuchtet. So wird es, denke ich, im Himmel sein: dort werden die Denkgewohnheiten

aus erworbenem Wissen nicht untergehen, allein die Gerechten werden sich ihrer nicht viel bedienen, in ihrem überlegenen Wissen aus göttlicher Weisheit.

17 Allein die Zeichen und Sonderformen von Dingen und Vorstellungen und anderen gestalthaften Wahrnehmungen, all dies entfällt ihr in solcher Hingenommenheit der Liebe. Das erklärt sich aus zweierlei Gründen: da die Seele derzeit in diesem Liebestrank ganz aufgegangen ist, kann sie nicht gleichzeitig auf eine andere Sache merken oder sich ihr hingeben. Zum andern und vor allem: jene Hinüberwandlung zu Gott bringt ihr solche Angleichung an die göttliche Einfalt und Lauterkeit, die über die Begrenzung durch Formen und Bilder erhaben ist, daß sie von allen früheren Formen und Abbildern frei und leer verbleibt, geläutert und geklärt durch schlichte Gotterfülltheit. Das läßt sich vergleichen mit der Einwirkung des Sonnenlichtes auf ein Fensterglas: der ins Glas einfallende Strahl macht es klar und tilgt für das Auge die zuvor sichtbaren Flecken und Stäubchen; doch flugs, sobald der Strahl wieder entweicht, werden die früheren Trübungen und Flecken wieder sichtbar. Jedoch wirkt in der Seele jene Liebeserfahrung noch eine Weile nach; und solange währt auch der Zustand des Nichtwissens. So kann die Seele kein Ding im besonderen wahrnehmen, ehe nicht die Ergriffenheit von jenem Liebesereignis vergangen ist – von jenem entflammenden, in Liebe umwandelnden Ereignis, das alles, was in ihr nicht Liebe war, vernichtete. So wie es jene Worte Davids dartun: «Denn entflammt wurde mein Herz, und zugleich wandelten sich meine Nieren; zunichte wurde ich und wußte nichts mehr.» Die Umwandlung der Nieren durch solche Entflammtheit meint die Umwandlung der Seele mit ihren Trieben und Wirkweisen in Gott, Umwandlung zu einer neuen Lebensweise, nach dem Wegfallen all ihrer alten Gewohnheiten. Darum sagt der Prophet, er sei zunichte und nichtwissend geworden, womit er die beiden Auswirkungen jenes Trankes aus göttlichen Weingewölben meint. Denn

hier erscheint nicht nur alles frühere Wissen nichtig – das ganze alte Leben mit seinen Unvollkommenheiten wurde zunichte. Zu einem neuen Menschen entfaltet sich die Seele; und das ist die zweite Wirkung, die folgender Vers enthält:

Die Herde war entrückt, mit der ich rannte

18 Bevor die Seele zu dem aufgezeigten Zustand der Vollkommenheit gelangt, besitzt sie bei aller Vergeistigung immer noch eine kleine Herde von Trieben und Geschmäcklein und andere teils natürliche, teils geistige Unvollkommenheiten; ihnen geht sie nach und treibt sie zur Weide, um sie zu sättigen. In der Erkenntniskraft pflegen einige unvollkommene Wissensgelüste zu verbleiben. In ihrer Willenskraft lassen sie sich von einigen Geschmäcklein und Lüstlein bewegen, bald im Zeitlichen, im Verlangen nach einigen Dingelchen, im Hängen an einem mehr als an andern, in Regungen des Eigendünkels, des Geltungsbedürfnisses, der Empfindlichkeit und anderen Winzigkeiten, die immer noch nach Welt riechen und schmecken; bald im Bereich des Natürlichen, wie im Gelüst nach bestimmten Speisen und Getränken, im Begehren und Erwählen des Besten; bald im Bereich des Geistigen, im Suchen nach Lustgefühlen bei der Andacht und nach anderen Ungehörigkeiten, unzähligen, die den noch nicht Vollkommenen verlockend sind. Und im Bereich der Gedächtniskraft die Sucht nach Abwechslung, Besorgnisse und unziemliche Vergegenwärtigungen, denen die Seele nachgeht.

19 Auch geht die Seele im Bereich der vier Leidenschaften vielen überflüssigen Hoffnungen, Freuden, Schmerzen und Befürchtungen nach; und die einen hegen eine größere, die anderen eine kleinere Herde, der sie immer noch nachfolgen, bis sie in jenes innere Weingewölbe eintreten und kraft jenes Trankes die Herde ganz aus dem Gedächtnis verlieren, verwandelt in eitel Liebe, in deren Feuer diese Scharen von Un-

vollkommenheiten verzehrt werden, leichter als Rost und Schlacke der Metalle sich im Feuer abscheiden. Und so fühlt sich die Seele nunmehr frei von allen Kindereien, von diesen Gelüstlein und Ungereimtheiten, so daß sie wohl sagen kann: die Herde war entrückt, mit der ich rannte.

Anmerkung zur folgenden Strophe

1 Gott gibt sich der Seele bei dieser inneren Einigung mit so ernstlicher Liebe, daß es keine Mutterliebe gibt, die das Kind so innig umkost, keine Geschwisterliebe, keine Freundschaft, die damit vergleichbar wäre. Und so weit geht die inbrunstvolle, urwahrhaftige Liebe, womit der grenzenlose Vater diese demütige und liebreiche Seele umfängt und erhebt – o Wundergeschehen, würdig ehrfürchtigen Erschauerns und Staunens! – so weit, daß er sich ihr wahrhaft gefangen gibt, um sie zu erhöhen, so als wäre er ihr Knecht und sie seine Herrin. Ja, mit solchem Eifer umhegt er sie, als wäre er ihr Sklave und sie seine Gottheit: so tief ist Gottes Demut und Holdheit. Denn in dieser Liebeshingabe übt Gott in gewisser Weise den Liebesdienst aus, den er nach dem Evangelium seinen Auserwählten im Himmel verheißt: daß er sich gürten und einem nach dem andern dienen werde (Luc. 12, 37). Und so verwöhnt und liebkost er hier die Seele, in so zärtlichem Pflegen geschäftig wie eine Mutter, sie nicht anders an seiner Brust hochziehend. Darin erkennt die Seele die Wahrheit der Isaiasworte: «An Gottes Brust werdet ihr aufgezogen werden, auf seinen Knien wird er euch wiegen» (66, 12).

2 Überschüttet mit so unvergleichlichen Gnaden, was wird die Seele fühlen? Wie wird sie sich in Liebe ausströmen! Wie wird Dankbarkeit sie überwältigen, wenn sie Gottes Herz sich erschlossen sieht, mit überreicher Liebe! Umringt von solchen Wonnen, gibt sie ihr ganzes Selbst ihm hin und schenkt ihm, auch sie, die Brüste ihres liebenden Willens. In

ihr geht vor, was in der Braut vorging, als sie im Hohenliede derart zum Bräutigam sprach: «Ich für meinen Geliebten, und er, sein Umgang für mich. Komm, Geliebter, laß uns hinausgehen aufs Feld und zusammen in den Meierhöfen verweilen. In der Zartheit des Morgens laß uns aufstehen und zu den Weinbergen gehen und schauen, ob die Reben blühen, ob die Blüten Frucht ansetzen, ob die Granatbäume in Blüten stehen. Dort will ich dir meine Brüste geben» (7, 10–13). Das meint: die Kräfte meines Willens werde ich freudig im Dienste deiner Liebe hingeben. Und dieser Vorgang, die wechselseitige Hingabe von Gott und Seele in solcher Einigung, er wird von der Seele in folgender Strophe zusammengefaßt:

SIEBENUNDZWANZIGSTE STROPHE

Dort hat er sich erschlossen,
dort hat er würzige Weisheit mir gespendet;
dort gab ich dem Genossen
mich hin, ganz zugewendet;
dort schwor ich Gattentreue, die nicht endet.

Erklärung

3 In dieser Kanzone erzählt die Gattin die Hingabe des einen Teiles an den andern, in mystischer Vermählung, Austausch der Hingabe zwischen ihr und Gott. In jenem inneren Gewölbe der Liebe, so sagt sie, wurden sie eines; dort erschloß er sich ihr in rückhaltloser Liebe, sie damit einführend in die Geheimnisse seiner Weisheit; und nicht anders gab sie sich ihm in aller Wahrheit hin, ohne für sich oder für andere irgend etwas vorzubehalten, sich ihm für immer zuschwörend.

Es folgt der Vers:

Dort hat er sich erschlossen

4 Dies wechselseitige Sicherschließen heißt Liebe und Freundschaft hinschenken und freundschaftlich seine Geheimnisse aufdecken. So entdeckt sich Gott der Seele in diesem Stande. Und weiterhin sagt sie, im folgenden Vers:

dort hat er würzige Weisheit mir gespendet

5 Die ihr gespendete würzige Weisheit ist die mystische Theologie, jene verborgene Wissenschaft, die von den geisthaften Menschen Kontemplation genannt wird; und würzig ist sie, weil Liebe, die alles würzt, hier Lehrmeister ist. Und sofern Gott diese Wissenschaft und Einsicht in der Liebe mitteilt, mit der er sich der Seele hingibt, so ist sie als Einsicht für die Erkenntniskraft köstlich, und durch die mitteilende Liebe für den Willen.

Und sie fährt fort:

dort gab ich dem Genossen
mich hin, ganz zugewendet

6 Bei diesem milden göttlichen Trunk, von dem die Seele wie trunken wird von Gott, gibt sie sich ihm aufs Willigste und Nachgiebigste gänzlich hin. Vollkommen will sie ihm und für immer angehören und nichts ihm Wesensfremdes behalten, nun, da Gott in jener Einigung ihr die dafür unerläßliche Lauterkeit und Vollkommenheit verliehen hat; und sofern er sie ganz in sich hinübergewandelt hat, macht er sie ganz zu seinem Eigen und entfernt alles aus ihr, was ihm fremd ist. So ist sie nicht nur nach ihrem Willen, sondern auch nach ihren Werken uneingeschränkt an Gott hingegeben, so wie Gott sich frei an sie hinschenkte. Es finden so die beiden Willenskräfte einer am andern herzliches Genügen, ohne daß eine sich der andern in irgend etwas versagt, in diesem Treuebündnis der Vermählung.

So fährt sie fort:

dort schwor ich Gattentreue, die nicht endet

7 So wie die Angetraute ihre Liebe, ihre Sorge, ihre Werke auf nichts als auf ihren Gatten richtet, so hat die Seele auf solcher Höhe keine Neigung des Willens, keine Einsicht der Erkenntniskraft, keine Sorge, keine Betätigung, die nicht mitsamt allen Trieben zu Gott hindrängte. Sie ist wie göttlich, eingegottet, derart, daß sie sich keiner, selbst keiner ersten Regung bewußt ist, die Gottes Willen zuwiderliefe. Wenn eine unvollkommene Seele in der Regel, zum mindesten in ihren ersten Regungen, zu etwas Schlechtem hinneigt, nach ihrem Verstand, nach dem Willen und dem Gedächtnis, den Trieben und den Unvollkommenheiten, dann bewegt und neigt sich jene erhöhte Seele mit den Kräften des Verstandes, des Willens, des Gedächtnisses und der Triebe regelmäßig und schon in den ersten Regungen hin zu Gott, dank des großen, steten Beistandes, den sie in Gott findet, dank ihrer vollkommenen Hinkehrung zum Guten. All dies verdeutlicht David, da er von seiner derart erhöhten Seele sagt: «Soll etwa meine Seele nicht Gott ergeben sein? Sie soll es, denn von ihm kommt mein Heil; und er ist mein Gott und mein Erlöser, meine Zuflucht; nicht mehr werde ich mich wider ihn bewegen» (Ps. 61, 2). Er nennt Gott seine Zuflucht, weil seine Seele in Gott aufgenommen wurde, in jener Einigung; und so gab es in ihr nicht länger Regungen wider Gott.

8 Klar hebt sich aus dem Gesagten heraus, daß die Seele in diesem Zustand mystischer Vermählung nichts anderes kennt als lieben, als mit dem Gatten in Entzückungen der Liebe verweilen. Darin ist sie zu der Vollkommenheit gelangt, deren Form und Wesen nach Paulus die Liebe ist (Col 3, 14); denn je mehr eine Seele liebt, um so vollkommener ist sie in dem, was sie liebt. Daher ist diese schon vollkommene Seele, ich möchte sagen, eitel Liebe; und all ihre Handlungen sind Liebe; und all ihre Kraft, all ihr Vermögen verwendet sie auf Lieben. Alles, was sie hat, gibt sie hin für jenen verborgenen Schatz, vergleichbar dem weisen Mann im Evangelium (Matth. 13, 46); für den Schatz der Liebe, den sie in Gott ver-

borgen fand; und solche Hingabe ist vor Gott von höchstem Wert. Da die Seele innewird, daß dem Geliebten nichts wohlgefällig, nichts dienlich ist außer der Liebe, so verwendet sie in ihrem Verlangen, ihm vollkommen zu dienen, alle Kraft darauf, Gott lauter zu lieben. Und das tut sie nicht nur ihm zuliebe, sondern auch in der Kraft der einigenden Liebe, die sie in allem und durch alles hindurch zur Gottesliebe bewegt. So wie die Biene aus allen Kräutern den Honig heraussaugt und sie nur dazu aufsucht, so saugt die Seele aus allem, was in ihr vorgeht, mit großer Leichtigkeit die Süße der Liebe. Erfahren und geborgen in der Liebe, wie sie ist, vermag sie allem Gottesliebe zu entnehmen, ohne zu fühlen, zu schmekken oder zu wissen, was sonst an ihnen köstlich oder widrig ist. Denn sie ist sich nur der Liebe bewußt; und ihre Freude an allen Dingen und Beziehungen ist die Beseligung in der Gottesliebe.

Und um das zu zeigen, sagt sie die nächste Kanzone.

Anmerkung zur folgenden Strophe

1 Doch weil Gott, wie wir sagten, nichts außer der Liebe als ihm dienlich ansieht, so will ich vor weiterer Erläuterung den Grund dafür angeben: all unsere Werke und all unsere Arbeiten, seien sie auch die gewaltigsten, vor Gott sind sie nichts. Denn mit ihnen vermögen wir ihm nichts zu geben und nicht sein Verlangen zu erfüllen, das nur auf die Erhöhung der Seele zielt. Für sich selber begehrt er nichts dergleichen, da er dessen nicht bedarf; wenn ihm etwas dienlich ist, so ist es demnach die Erhöhung der Seele. Und da er sie nicht gewaltiger erhöhen kann, als wenn er sie sich selber angleicht, so ist ihm nur damit gedient, daß sie ihn liebt. Ist es doch die Eigenart der Liebe, den Liebenden dem Geliebten anzugleichen. Und weil die Seele hier schon vollkommen liebt, wird sie als Gattin des Gottessohnes bezeichnet, was Angleichung an ihn besagt. In solcher Gleichheit der Freundschaft ist ih-

nen alles gemeinsam, wie es der Bräutigam selber seinen Jüngern sagt: «Schon habe ich euch meine Freunde genannt, weil ich euch alles offenbarte, was ich vom Vater vernahm» (Joh. 15, 15).

So spricht sie die Kanzone:

ACHTUNDZWANZIGSTE STROPHE

Ich habe seinem Schimmer
mit allen Seelenmächten mich verschrieben:
die Herde hüt ich nimmer;
kein Amt ist mir verblieben.
Nichts andres üb ich aus, als ihn zu lieben.

Erklärung

2 Nachdem die Seele, oder besser, die Gattin ihre unbeschränkte Hingabe an den Gatten bekundet hat, sagt sie jetzt, wie sie solche Hingabe durchführt. Sie ist nach ihren Worten mit Seele und Leib, mit allen Kräften und Begabungen lediglich auf die Dinge bedacht, die ihrem Gatten dienlich sind. Und so geht sie nicht mehr auf ihren eigenen Gewinn aus, nicht mehr auf eigenes Gelüsten; und ebensowenig widmet sie sich Dingen und Aufgaben, die Gott fremd und entlegen sind. Und sogar ihr Umgang mit Gott selber wurde ein anderer, wurde Ausübung der Liebe. Hat sie doch ihr ganzes früheres Verhalten umgewandelt in Liebe:

Ich habe seinem Schimmer

3 Verschrieben hat sich die Seele in jener Liebeseinigung dem Geliebten; so bleibt sie fortan mit all ihren Kräften des Geistes, des Willens und des Gedächtnisses seinem Dienste

ausgeliefert und geweiht; so dient ihre Erkenntniskraft dazu, das zu erkennen, was sie in seinem Dienste vor allem leisten muß, so der Wille dazu, all das zu lieben, was Gott wohlgefällt, und durch alle Dinge hindurch sich an Gott zu binden, und das Gedächtnis dazu, sich sorglich all das bewußt zu halten, was ihm am dienlichsten und am wohlgefälligsten ist.

Ferner sagt sie:

mit allen Seelenmächten mich verschrieben

4 Unter diesen Mächten versteht sie hier alles, was zum sensitiven Teil der Seele gehört. Darin ist der Körper, mit allen Sinnen, all seinen inneren und äußeren Fähigkeiten einbegriffen, alle Mächte der vier Leidenschaften, die natürlichen Triebe und was sonst der Seele eignet. All dieses, sagt sie, ist dem Dienste ihres Geliebten gewidmet, nicht anders wie der vernünftige und geisthafte Bereich der Seele, von dem der vorige Vers zeugte. Nun verfügt sie über den Körper gottgemäß: sie lenkt die Tätigkeit der inneren und äußeren Sinne auf ihn; und die vier Leidenschaften der Seele sind gegürtet und bereit für Gott: nichts gewährt ihr Lust außer Gott, nichts erweckt ihr Hoffnung außer Gott, nichts betrübt sie, als was Gott mißfällt, und all ihre Triebe und Sorgen gelten Gott.

5 Und all diese Seelenmächte sind so unverwandt auf Gott gerichtet, daß auch ohne bewußte Lenkung durch die Seele alle Teile solchen Vermögens schon in der ersten Regung sich zu Gott neigen, um in Gott und für Gott zu wirken. Denn Erkenntniskraft, Willenskraft und Gedächtniskraft eilen zu Gott; und alles andere, Sinne, Begierden, Wünsche, Hoffnung und Lust, es wendet sich unverweilt im ersten Augenblick hin zu Gott, auch wenn die Seele sich solchen Wirkens für Gott nicht bewußt wird. Deshalb wirkt und müht sich eine solche Seele sehr häufig für Gott und für Gött-

liches, ohne es sich bewußt zu machen, daß sie für ihn sich betätigt. Denn solches Verhalten ist ihr so gewohnt, so sehr zweite Natur geworden, daß sie des aufmerksamen Bemühens entraten kann, und auch entraten der inbrünstigen Stoßgebete, mit denen sie zuvor ihre Arbeiten einleitete. Und aus so spielendem Einsatz aller Kräfte für Gott ergibt sich auch das, was der folgende Vers aussagt:

die Herde hüt ich nimmer

6 Als sagte die Seele: «Nicht folge ich mehr meinen Trieben und Gelüsten.» Sie hat dies alles an Gott gegeben und hegt und hütet es nicht länger für sich selber. Und darüber hinaus sagt sie:

kein Amt ist mir verblieben

7 Vielen nicht fördernden Beschäftigungen pflegt die Seele nachzugehen, bevor sie alle ihr zu Gebote stehenden Kräfte dem Geliebten übereignet. Mit ihnen hatte sie zuvor eigenem und fremdem Belieben gedient; denn soviele unvollkommene Gewohnheiten sie besaß, soviele Dienstleistungen hatte sie auf sich genommen. Solche Gewohnheiten können Eigenheiten und Beschäftigungen sein, wie etwa Überflüssiges zu reden, zu denken oder auch ins Werk zu setzen, mit solchen Fähigkeiten nicht auf die Vollkommenheit der Seele hinwirkend. Mit andern Gelüsten dient sie fremdem Belieben: mit Sich-zur-Schau-stellen, mit Gefälligkeiten und Schmeicheleien, mit Rücksichten, mit dem Bestreben, günstigen Eindruck zu machen und mit seinen Sachen dem Volk zu gefallen, und mit anderm durchaus unnützen Betreiben, um sich beliebt zu machen, so daß darauf Sorgfalt, Gelüst und Arbeit und am Ende die ganze Seelenkraft verschwendet wird. All diesen Beschäftigungen, sagt sie, geht sie nicht mehr nach; denn schon münden ihre Gedanken, Worte und Taten in Gott, frei von den früheren Unvollkommenheiten. Und so bedeuten ihre Worte: «Nicht mehr gehe ich darauf aus, eigene

oder fremde Gelüste zu befriedigen, nicht beschäftige ich mich mit unnützem Zeitvertreib, nicht mit anderen weltlichen Dingen».

Nichts andres üb ich aus, als ihn zu lieben.

8 Damit sagt sie: «All meine Beschäftigungen sind Betätigungen der Gottesliebe. Alle Fähigkeiten meiner Seele und meines Leibes, Gedächtnis, Verständnis und Wille, innere und äußere Sinne, sinnenhafte und geisthafte Triebe, alles bewegt sich kraft Liebe und in Liebe; was ich tue, das tue ich mit Liebe, und was ich leide, das leide ich mit dem Geschmack der Liebe.» Solches meinen Davids Worte: «Meine Stärke bewahre ich für dich» (Ps. 58, 10).

9 Es sei beachtet: wenn die Seele solche Höhe gewinnt, dann geschieht es, daß jede geisthafte oder sinnenhafte Betätigung, sei es im Handeln, sei es im Leiden, immer ihre Liebe und ihre Erquickung in Gott vermehrt. Und auch das Gebet und der Aufschwung zu Gott, die sie zuvor in andersartigen Betrachtungen und Weisen vollzog, sie sind jetzt nur noch Betätigung der Liebe. Mag die Seele demnach mit Weltlichem umgehen, mag sie sich dem Geistigen zuwenden, immer kann sie von sich sagen, nichts anderes übe sie aus, als zu lieben.

10 Glückseliges Leben, glückseliger Zustand, ja, glückselige Seele, die bis dahin gelangt, wo alles schon wesentliche Liebe ist und liebkosende Wonne der Vermählung! Hier kann die Gattin wahrhaft dem göttlichen Bräutigam jene Worte sagen, die von der Braut im Hohenliede aus lauterer Liebe gesprochen werden: «Alle neuen Äpfel und alle alten habe ich dir bewahrt» (7, 13). Es ist, als sagte sie: «Mein Geliebter, alles Rauhe und Mühselige begehre ich mir um deinetwillen, alles Neue und Köstliche will ich für dich.» Jedoch in genauer Auslegung bedeutet der Vers, daß die zur mystischen Vermählung erhobene Seele sich zumeist auf der Höhe

liebreicher Gotteinigung bewegt, mithilfe ihres stetig in Gott versenkten liebenden Willens.

Anmerkung zur folgenden Strophe

1 In Wahrheit ist diese Seele für alle Dinge verloren und ist gewonnen nur für die Liebe, der sie mit ganzem Gemüt sich weiht. So versagt sie sich dem aktiven Leben und äußeren Betätigungen, um sich dem Einen hinzugeben, das der Bräutigam notwenig nannte, einer beständigen Pflege ihrer Liebe in Gott. Aus so hoher Schätzung des Einen tadelte er Martha, als sie Maria von ihm entfernen und in einem tätigen Dienst für ihn beschäftigen wollte, in der Meinung, daß sie alle Arbeit leiste, Maria aber müßig wäre, wenn sie feiernd an dem Herrn sich erfreue. Und genau das Gegenteil ist wahr: es gibt kein besseres und notwendigeres Werk als die Liebe. So verteidigt er auch im Hohenliede die Braut und beschwört alle Geschöpfe der Welt, diese «Töchter Jerusalems», daß sie der Braut nicht den geistigen Schlummer der Liebe stören und sie nicht erwecken, bevor sie ihre Augen für andere Dinge öffnen will.

2 Allein solange die Seele noch nicht zu dieser zuständlichen Liebeseinigung gelangt ist, muß sie ihre Liebe so im tätigen Leben wie im beschauenden üben. Ist sie jedoch bereits zu dieser Einigung erhoben, dann steht es ihr nicht an, sich mit anderm, mit äußeren Übungen abzugeben. Mögen sie noch so gottdienlich sein, sie dürfen nicht im geringsten dieses liebende Mitsein mit Gott behindern. Mag es auch scheinen, als täte sie nichts – ein wenig dieser lauteren Liebe ist vor Gott und vor ihr von höherem Wert, ist für die Kirche von größerem Nutzen als alle anderen Werke zusammen. So hätte Maria Magdalena mit ihren Verkündigungen viel Segen bringen können, wie sie ihn später auch brachte, doch in ihrem machtvollen Verlangen, ihrem Bräutigam zu gefallen und

der Kirche zu dienen, verbarg sie sich dreißig Jahre in der Wüste, um sich mit ganzem Gemüt dieser Liebe hinzugeben. Sehr viel gewinnreicher scheint ihr solches, wegen der hohen Bedeutung auch des geringsten Teiles dieser Liebe für die Kirche.

3 Wenn eine Seele etwas von dieser hohen, einsamen Liebe besäße, dann geschähe an ihr und an der Kirche großes Unrecht, würde sie auch nur für kurze Zeit zur Aktivität genötigt, mit äußeren Dingen beschäftigt werden, so bedeutsam diese auch seien. Gott selber beschwört, die Seele nicht aus solcher Liebe aufzustören. Wer kann dann solches ungestraft wagen? Schließlich sind wir für solche Liebe geschaffen worden. Das sollten die so Aktiven bedenken, sie, die mit ihren Predigten und äußeren Werken sich der Welt anpassen wollen, sie mögen bedenken, daß sie der Kirche viel nützlicher und Gott viel wohlgefälliger wären, und daß sie ein wirksameres Vorbild abgeben würden, wenn sie auch nur die Hälfte dieser Zeit betend mit Gott verbringen würden, auch wenn sie jenen erhabenen Gnadenstand noch nicht erreicht haben sollten. Sicherlich, mit ihrem begnadeten Gebet, mit dem Zuwachs an geistiger Kraft aus solcher Erhebung würden sie mit einem einzigen Werk müheloser mehr erreichen als mit tausend anderen. Alles andere heißt nur sich abplagen und wenig mehr als nichts zustandebringen, und mitunter nichts, wenn nicht gar Schädliches. Gott bewahre uns davor, daß das Salz zu verderben beginne; je mehr jemand nach außen hin etwas zu leisten scheint, es wird im Kerne nichts sein. Denn die guten Werke werden nicht anders als aus der Kraft Gottes gewirkt.

4 O wieviel ließe sich hier darüber schreiben! Doch ist dies nicht die Stelle dafür. Ich habe jenes gesagt, um die nächste Kanzone verständlich zu machen. Denn hier antwortet die Seele von sich aus all jenen, die ihre heilige Muße befehden – jenen, die nur das Werkeln gelten lassen, alles was als Blend-

werk in die Augen fällt. Solche kennen nicht den verborgenen Urborn, der hervorquillt und alles fruchtbar macht.

Und so sagt die Kanzone:

NEUNUNDZWANZIGSTE STROPHE

Blieb euern Triften, Toren
ich fern, fortan unfindbar euern Sinnen,
sagt ihr, ich sei verloren.
Wohl, tief versenkt in Minnen
verlor ich mich – und ließ mich so gewinnen.

Erklärung

5 In dieser Kanzone antwortet die Seele auf einen unausgesprochenen Vorwurf der Kinder der Welt. Diese haben die Gewohnheit, solche zu tadeln, die sich aufrichtig Gott hingeben, sie für übertrieben in ihrer Weltentfremdung und Zurückgezogenheit und ihrem Verhalten zu erklären, als untauglich für wichtige Unternehmen und verloren für das von der Welt Geschätzte. Solchem Tadel begegnet die Seele hier auf vortreffliche Weise: kühn und unerschrocken bietet sie diesem Tadel die Stirn, und allem andern, was die Welt ihr vorwerfen kann; schätzt sie doch all dieses gering, nun sie in die Herztiefe der Gottesliebe eingedrungen ist. Vielmehr, sie bekennt in diesem Gesang und sie preist sich glücklich, daß sie das Gerügte unternommen hat und für ihren Geliebten sich selber und der Welt verlorenging. Und so will sie den Weltkindern in dieser Kanzone sagen: wenn sie von ihnen nicht mehr in ihrem früheren Verkehr, nicht mehr in ihren früheren weltlichen Zeitvergeudungen gesehen würde, möchten sie nur sagen und glauben, sie sei ihnen entfremdet und verloren. Eben dieses Heil wollte sie: sich verlieren auf der

Suche nach dem Geliebten, dem tief Begehrten. Und um ihnen vor Augen zu führen, daß solches Sichverlieren Gewinn bedeutet und nicht etwa Torheit oder Selbstbetrug, bedeutet sie ihnen, daß solcher Verlust für sie Gewinn war, und daß sie sich mit Fleiß hinwegverlor.

Blieb euern Triften, Toren
ich fern, fortan unfindbar euern Sinnen

6 Gemeindetrift nennt man für gewöhnlich einen Gemeinschaftsort, wo sich das Volk zur Belustigung und Erholung zusammenfindet, wo aber auch die Hirten ihre Herden weiden. Unter solchem Gemeinschaftsort versteht die Seele hier die Welt, darin die Weltlichen sich zu Zerstreuungen gesellen, wo sie ihren Trieben Weide geben. Zu diesen Weltkindern sagt die Seele: wenn sie auf solcher Trift nicht mehr gesehen würde wie früher, bevor sie gänzlich Gott zueigen wurde, wenn sie dort nicht mehr gefunden würde, möchten sie nur aus solchem Grunde sie verloren nennen – sie würde sich darüber nur freuen, sie würde sich nichts Besseres wünschen.

sagt ihr, ich sei verloren

7 Der wahrhaft Liebende schämt sich nicht vor der Welt seiner Werke, die er für Gott tut, er verbirgt sie nicht voll Scheu, wenn auch die ganze Welt sie verdammen sollte; denn wer sich vor den Menschen schämt, sich zum Gottessohn zu bekennen und deshalb nicht dessen Werke wirkt, zu dem wird sich der Menschensohn in gleicher Scham nicht vor dem Vater bekennen, wie er durch Lukas sagt (9, 26). Und so möchte die Seele, die mit ganzem Gemüt liebt, daß zum Ruhme ihres Geliebten sichtbar würde, was sie für ihn getan hat: ihr Verlorengehen für alle Dinge der Welt. Und so sagt sie: Sagt nur, ich sei verloren.

8 Diese so vollkommene Kühnheit, diesen Wagemut zu solchen Werken erreichen nur wenige geisthafte Menschen;

mögen auch einige sich so benehmen und sich sogar weit jenseits alles Weltlichen dünken. Sie kommen niemals dahin, auch den letzten Rest von Welt oder Natur zu verlieren, wie es doch für die vollkommenen und entblößten, für die christförmigen Werke nötig ist, ohne Rücksicht auf das, wie es sich ausnimmt, auf das, was man sagen wird. Und so werden jene nicht sagen können: «Sagt nur, ich sei verloren!» Sind sie doch in ihrem Wirken nicht sich selber verloren; hält sie doch immer noch Scham davon zurück, sich mit ihren Werken vor den Menschen zu Christus zu bekennen, aus Rücksicht auf Dinge. Sie leben nicht wahrhaft in Christus.

Wohl, tief versenkt in Minnen

9 Das meint: versenkt in Gottesliebe verwirklicht sie die Tugenden.

verlor ich mich – und ließ mich so gewinnen

10 Die Seele kennt den Ausspruch des Bräutigams im Evangelium, daß niemand zwei Herren dienen kann, daß er vielmehr notwendig bei dem einen versagen muß oder bei dem andern (Matth. 6, 24). Deshalb sagt sie hier, sie habe sich allem Nicht-Göttlichen versagt, um nicht bei Gott zu versagen, sie habe allen Dingen und sich selber entsagt und bliebe ihm zuliebe für alles andere verloren. Wer wahrhaftig liebt, der gibt alsbald alles Übrige auf, um sich in dem, was er liebt, vollkommener zu gewinnen; und deshalb sagt die Seele hier, daß sie mit Fleiß sich hinwegverlor. Einmal verliert sie sich selber und beachtet nur den Geliebten und keinerlei eigene Dinge. Sie gibt sich ihm selbstlos ohne eigenen Vorteil hin, ohne eigennützigen Gewinn. Zum andern ist sie nicht nur sich selber, sondern auch allen Dingen verloren, sofern sie nicht den Geliebten betreffen; und nur von diesem will sie eingenommen sein.

11 So ist er, der von Leidenschaft zu Gott bestimmt wird: nicht erstrebt er Lohn und Preis, sondern die Preisgabe seiner

selbst und aller Dinge um des Geliebten willen, und dieser Verlust ist ihm Gewinn. Und er ist es wirklich, gemäß den Worten des Apostels Paulus: «Mori lucrum» (Phil. 1, 21). Das bedeutet: «Mein Sterben für Christus ist mir Gewinn, mein geistiges Ersterben allem Endlichen und auch mir selber. Darum sagt die Seele: «und ließ mich so gewinnen.» Denn er, der sich nicht zu verlieren weiß, geht verloren, anstatt sich zu gewinnen, so wie es unser Herr im Evangelium sagt: «Wer seine Seele für sich gewinnen will, der wird sie verlieren. Wer aber sein Leben um meinetwillen verliert, der wird es finden» (Matth. 16, 25). Und wenn wir jenen Vers mehr in unserm Sinne, im mystischen Sinne verstehen wollen, dann ist er so auszulegen: wenn eine Seele auf dem geistigen Wege so hoch emporgelangt ist, daß sie über dem Umgang mit Gott alle natürlichen Wege und Weisen aus den Augen verloren hat, wenn sie ihn nicht mehr mit Erwägungen und Bildern, nicht mehr mit den Sinnen und in Gefühlen oder auf andere geschöpfliche Weise sucht, wenn sie all dies und ihre eigene Weise zurückließ und beseligt, in Glauben und Liebe, nur für Gott erschlossen ist, alsdann hat sie in Wahrheit Gott gewonnen; sie ist ja für alles verloren, was nicht Gott ist, und so auch für das, was sie in sich ist.

Anmerkung für die folgende Strophe

1 Alles, was eine derart gewonnene Seele wirkt, ist Gewinn; ist doch alle Kraft ihrer Vermögen in dem mystischen Austausch mit ihrem Geliebten aufgegangen, in dem Austausch einer inbrünstigen Liebe, darin die inneren Mitteilungen zwischen Gott und Seele eine so zarte und erhabene Beseligung bringen, daß keine sterbliche Zunge es aussagen, kein menschlicher Verstand es fassen kann. So wie die Braut am Tage ihrer Vermählung nur an das zu denken vermag, was Liebesfest und Liebeswonne ist, nur daran, ihre Anmut, ihren Schmuck ins Licht zu heben, um damit den Bräutigam zu er-

freuen, und wie auch der Bräutigam ihr seine Vorzüge, seine Reichtümer aufweist, um sie festlich zu beglücken, so und nicht anders vollzieht es sich hier in dieser mystischen Vermählung. Hier fühlt die Seele tief die Wahrheit jener Worte, die von der Braut im Hohenliede gesprochen werden: «Ich für meinen Geliebten, und mein Geliebter für mich.» Die Tugenden und Begnadungen der bräutlichen Seele und die großmütigen Gnadenspenden des göttlichen Bräutigams liegen hell am Tage und werden für diese geistliche Hochzeitsfeier dargebreitet, wobei die Güter und Beglückungen von einem zum andern tauschen, mit Wonnen, die der Wein der Liebe im Heiligen Geiste würzt. Um das darzutun, wendet sich die Seele im folgenden Gesang an ihren Gatten:

DREISSIGSTE STROPHE

Smaragdner Blätter Glänzen
und Blüten, frisch vom Tau der Dämmerungen,
verflechten wir zu Kränzen –
viel Blüten, dir entsprungen,
von einem meiner Haare stark umschlungen –

Erklärung

2 In dieser Kanzone wendet sich die Gattin erneut, in ihrem mitteilsamen Liebesjubel, an den Gatten: sie schildert die holde Erquickung, die der bräutlichen Seele und dem Gottessohn gemeinsam ist, angesichts der überschwenglichen Tugenden und Gaben beider; und sie besingt das Spiel der Tugenden von einem zum andern, das Hin- und Widerstrahlen des frohen Liebesaustausches. So sagt sie zu ihm, sie wollten üppige Blumengewinde flechten, aus Gaben und Tugenden, die zu günstiger Stunde erworben und gewonnen wurden – Ge-

winde, verschönt und voll Anmut dank seiner Liebe zu ihr und in ihrer Frische bewahrt kraft ihrer Liebe zu ihm. So nennt sie dies gemeinsame Genießen der Tugendkräfte ein Verflechten zu Blütengewinden; genießen sie doch jene insgesamt gleich Blumengeflechten, im Austausch ihrer einhelligen Liebe.

Smaragdner Blätter Glänzen

3 Die Blüten sind die Tugenden der Seele und das smaragdne Glänzen sind die gottgeschenkten Gaben. Und diese Pflanzen und Smaragden,

und Blüten, frisch vom Tau der Dämmerungen

4 sind gewonnen und erworben im Morgentau der Jugend. Die im Jugendalter erworbenen Tugenden können erlesen genannt werden und vor Gott wohlgefällig, weil sie schon in der Frühzeit gewonnen wurden, wann die Laster solchem Gewinn am stärksten widerstreiten und die Natur am leichtesten irregeht. Aber auch deshalb, weil sie so früh gewonnen wurden, haben sie mehr Zeit, sich zu vervollkommnen, können sie erlesener sein. Und diese Jugendzeiten werden mit taufrischen Morgendämmerungen verglichen, weil die Tugend der Frühzeit vor Gott wohlgefällig ist, so wie die Morgenfrische im Frühling die lieblichste Tageszeit ist. Auch können diese frischen Morgenstunden mit den Liebesbetätigungen verglichen werden, darinnen sich die Tugenden ausgestalten, sie, die für Gott wohlgefälliger sind als die taufrischen Dämmerungen den Menschenkindern.

5 Unter den frischen Morgenstunden lassen sich auch die Werke verstehen, die in Gottferne und Geistesnot geschaffen werden; hier ist es freilich eine winterliche Frische. Und diese Werke, die Gott in der Öde und Not des Geistes dargebracht werden, sind vor ihm hochrühmlich; bringen sie doch gewaltigen Gewinn an Tugenden und Gaben. Und das mit sol-

cher Mühsal Gewonnene ist zumeist erlesener und beständiger als das allein aus geistigen Wohligkeiten Gewonnene. Denn die Tugend schlägt in Verlassenheit, Not und Mühsal tiefe Wurzeln, wie es Gott zu Paulus sagte: «Die Kraft vollendet sich in der Schwachheit» (2. Kor. 12, 9). Um die Tugenden, die ein Blumengewind für den Geliebten abgeben sollen, in ihrer Vortrefflichkeit herauszuheben, kann wohl gesagt werden «Blüten, frisch vom Tau der Dämmerungen». Nur solche Blüten und Smaragden, diese erlesenen und vollkommenen Tugenden und Gaben, und nicht die unvollkommenen, erfreuen den Geliebten.

So sagt die bräutliche Seele: jene Tugendblüten

verflechten wir zu Kränzen

6 Alle Tugenden und Gaben, welche die Seele und Gott in ihr erwerben, gleichen einem Gewinde vielfarbener Blumen, mit dem sich die Seele wunderbar geschmückt und verschönt findet, wie von einem köstlichen, bunten Gewand. Und zu besserem Verständnis sei gesagt: wie die natürlichen Blumen gepflückt und in Kränzen zusammengewunden werden, nicht anders werden die geistigen Blumen der Tugenden und Gaben gesammelt und in der Seele zusammengefaßt. Und mit dem vollendeten Erwerb der Tugenden ist auch das zusammenfassende Gewinde vollendet. Mit solch zierendem Kranz verschönt, erfreuen sich die Seele und der Gatte an solcher Vollendung. Solche Kränze will sie mit ihm zusammen flechten; das heißt, sie will sich umkränzen – wie mit Blüten und Smaragden – mit der Vielfalt vollkommener Tugenden und Gaben, um würdig mit solch köstlichem Schmuck vor dem Angesicht des Königs zu erscheinen und es zu verdienen, ihm angeglichen zu werden und an seiner Seite als Königin zu thronen. Und solches verdient sie durch die schöne Harmonie in ihrer Vielfalt. Von solcher Vollendung spricht David zu Christus: «Astitit Regina a dextris tuis in vestitu deaurato: circumdata varietate» (Ps. 44, 10). Das heißt: «Die

Königin thronte zu deiner Rechten im goldenen Prunkgewand, umschimmert von vielfarbigem Geschmeid.» Und das läßt sich so deuten: es thronte die Königin zu deiner Rechten, eingehüllt in vollkommene Liebe und geschmückt mit dem vielfältigen Geschmeid ihrer Gaben und vollkommenen Tugenden. Und sie sagt nicht: «Ich werde die Kränze allein winden», und ebensowenig: «Du allein wirst es tun», sondern: «Wir beide zusammen wollen sie winden.» Denn die Seele kann die Tugenden nicht allein, nicht ohne Gottes Hilfe erringen; noch wirkt Gott sie allein in der Seele, ohne sie. Denn wenn auch jede gute Gabe und jedes vollkommene Geschenk nach den Worten des Apostels Jakobus von oben kommt, von Vater der Lichtwelt (1, 17), so kann dies Hohe nicht empfangen werden ohne die Erschlossenheit und das Mitwirken der empfangenden Seele. So sagt die Braut im Hohenliede zum Bräutigam: «Zieh mich, und wir laufen, ich hinter dir.» Die Bewegung hin zum Guten kann danach allein von Gott kommen; doch von dem Vorwärtslaufen heißt es, daß sie zu zweit dahineilen, weder er noch sie allein; denn dieses Vorandringen wird von Gott und der Seele gemeinsam gewirkt.

7 Dieser Vers läßt sich auch treffend auf die Kirche und Christus anwenden: «verflechten wir zu Kränzen», kann die bräutliche Kirche zu ihm sagen, wobei sie unter den Kränzen die Gesamtheit der heiligen Seelen versteht, die Christus in der Kirche gezeugt hat – Seelen, von denen eine jede wie ein Kranz aus schwellenden Blüten von Tugenden und Gaben ist, und die insgesamt eine Blütenkrone für den Bräutigam Christus bilden. Auch lassen sich diese Gewinde mit den Ruhmeskränzen aus Lorbeer vergleichen, die auch von Christus und der Kirche gemeinsam gewunden werden. Und diese sind von dreifacher Art: die erste ist aus den schönen weißen Blüten der Jungfrauen gebildet, von denen eine jede ihren jungfräulichen Kranz trägt und die alle zusammen eine Blütenkrone für das Haupt des göttlichen Bräutigams bilden. Der zweite

Ruhmeskranz wird von den schimmernden Blüten der heiligen Kirchenlehrer gebildet, die in ihrer Geschlossenheit über dem Kranz der Jungfrauen Christi Haupt bekrönen. Und wie jeder Märtyrer eine Krone feurig roter Nelken trägt, so formen sie in ihrer Gesamtheit den abschließenden Kranz in Christi Ruhmeskrone. Und mit diesen Gewinden erscheint der Bräutigam Christus so anmutsvoll verschönt, daß sie im Himmel sagen werden wie die Braut im Hohenliede: «Kommt heraus, Töchter Sions, und seht den König Salomon mit der Krone, womit ihn seine Mutter am Tage seiner Vermählung krönte, am Tage seiner Herzensfreude» (3, 11). Laßt uns solche Kränze winden, so sagt sie,

viel Blüten, dir entsprungen

8 Die Blüte der Tugenden und der Werke ist jene holde Kraft, die der göttlichen Liebe entstammt, bei deren Mangel sie nicht erblühen, vielmehr vertrocknen würden. Sie würden vor Gott wertlos bleiben, auch wenn die Menschen sie für vollkommen hielten. Weil er jedoch seine huldreiche Liebe schenkt, sind diese Werke gleich Blüten, aus seiner Liebe entsprungen.

von einem meiner Haare stark umschlungen

9 Dieses Haar ist ihr Wille und ihre Neigung für den Geliebten. Und diese Liebe leistet das gleiche wie der Faden beim Kranz. Denn wie er die Blumen in dem Gewinde umschlingt und festhält, so umschlingt und hält die Liebe in der Seele die Tugenden. Die Liebe ist, wie Paulus sagt, Band und Verknüpfung der Vollkommenheit (Col. 3, 14). In dieser Liebe der Seele sind die Tugenden und übernatürlichen Gaben notwendigerweise derart ineinandergefügt, daß bei einer einzigen Verfehlung gegen Gott, bei einem Bruch alsbald alle Tugenden sich auflösen und der Seele entgleiten müßten – so wie bei einem Zerreißen des Fadens die Blumen des Gewindes auseinanderfallen würden. Es genügt ja nicht, daß

Gott uns liebt, um uns Tugenden einzugießen; auch wir müssen ihn lieben, um sie zu empfangen und zu bewahren. Sie sagt «von einem meiner Haare» und nicht: von vielen Haaren; ist doch schon ihr einiger Wille abgesondert von irrigen gottfremden Neigungen. Mit Recht hebt sie damit den hohen Wert dieser Tugendgewinde hervor; denn ist die Liebe so ausschließlich in Gott gegründet, wie sie es sagt, dann wurzelt auch die vollendete Blüte der Tugenden tief in Gottes Liebe. Ist doch seine Liebe zur Seele nunmehr unschätzbar, wie es die Seele auch innewird.

10 Wollte ich die Schönheit veranschaulichen, mit der die Blüten und Kleinodien der Tugenden miteinander verwoben sind, wollte ich etwas von der Stärke und Hoheit aussagen, die ihr geschlossenes Gefüge nun der Seele verleiht, etwas von der unvergleichlichen Anmut, mit der dies vielfarbige Gewand sie schmückt, mir würden zureichende Worte fehlen. Vom Dämon sagt Gott im Buch Hiob: sein Körper ist gepanzert wie mit gehärteten Schilden, mit so eng aneinandergeschlossenen Schuppen bedeckt, daß nicht einmal die Luft hindurchdringen kann (41, 6, 7). Wenn der Dämon in sich so stark ist, mit seinem Panzer festgefügter Bosheiten, die unter jenen Schilden von gehärtetem Metall verstanden werden, wenn er so stark ist, wo doch all seine Bosheit in sich nur Schwäche ist, wie stark muß dann diese Seele sein, sie, ganz gepanzert mit starken Tugenden, die so fest ineinandergefügt sind, daß zwischen ihnen nichts Häßliches, nichts Unvollkommenes eindringen kann! Eine jede dieser Tugenden fügt der Stärke der Seele ihre Stärke hinzu und der Schönheit der Seele ihre Schönheit, jede mehrt ihren hohen Wert, jede verstärkt die ausstrahlende Macht der Seele mit ihrer Majestät! Wie staunenswert muß dem geistigen Auge diese angetraute Seele sein, sie, die zur Rechten ihres Gemahls, des Königs, im Prunk ihrer Tugenden thront! «Schön schreitest du einher in deinen Schuhen, Fürstentochter!» sagt im Hohenliede der Gatte zu ihr (7, 1). Und er nennt sie Fürstentochter, um

ihre nunmehr errungene fürstliche Würde zu kennzeichnen. Und wenn er sie schön in ihren Schuhen nennt, wie wird dann erst ihre Gewandung wirken!

11 Und er bewundert nicht nur die Schönheit, die sie in ihrem Blütengewand ausstrahlt; die Festigkeit und Macht, die das wohlgeordnete Gefüge dieser Blüten dartut, zusammen mit den hineingeschmiegten Smaragden unzähliger göttlicher Gaben, sie lassen in Scheu zurückweichen. Und so sagt der Gatte überdies im Hohenliede: «Furchtbar bist du, festgeschlossen wie die Schlachtreihen des Königs» (6, 3). Denn diese Tugenden und göttlichen Gaben erquicken nicht nur durch ihren geistigen Duft, sie verleihen mit ihrer wesentlichen Geschlossenheit der Seele auch Gewalt. Als die Braut im Hohenliede noch liebesiech ist und schwach, weil sie diese Blüten und Smaragde noch nicht mit dem einen Haar ihrer Liebe verwoben und vereinigt hatte, da wünscht sie durch solche Zusammenfassung zu erstarken und erbittet dies mit folgenden Worten: «Stärkt mich mit Blumen, strafft mich mit Äpfeln, denn ich vergehe aus Liebe» (2, 5). Dabei versteht sie unter Blüten die Tugenden und unter Äpfeln die anderen Gaben.

Anmerkung zur folgenden Strophe

1 Ich glaube, es ist anschaulich geworden, wie die gottvertraute Seele mit diesen Blütengewinden und ihrem festen Gefüge die göttliche Liebeseinigung zwischen ihr in diesem hohen Stande und dem göttlichen Geliebten bezeichnet. Ist doch der Gatte die Blütenfülle, nennt er sich doch selber Blüte der Flur, Lilie des Tals (Cant. 2, 1). Und das Haar der Liebe bindet und eint diese Blust aller Blüten. Es ist ja nach Paulus die Liebe das Band der Vollkommenheit. Diese Vollkommenheit ist die Einigung mit Gott; und die Seele ist es, die solchen Blütengewinden den Halt gibt. Ist sie doch der Ge-

genstand solcher Verklärung. Sie ist nicht mehr, was sie war, sondern die vollkommenste Blüte, die aller Blüten Vollkommenheit und Schönheit in sich schließt. Denn mit solch einigender Gewalt umschlingt dieser Liebesfaden Gott und die Seele, daß er diese wandelt und in Liebe eins mit ihm sein läßt. Zwar bleiben sie der Substanz nach verschieden; doch in der strahlenden Verklärung erscheint die Seele wie Gott und Gott wie die Seele.

2 Derart ist diese Verschmelzung, bewundernswert über alles Aussagbare. Ein wenig davon läßt sich aus dem erahnen, was die Heilige Schrift im Buch der Könige über Jonathan und David sagt (18): So innig war Jonathans Liebe zu David, daß seine Seele mit Davids Seele verwuchs. Wenn die Liebe eines Menschen zu einem anderen Menschen so stark war, daß sie die eine Seele mit der andern verschmelzen konnte, um wieviel gewaltiger wird die Einschmelzkraft der Liebe sein, die von der Seele dem göttlichen Gemahl entgegengebracht wird, zumal dieser Seele von Gott, als dem eigentlichen Liebenden! Mit der Allgewalt seiner abgründigen Liebe zieht er die Seele in sich hinein, mit größerer Wucht als der Ansturm eines Flammenstromes, der einen schwebenden Tropfen Morgentau verschlingt. So muß das Haar, das solche Bindung leistet, sehr stark und geschmeidig sein in seiner Kraft des Durchdringens und des Zusammenschließens der Teile.

So erklärt die Seele in der folgenden Kanzone die Eigenschaften dieses ihres schönen Haares.

EINUNDDREISSIGSTE STROPHE

Von meinem Haar, dem einen!
du sahst es leicht längs meinem Halse schwingen,
am Hals sahst du es scheinen –
und bliebst in seinen Schlingen.
Mein Blick, der eine, durfte dich durchdringen.

Erklärung

3 Drei Dinge möchte die Seele in dieser Kanzone aussagen. Einmal will sie dartun, daß die Liebe, diese Umfassung der Tugenden, keine andere als die starke Liebe sein kann. Denn sie muß wahrhaftig stark sein, um jene zu bewahren. Zum andern sagt sie, Gott habe sich von diesem Haar der Liebe einfangen lassen, da er es einsam und stark befand. Als Drittes sagt sie, Gott habe sich ihr in Liebe aufs innigste zugeneigt, angesichts der Reinheit und Unbedingtheit ihres Glaubens.

von meinem Haar, dem einen!
Du sahst es leicht an meinem Halse schwingen

4 Mit dem Hals ist hier die Stärke gemeint, in der das Haar der Liebe schwingt, dies umschlingende Band der Tugenden; und dies besagt Liebe in Starkmut. Genügt doch nicht die Absonderung allein, um die Tugenden festzuhalten; es bedarf auch der Stärke, damit nicht irgend ein feindliches Laster von irgend einer Seite her das Gewinde der Vollkommenheit zerreißen kann. Denn in solcher Anordnung – wir sagten es schon – sind die Tugenden der Seele von jenem Liebesbande festgehalten, daß bei einem Zerreißen an einer Stelle sich alle auflösen müßten. Wo eine Tugend besteht, da bestehen auch die andern; wo eine versagt, versagen alle. Und sie spricht von dem Schwingen des Haares; schwingt doch in der starkmütigen Seele diese Liebe mit großer Kraft des Aufschwungs

hin zu Gott, unaufhaltsam. Und wie die Luft jenes Haar am Halse hin und her bewegt und fliegen läßt, so bewegt und erhebt die Luft des Heiligen Geistes die starke Liebe zu Aufschwüngen hin zu Gott. Denn ohne diesen göttlichen Wind, der die Kräfte zur Betätigung göttlicher Liebe aufrührt, erwirken die Tugenden nichts, auch wenn sie in der Seele anwesend sind. Und wenn sie sagt, der Geliebte habe dies schwingende Haar an ihrem Halse betrachtet, so gibt sie damit zu verstehen, wie sehr die starke Liebe von ihm geliebt wird. Sein Betrachten ist ein besonderes, aufmerksames und schätzendes Hinsehen; und die starke Liebe zieht Gottes Augen stark auf sich.

Und so folgt:

am Hals sahst du es scheinen

5 Damit sagt die Seele, Gott schätze diese ihre Liebe nicht nur deshalb so hoch, weil sie abgesondert ist, sondern er liebe sie auch wegen ihrer Stärke. Anschauen und Lieben ist eines bei Gott, wie sein Betrachten und Hochschätzen eines sind. Und noch einmal erwähnt sie den Hals: «am Hals sahst du es scheinen.» Denn es ist der Anblick der Stärke, der ihn zu innigerer Liebe bewegt. Und so ist es, als sagte sie: «Du liebtest es, da du es stark sahest, ohne Kleinmut und ohne Furcht und einsam ohne andere Liebe, in leichtem, hingegebenem Schwingen.»

6 Bislang hatte Gott dieses Haar nicht so betrachtet, daß er sich von ihm gefangennehmen ließ; denn noch hatte er es nicht einsam und losgelöst von den übrigen Haaren gesehen, von anderen Liebesneigungen, Trieben und Gelüsten, nicht abgesondert am Halse der Stärke. Doch nun, da es durch Demütigungen, Mühsale, Versuchungen und Bußen losgelöst und erstarkt ist, widerstandsfähig gegen jede Gewalt und Verführung, nun blickt Gott darauf hin und befestigt die Blumen dieser Gewinde mit ihm, da es nun stark genug wurde, solche Kränze in der Seele festzuhalten.

7 Doch welcher Art diese Versuchungen und Mühen sind und wie tief sie in die Seele einschneiden müssen, damit sie eine Liebeskraft gewinnt, die Gott zur Einigung mit ihr bewegt, davon habe ich an anderer Stelle einiges gesagt, in der Ausdeutung der vier Kanzonen, die so beginnen: «O regste Liebeslohe.» Die Seele, die all das überstanden hat, ist zu solcher Höhe der Gottesliebe gelangt, daß sie der Gotteinigung würdig wurde.

Und so sagt sie unverweilt:

und bliebst in seinen Schlingen

8 O würdig des Nachsinnens und Frohlockens ist es, daß Gott in solcher Schlinge verfangen bleibt! Ein so kostbares Gefangenhalten ist nur möglich, weil es Gott gefiel, mit seinem Blick auf dem Flug des Haares zu verweilen, wie die früheren Verse bekundeten. Und Gottes Anschauen ist Lieben. Würde er uns nicht in seiner großen Barmherzigkeit als erster anschauen und lieben, wie es Johannes sagt (1, 4, 10), würde er sich nicht herablassen, dann würde dies Haar, diese unsere niedrige Liebe mit ihrem Schwingen ihn nicht einfangen können. Sie kann sich ja nicht so hoch emporschwingen, daß sie diesen göttlichen Vogel höchster Höhen erbeuten könnte. Dieser Göttliche senkte sich nieder, um uns anzuschauen und uns zum Flug der Liebe anzuspornen und zu beschwingen, uns Mut und Kraft einflößend. Er ist es selber, der sich in der Schlinge des Haares gefangen gab; es war seine Herablassung, die ihn zum Fang werden ließ. Und das besagen die Worte: «am Hals sahst du es scheinen – und bliebst in seinen Schlingen.» Es ist durchaus glaubhaft, daß ein Vogel von geringer Flugkraft den königlichen Adler von erhabenstem Flug erjagen kann, wenn er zur Niederung gleitet, um sich gefangen zu geben.

Es folgt:

Mein Blick, der eine, durfte dich durchdringen

9 Unter dem Auge ist hier der Glaube zu verstehen. Sie spricht nur von einem Auge, das ihn verwundend durch-

drang. Denn wäre der Glaube an ihn, wäre die Treue zu ihm nicht einzig, wäre dieser Glaube mit irgend einer Rücksicht, einer Anhänglichkeit untermischt, so könnte er Gott nicht verwundend mit Liebe durchdringen. So muß es nur ein Auge sein, das den Geliebten verwundet, wie es nur ein Haar ist, darin er sich verfängt. Und so eng sind die Liebesbande, darin sich der Gatte angesichts der einzigen Treue der Gattin verfängt, daß er nicht nur von dem Haar ihrer Liebe festgehalten wird, daß ihn überdies das Auge ihres Glaubens in engster Bindung gefangen hält. Solcher Glaube verwundet ihn mit Liebe, kraft der großen Zartheit seiner Zuneigung, womit er sie tiefer in seine Liebe hineinzieht.

10 Von solchem Haar, von solchem Auge spricht der Bräutigam im Hohenliede zu der Braut: «Verwundet hast du das Herz mir, meine Schwester, verwundet hast du das Herz mir mit einem deiner Augen und mit einem deiner Haare längs deinem Hals» (4, 9). Zweimal spricht er von dieser Verwundung, die ihn zwiefach trifft: durch das Auge und durch das Haar. Und so singt die Seele vom Haar und vom Auge, weil sie mit Gott kraft ihrer Erkenntnisfähigkeit und kraft ihres Willens geeint ist. Denn der Glaube, hier als Auge bezeichnet, gehört als Glaube in das Bereich der Erkenntniskraft, aber als Liebe in das Bereich des Willens. Über solche Einigung frohlockt nun die Seele; und sie dankt ihrem Gatten für solche von ihm erwiesene Huld. Sie schätzt es über alles, daß es ihm gefiel, sich von ihrer Liebe einfangen zu lassen. Ein solcher Gefangener muß wohl die Seele mit jubelnder Freude erfüllen; war sie doch so lange Zeit seine Gefangene, in ihrer verlangenden Liebe.

Anmerkung zur folgenden Strophe

1 Groß ist die Macht und das Ungestüm der Liebe, da sie Gott selber gefangennimmt und verwundet. Glückselig die

Seele, die liebt! Wird doch Gott von ihr festgehalten, als ein Gefangener, der sich all ihrem Begehren fügt. Denn so ist er geartet: wird er aus Liebe und Nächstenliebe bestürmt, so tut er alles, worum er angegangen wird. Auf andere Weise aber läßt er sich nicht ansprechen und bewegen, und würde auch das Äußerste versucht. Allein Liebe vermag ihn mit einem Haare zu binden. Die Seele weiß das wohl; und weil sie auch weiß, daß nicht ihr Verdienst, sondern seine Huld sie zu so erhabener Liebe emporgehoben hat, mit so reichen Brautgeschenken, den Gaben und Tugenden, so legt sie das alles ihm bei.

Und so sagt sie in der folgenden Kanzone:

ZWEIUNDDREISSIGSTE STROPHE

Dank deiner Augen Kosen
ward mir ihr Schein, Holdseligkeit zueigen
und ward zur Glut dein Glosen;
dank deiner Augen Neigen
sind meine wert, anstaunend hochzusteigen.

Erklärung

2 Es ist der vollkommenen Liebe eigen, nichts für sich zu begehren, nichts für sich zu nehmen, alles Gute nicht sich selber, sondern dem Geliebten beizumessen. Wenn das schon in der niedrigen Liebe geschieht, wieviel mehr in der Liebe zu Gott, die so tief begründet ist. Und weil die Gattin in den beiden vorhergehenden Gesängen sich einiges zuzurechnen scheint, so das Flechten der Kränze zusammen mit dem Gatten, so deren Zusammenfassung mit einem ihrer Haare, einem Werk von nicht geringer Bedeutsamkeit, und weil sie sich rühmt, der Geliebte sei von ihrem Haar gefangen, von ihrem

Blick verwundet, womit sie sich ein großes Verdienst beizulegen scheint, so will sie in diesem Gesang ihre eigentliche Meinung dartun und ein Mißverständnis beseitigen, in der Befürchtung, es würde ihr selber irgend ein Wert und Verdienst beigelegt und Gott weniger erhoben, als es ihm zukommt und als sie es begehrt. Ihm alles beilegend, zugleich ihm für alles dankend, sagt sie ihm, nur darum habe er sich in ihrem Haar, ihrer Liebe verfangen, nur darum von ihrem Blick, ihrem Glauben verwunden lassen, weil er sie zuvor in huldreicher Liebe angeschaut und damit für sich selber anmutvoll gemacht hatte. Durch so erhebende Gunst verdiente sie seine Liebe, dadurch wurde sie es in sich selber wert, ihren Geliebten nach seiner Erhabenheit zu verehren und Werke, seiner Gunst würdige, zu wirken.

Es folgt der Vers:

Dank deiner Augen Kosen

3 Dank deiner liebreichen Zuneigung, meinen diese Worte. Denn – wir sagten es schon – Gottes Schauen ist hier Lieben.

ward mir ihr Schein, Holdseligkeit zueigen

4 Des Gatten Blick bedeutet hier seine barmherzige Gottheit; und deren erbarmendes Sichniederneigen prägt ihr seine Huld und Liebe ein, womit er sie so verschönt und verklärt, daß sie Gefährtin seiner Gottheit selber wird. Und es sagt die Seele im Bewußtsein gottgeschenkter Hoheit:

und ward zur Glut dein Glosen

5 Inbrünstig lieben ist mehr als einfaches Lieben, es ist eine gesteigerte Liebe, und diese Steigerung zur Inbrunst hat zwei Beweggründe. Und so nennt die Seele in diesem Vers die zwei Beweggründe für seine Liebe zu ihr, Gründe, aus denen er sie nicht nur in der Haft ihres Haares liebte, sondern aus denen er sie inbrünstig liebte, verwundet von ihrem Blick. Und

solche höhere Entfachung der Liebe ist begründet in seinem huldvollen Schauen, womit sie in Holdseligkeit ihm wohlgefällig werden sollte; er verlieh ihr die Kraft des Haares, die Liebe, er in seiner Barmherzigkeit festigte ihren Blick, ihren Glauben. So sagt sie: «und ward zur Glut dein Glosen.» Durch das Einsenken seiner Gnade macht Gott ja die Seele fähig und würdig seiner Liebe. So besagen ihre Worte: «Zu inbrünstiger Liebe wurdest du entflammt dank des Einsenkens deiner Gnade, dieses deiner würdigen Hulderweises; und in solcher Inbrunst erwiesest du mir noch höhere Gnaden.» Dies ist es, was Johannes sagt: er gebe Gnade um der schon erwiesenen Gnade willen (1, 16).

6 Hier sei zu besserer Einsicht beachtet: wie Gott nichts außer sich liebt, so liebt er kein Wesen, das niedriger ist als er. Alles liebt er um seinetwillen, und durch dieses Ziel ist seine Liebe bestimmt. So liebt er die Dinge nicht um ihres Eigenwertes willen. Darum versetzt Gott in gewisser Weise die geliebte Seele in sich selber. Er gleicht die Seele sich an. Und so liebt er die Seele in sich aus sich selber, mit der gleichen Liebe, mit der er sich selber liebt. Und so verdient die Seele mit jedem Werk, das sie in Gott vollendet, die göttliche Liebe. Auf ihrer Gnadenhöhe verdient sie sich mit jedem Werke Gott selber.

Und so fährt sie fort:

dank deiner Augen Neigen

7 Dank der begnadenden Gunst, die deine barmherzigen Augen mit ihrem Anschauen mir gewährten, dank der Gunst, die mich deinen Augen angenehm und deiner Beachtung wert machen, dank dessen

sind meine wert, anstaunend hochzusteigen

8 Das meint: meine Seelenkräfte, mein Gatte, sie, die Augen, mit denen du von mir gewahrt werden kannst, sind es nun wert, sich aufzuheben und dich anzuschauen. Zuvor wa-

ren sie in ihrem kläglichen Wirken und ihrem natürlichen Vermögen niedrig und hinfällig. Gott anschauen können, heißt Werke in Gottes Gnade vollbringen. Es waren die Seelenkräfte verdienstvoll in ihrem staunenden Verehren, einem Verehren in der Gnade Gottes, in der jedes Wirken wert ist. Erleuchtet und erhoben von seiner Gunst, verehrten sie innig, was sie nun in ihm sahen, und was sie zuvor in ihrer Blindheit und Niedrigkeit nicht sehen konnten. Was aber war es, was sie nun sahen? Sie sahen Herrlichkeit der Tugenden, überströmende Milde, grenzenlose Güte, erbarmende Liebe in Gott, unzählbare Wohltaten, bald jene aus der Zeit geringerer Gottnähe, bald aus dieser Zeit der Gottvertrautheit – all dieses anzustaunen wurden die Augen der Seele würdig, so wohlgefällig wie sie dem Gatten nun sind. Zuvor waren sie es nicht wert, Gott anzuschauen und liebend zu verehren, ja, nicht einmal wert, irgend etwas von diesen göttlichen Eigenschaften zu überdenken. Denn groß ist die Blindheit und Rohheit der Seele, der diese Gnade fehlt.

9 Vieles wäre hier anzumerken, vieles zu beklagen, angesichts des Versagens einer Seele, die nicht von göttlicher Liebe erleuchtet wird. Sie sollte diese und andere unzählige Gnaden, zeitliche wie geistliche erkennen, alles, was sie von Gott empfangen hat und bei jedem Schritt empfängt; sie sollte unaufhörlich mit allen Kräften Gott anbeten, ihm dienen. Statt dessen ist sie nicht einmal wert, ihn anzuschauen und aufzufassen oder nur so Hohes zu versuchen. So tief ist die Jämmerlichkeit der Lebenden oder besser, der unter ihren Sünden Toten.

Anmerkung zur folgenden Strophe

1 Zu tieferer Einsicht muß man beachten, daß Gottes Blick die Seele mit vier Wohltaten beschenkt: er läutert sie, bereichert und erleuchtet sie und macht sie holdselig – so wie die Sonne mit ihren Strahlen austrocknet, durchglüht, verschönt

und verklärt. Und wenn Gott einmal diese letzten drei Gnaden in die Seele gesenkt und damit die Seele ihm wohlgefällig gemacht hat, gedenkt er niemals mehr der Häßlichkeit und Sünde, von denen sie zuvor entstellt wurde – so wie er es durch Ezechiel verheißt (18, 22). Und sind Sünde und Häßlichkeit von ihr abgefallen, dann hält er ihr niemals dies Frühere vor und vermindert darum nicht die Fülle seiner Gnaden. Denn niemals hält er über eine Sache zweimal Gericht (Nahum. 1, 9). Doch wenn Gott auch ein für alle Mal Sünde und Übeltat vergeben hat, so steht es dennoch der Seele nicht an, ihre früheren Sünden zu vergessen. Wie der Weise sagt: «Vergebene Sünden sollen dir Furcht hinterlassen» (Ekkl. 5, 6). Und dafür bestehen drei Gründe: einmal, um niemals Anlaß zu finden, sich zu überheben; zum andern, um Stoff zu stetem Gotteslob zu haben; und drittens, Gott mehr zu vertrauen, um mehr von ihm zu empfangen. Denn wo sie in ihren Sünden so viele Wohltaten von Gott empfing, nun, wo sie ihren Sünden enthoben und in Gottes Liebe eingesenkt ist, wieviel höhere Gnaden darf sie sich nun erhoffen?

2 Im Gedenken an alle empfangenen Wohltaten und angesichts ihrer erhabenen Stellung neben dem Gatten, frohlockt sie in der Freude ihrer dankbaren Liebe. Die Erinnerung an ihren früheren so niedrigen, so häßlichen Zustand befeuert solche Danksagung – einen Zustand, darin sie nicht wert war, daß Gott sie anschaute oder auch nur ihren Namen in den Mund nähme, wie er es durch David bekundet (Ps. 15, 4). Sie weiß, daß es nichts in ihr gibt noch geben kann, weswegen Gott sie beachten und erheben könnte, sondern daß alles von Gott kommt, von seiner holden Gnade und seinem reinen Willen. Während sie sich selber alles Jämmerliche zuschreibt und dem Geliebten all das Gute, wodurch sie würdig wurde, wo sie zuvor unwürdig war, da faßt sie Mut und bittet ihn beherzt um das Fortdauern der mystischen Einigung mit Gott und damit auch um ein Vielfaches an Gunsterweisen.

All das bringt sie in der folgenden Kanzone zum Ausdruck:

DREIUNDDREISSIGSTE STROPHE

Nicht wolle mich verachten,
stand ich auch einmal schwarz vor dir, zum Grauen.
Wohl kannst du mich betrachten:
ließ doch dein huldreich Schauen
holdselige Schönheit auf mich niedertauen.

Erklärung

3 Die Seele hat sich ermutigt und schätzt sich selber nach den kostbaren Liebesgaben, die sie vom Geliebten empfing. Kennt sie auch ihren geringen, unbeachtlichen Eigenwert, so weiß sie doch, daß sie um seiner Gaben willen Hochschätzung verdient. Und so bittet sie den Geliebten mutig, er möge sie nicht geringschätzen und verachten, wie sie es zuvor durch die Häßlichkeit ihrer Schuld und die Niedrigkeit ihrer Natur verdiente. Da er sie schon durch seinen ersten Blick mit Huld geschmückt und mit Schönheit bekleidet habe, so könne er sie auch ein zweitesmal und weiterhin anschauen und Holdheit wie Schönheit derart ihr mehren. Denn wenn er sie angeschaut habe, als sie es nicht verdiente und nichts darzubieten hatte, so habe er jetzt Grund genug zu solchem Betrachten.

Nicht wolle mich verachten

4 Das sagt die Seele nicht aus Geltungsverlangen; vielmehr sind Verachtung und Schmähung für die wahrhaft Gottliebende köstliche Labsal und nichts anderes als sie in ihrer Unzulänglichkeit verdient. Sie sagt es wegen der Gnadengaben, womit Gott sie schmückte. Das verdeutlicht sie im Folgenden:

stand ich auch einmal schwarz vor dir, zum Grauen

5 Wenn du an mir die Häßlichkeit und Schwärze von Sünden und Unvollkommenheiten fandest und Niedrigkeit der

natürlichen Weise, bevor du mich huldreich angeschaut hattest –

wohl kannst du mich betrachten;
ließ doch dein huldreich Schauen

6 Ließ doch dein huldreich Schauen, dein erster begnadender Blick diese dunkle, unselige, diese abstoßende Farbe der Schuld von mir abfallen; und so kannst du mich wohl betrachten. Nunmehr bin ich es wert, von deinen Augen angeschaut und reicher begnadet zu werden. Mit deinem ersten Blick hast du mir ja nicht nur die dunkle Farbe genommen – es ließ dein liebender Blick

holdselige Schönheit auf mich niedertauen

7 Was die Seele in jenen beiden Versen sagt, mag die Worte des Evangelisten Johannes verständlicher machen, daß Gott Gnade durch Gnade gibt (1, 16). Erscheint eine Seele hold in seinen Augen, so bewegt ihn das zu größerer Huld, da sie ihm eine wohlbereitete Stätte bietet. Das wußte Moses, als er Gott um größere Gnade bat und ihn bei der schon gewährten Gnade beschwor: «Du sagst, daß du mich mit Namen kennst, und daß ich vor dir Gnade gefunden habe. So zeige mir, bei der Gnade, die deine Gegenwart mir gab, unverweilt dein Angesicht, auf daß ich dich kenne und vor deinen Augen Gnade finde» (Ex. 33, 12. 13). Und weil sie mit dieser Gnade vor Gott steht, erhöht, geehrt, verschönt, darum wird sie von ihm unsäglich geliebt. Wenn er sie zuvor nur um seiner selbst willen liebte, bevor er ihr seine Huld zuwandte, so liebt er sie jetzt, wo sie in seiner Gnade erstrahlt, nicht nur um seiner selbst willen, sondern zugleich um ihretwillen. Angesichts ihrer Lieblichkeit, der Schönheit ihrer nie versiegenden Zuneigung und ihres steten Wirkens überschüttet er sie mit Liebe über Liebe und mit Gnade über Gnade. Und in dem Maße, wie er sie immer mehr ehrt und erhebt, wird er immer stärker von Liebe zu ihr gefangen. So wird es von Gott verdeutlicht, in

den Worten, die er – bei Jesaias – an seinen Freund Jakob richtet: «Seit du in meinen Augen ruhmwürdig warest, habe ich dich geliebt» (43, 4). Das besagt: Seit meine Augen Gnade in dich strahlten und dich damit ehrenreich und ruhmwürdig machten, hast du überschwenglichere Gnaden von mir verdient. Denn stärkere Liebe Gottes ist stärkere Begnadung. Das gleiche sagt die Braut im Hohenliede zu den anderen Seelen: «Dunkel bin ich, aber schön, ihr Töchter von Jerusalem. Darum hat mich der König geliebt und in die Mitte seines Lagers gezogen» (1, 4). Das besagt: «Seelen, die ihr nichts von solchen Gnaden wißt und erfuhret, wundert euch nicht darüber, daß mich der Himmelskönig im Übermaß der Huld in die Mitte seiner Liebe gezogen hat. Denn bin ich selber auch dunkel, so ließ er nach dem ersten Anblicken solange seine Augen auf mir ruhen, daß er nicht eher befriedigt war, als bis er sich mit mir vermählte und mich tief in das Lager seiner Liebe aufnahm.»

8 Wer vermöchte zu sagen, bis zu welcher Ehrwürdigkeit Gott eine Seele erhebt, wenn er einmal Wohlgefallen an ihr gefunden hat? Es läßt sich nicht aussagen und nicht einmal vorstellen. Schließlich wirkt er wie Gott, um zu erweisen, wer er ist. Es läßt sich nur in etwa aus Gottes Wesenheit begreifen, wonach er dem mehr gibt, der mehr besitzt; und seine Gaben entsprechen dem, was die Seele besitzt, es um ein Vielfaches mehrend. So heißt es im Evangelium: «Wer hat, dem wird gegeben werden, und er wird Überfluß haben; wer aber nicht hat, dem wird, was er hat, genommen werden» (Matth. 13, 12). So wurde dem Knecht, der nicht in des Herren Gnade war, das Geld, das er besaß, genommen und dem gegeben, der mehr Geld besaß als alle anderen dem Herren wohlgefälligen Knechte zusammen. Die besten und wichtigsten Güter seines Hauses, das heißt seiner Kirche, der kämpfenden wie der triumphierenden, häuft Gott auf den, der am innigsten sein Freund ist, und tut so, um ihn mehr zu ehren und zu verherrlichen – so wie viele kleine Lichter in einem

großen aufgehen. Wie es Gott durch Jesaias zu verstehen gibt, in den erwähnten Worten an Jakob, die im geistlichen Sinne gleiches besagen: «Ich bin dein Herr, Israels heiliger Gott. Ich habe Ägypten beschenkt, damit du gediehest, Äthiopien und Saba für dich; Menschen werde ich für dich hingeben und Orte für deine Seele» (43, 3).

9 Wohl kannst du nun, mein Gott, die Seele, die du ansiehst, beachten und schätzen, da dein Blick ihr Wert und Holdheit verlieh, Abglanz deines Wertes und deiner Huld. Und so kannst du sie wohl nicht nur einmal, sondern viele Male ansehen, da du sie bereits anschautest. So wird im Buch Esther vom Heiligen Geist bezeugt: «Solcher Ehre ist der würdig, den der König ehren will» (6, 11).

Anmerkung zur folgenden Strophe

1 Die Freundesgaben des Gatten an die angetraute Seele sind unschätzbar. Die preisenden und liebkosenden Wechselreden göttlicher Liebe, die immer von neuem zwischen beiden hin und widergehen, sie sind unaussprechlich. Das Tun der Seele ist Lobpreisen, Danken und abermals Danken; er rühmt und lobt und umwirbt sie, in der Weise des Hohenliedes, wo er zu ihr sagt: «Wisse, daß du schön bist, meine Freundin, wisse, daß du schön bist; und deine Augen sind wie solche der Taube» (1, 14, 15). Und sie antwortet: «Bedenk, daß du schön bist, mein Geliebter, und vollkommen.» Und viele andere Lobreden und Koseworte tauschen sie an jeder Stelle des Hohenliedes aus. In der vergangenen Kanzone hat sie sich verächtlich gemacht, sich häßlich und dunkel nennend; ihn aber hat sie als schön und hold gepriesen, da er ihr mit seinem Blick holdselige Schönheit verleihen konnte. Er aber, der den Demütigen zu erhöhen pflegt, er läßt seine Augen, wie sie begehrte, auf ihr ruhen, er gibt sich,

in der folgenden Kanzone, ihrem Preis hin und nennt sie – nicht dunkel, wie sie sich nannte – sondern weiße Taube. Und er rühmt die Vorzüge, die ihr als Taube, als Turteltaube zueigen sind.

Und er sagt so:

VIERUNDDREISSIGSTE STROPHE

GATTE

Schon mit dem Friedenslaube
zur Arche kam das Täubchen, schneeig helle;
schon ward die Turteltaube
und ihrer Brunst Geselle
vereinigt an dem grünen Saum der Quelle.

Erklärung

2 Es ist der Gatte, der in dieser Kanzone spricht: er besingt die Lauterkeit, die ihr nun, auf solcher Höhe eignet, und die Schätze und die Auszeichnung, womit ihre Bereitschaft für ihn und ihr Hinstreben zu ihm belohnt wurden. Auch besingt er das ihr zuteilgewordene glückselige Los, daß sie ihren Gatten in dieser Einigung gefunden hat; er gedenkt der Erfüllung ihrer Wünsche, der Entzückung und Erquickung, die sie in ihm erfährt, nun, da die Plagen der Vergangenheit, die Peinen dieses Lebens beendet sind.

Und so sagt er:

Schon mit dem Friedenslaube

3 Er nennt die Seele weiße Taube wegen der lichten Lauterkeit, die sie von seiner Gnade empfing. Und wie im Hohenliede nennt er sie Taube, um ihre Einfalt und Sanftmut,

ihr liebreiches Wahrnehmen zu kennzeichnen. Denn die Taube ist nicht nur einfältig und sanft ohne Galle, sie hat auch klare, liebreiche Augen. Und weil der Gatte diese ihre Eigenschaft liebreicher Gotterschlossenheit hervorheben will, auch deshalb sagt er, sie habe Taubenaugen (Cant. 4, 1).

So sagt er von ihr:

zur Arche kam das Täubchen, schneeig helle

4 Der Gatte vergleicht hier die Seele mit der Taube aus Noahs Arche, wobei ihr Entfliegen und Heimkehren zur Arche als Gleichnis für das dient, was der Seele widerfahren ist. Sie entflog und kehrte zurück, weil ihr die Wasser der Sintflut nirgendwo Ruhestatt boten, bis sie schließlich mit einem Ölzweig im Schnabel zurückkehrte, als Zeichen, daß Gottes Barmherzigkeit die überflutenden Gewässer versiegen ließ. So schwebte diese Seele bei ihrer Erschaffung aus der Arche, aus Gottes Allgewalt hinaus, sie irrte über der Sintflut der Vergehen und Unvollkommenheiten, ohne für ihr Verlangen eine Ruhestatt zu finden. Hin und her fliegt sie durch die Lüfte ihres Liebesdranges, hin zur Arche, der Brust ihres Schöpfers. Doch gelingt es ihr nicht in Wahrheit, ganz von ihm aufgenommen zu werden; nicht eher gelang es ihr, als bis Gott all die Gewässer der Unvollkommenheiten von dem Erdreich der Seele weichen ließ. Dann aber ist sie mit dem Ölzweig heimgekehrt, mit dem Zeichen des Sieges, den sie dank Gottes Milde und Erbarmen über alles davontrug. Sie ist zu dieser beseligenden, dieser vollendeten Aufnahme an die Brust des Geliebten gelangt, nicht nur als Siegerin über alle Widersacher, sondern auch als Krönung für ihre Verdienste; denn das eine wie das andere wird von dem Ölzweig veranschaulicht. Und so kehrt die Seele, diese zarte Taube, nicht nur weiß und rein in die Arche ihres Gottes zurück, so rein, wie sie bei ihrer Erschaffung daraus hervorging, sondern auch mit Mehrung, mit dem Zweig der Krönung und des Friedens, den sie kraft des Sieges über sich selber errang.

schon ward die Turteltaube
und ihrer Brunst Geselle
vereinigt an dem grünen Saum der Quelle

5 Auch wird die Seele hier von dem Gatten Turteltaube genannt; gleicht sie doch bei ihrer Suche nach dem Gatten der Turteltaube, die ihren begehrten Gesellen nicht findet. Es wird nämlich von der Turteltaube gesagt, daß sie sich auf keinen grünen Zweig setzt, wenn sie ihren Genossen nicht findet, daß sie alsdann kein klares und kühles Wasser trinkt und sich nicht anderen zugesellt; doch kann sie sich ihrem Gefährten einen, so genießt sie all das Gemiedene. Die Seele besitzt all diese Eigenheiten und muß sie besitzen, um ihrem Gatten, dem Gottessohne zugesellt zu werden. Denn mit soviel Liebe und Umsicht muß sie vorgehen, daß sie den Fuß der Begierde nicht auf den grünen Zweig irgend einer Wonne setzt, daß sie nicht das klare Wasser irgend welcher weltlicher Ehren und Auszeichnungen trinken will und nicht das kalte irgend einer zeitlichen Tröstung, daß sie sich nicht von Gunst und Schutz irgendeines Geschöpfes überschatten läßt. Mit nichts darf sie rasten wollen, in nichts ausruhen, keine anderen Neigungen dürfen sie begleiten; nach Ledigkeit von allen Dingen muß sie seufzen, bis sie zu ihrer vollkommenen Befriedigung den Gatten findet.

6 Und weil eine solche Seele vor der Erlangung ihres erhabenen Standes ihren Geliebten leidenschaftlich suchte, ohne an irgend etwas fern von ihm Genüge zu finden, besingt hier der Gatte selber das Ende ihrer Mühen und die Erfüllung ihres Verlangens: «Schon ward die Turteltaube und ihrer Brunst Geselle vereinigt an dem grünen Saum der Quelle.» Das bedeutet: «Schon läßt sich die bräutliche Seele auf grünem Gezweig nieder, an ihrem Geliebten sich erquickend; schon trinkt sie das klare Wasser, die Klarheit erhabenster Gotterfahrung und Gottesweisheit, das kühle Wasser belebender Liebkosung, die sie in Gott findet». Auch läßt sie sich von sei-

ner schützenden Gunst überschatten, nach der es sie so sehr verlangt hatte, wodurch sie getröstet ist und köstlich gesättigt, göttlich gestillt. So wie die Braut im Hohenliede jubelt: «Im Schatten des Begehrten ließ ich mich nieder, und seine Frucht ist meiner Kehle süß» (2, 3).

Anmerkung zur folgenden Strophe

1 Der Gatte bezeigt weiterhin seine Zufriedenheit darüber, daß die Gattin das Heil der lang erstrebten Abgeschiedenheit gewonnen hat, eine Stete des Friedens, ein unwandelbares Wohl. Ruht die Seele einmal in der Gelassenheit der einen, einsamen Liebe des Gatten, wie es diese Seele tut, dann hat sie eine so heimische Liebesstätte in Gott und Gott in ihr, daß sie keiner anderen Mittel und Meister zu Gott hin bedarf; Gott ist ja fortan ihr Führer und ihre Leuchte. Denn er hält ihr das Versprechen, das er durch Oseas gab: «Ich werde sie in die Einsamkeit führen, und dort werde ich zu ihrem Herzen sprechen» (2, 14). Damit bezeugt er, daß er in der Einsamkeit sich der Seele mitteilt und eint. Denn zum Herzen sprechen, heißt, ihrem Herzen genugtun, dem Herzen, das sich mit nichts Geringerem als mit Gott zufriedengibt.

Und so sagt der Gatte:

FÜNFUNDDREISSIGSTE STROPHE

In Einsamkeit bereitet
hat sie ihr Nest, die Einsamkeit begehrte;
in Einsamkeit geleitet
sie heimlich ihr Gefährte,
den Liebe auch in Einsamkeit versehrte.

Erklärung

2 Zwei Dinge bekundet der Gatte in dieser Kanzone. Als erstes lobt er die Einsamkeit, die von der Seele zuvor so ersehnt wurde; er nennt sie das Mittel, dank dessen sie ihren Geliebten finden und ihn genießen konnte, fern von allen früheren Peinen und Mühen. Weil sie vereinsamt von allem Trost, aller Lust und aller Stütze der Kreaturen bestehen wollte, um zum Bündnis mit dem Geliebten zu gelangen, wurde sie es wert, den Frieden der Einsamkeit in ihrem Geliebten zu besitzen, in dem sie ausruht, entfernt und entfremdet von all jenem Beschwerlichen. Als zweites besagen seine Worte: Weil sie um des Geliebten willen allem Geschaffenen fernbleiben wollte, eben um dieser Abgeschiedenheit willen liebt er sie, umsorgt und umfängt er sie, erfüllt sie in seiner Umarmung mit allen Gütern und führt ihren Geist in seine erhabene Wesenheit ein. Und er sagt nicht nur, daß er nunmehr ihr Führer ist, sondern daß er es allein ist, ohne irgend eine Vermittlung, sei es von Engeln, sei es von Menschen, von Bildern oder Vorstellungen. Besitzt sie doch dank ihrer Einsamkeit die wahre Geistesfreiheit, die sich an keines dieser Mittel klammert. Und er sagt den Vers:

In Einsamkeit bereitet

3 Die Seele, diese Turteltaube, lebte in Einsamkeit, bis sie ihren Geliebten in jener währenden Einigung fand. Denn die Seele, die wahrhaft Gott verlangt, läßt sich durch keinerlei Gesellschaft trösten; vielmehr führt sie alles, bis sie den Geliebten findet, nur in tiefere Einsamkeit.

hat sie ihr Nest, die Einsamkeit begehrte

4 Die Einsamkeit, darin sie zuvor lebte, war eine willige Ledigkeit von allen Dingen und Gütern der Welt, dem Bräutigam zuliebe; wie wir es von der Turteltaube sagten, sucht

sie Vollkommenheit im Streben nach gänzlicher Einsamkeit, darin sie die Einigung mit dem göttlichen Wort erlangt und damit alle Entbürdung und Erquickung, eine gelöste Gestilltheit, die hier als Nest bezeichnet wird. Und so meinen seine Worte: «In dieser Einsamkeit, darin sie zuvor mit Anstrengungen und Nöten lebte, in Ermangelung der Vollkommenheit, in dieser gleichen Einsamkeit gewinnt sie nunmehr friedvolle Erfrischung, dank der vollkommenen Einsamkeit, die sie in Gott gewonnen hat.» Davon zeugen Davids Worte, im geistlichen Sinne: «Wirklich, nun fand der Singvogel sich ein Heim und die Turteltaube ein Nest zum Aufziehen ihrer Brut» (Ps. 83, 4). Das meint, Ruhestatt in Gott, wo Triebe und Kräfte Stillung finden.

in Einsamkeit geleitet

5 In dieser Einsamkeit von allen Dingen, in solchem Alleinsein mit Gott ist er es, der sie zu den göttlichen Dingen hinbewegt und erhebt: ihre Erkenntniskraft zu den göttlichen Einsichten, denn schon ist sie frei und entblößt von entgegengesetzten, gottfremden Erkenntnissen; und ihren Willen bewegt er frei zur Gottesliebe, denn schon ist er frei und abgeschieden von anderen Neigungen; und er füllt ihre Gedächtniskraft mit göttlichen Erinnerungen, denn schon ist sie abgesondert und ledig von anderen Vorstellungen und Bildern. Sobald die Seele nämlich diese Vermögen ausräumt und sie freimacht von allem Niedrigen und von dem Aneignen des Höheren und sie ohne all dieses verbleiben läßt, unmittelbar werden sie alsdann von Gott dem Unsichtbaren und Göttlichen zugewandt; und Gott selber ist es, der sie in solcher Einsamkeit leitet. So bezeichnet Paulus die Vollkommenen: Qui spiritu Dei aguntur» etc. (Römerbrief 8, 14). Von Gottes Geist werden sie bewegt; das ist das Gleiche wie «in Einsamkeit geleitet».

sie heimlich ihr Gefährte

6 Das will sagen: nicht nur führt er sie in ihrer Einsamkeit, sondern mehr: er ist es allein, der in ihr wirkt, ohne irgend ein anderes Mittel. Denn das ist die Eigenart dieser Einigung der Seele mit Gott in mystischer Ehe, daß Gott allein in ihr handelt, ganz allein sich unmittelbar mitteilt – nicht durch Engel, nicht durch natürliche Fähigkeiten. Denn äußere und innere Sinne und alle Kreaturen und auch die Seele selber können wenig beitragen, wenn Gott zu dieser Zeit seine großen übernatürlichen Gnaden in die Seele senkt. Sie haben nichts mit natürlichen Fähigkeiten und Tätigkeiten, nichts mit Anspannungen der Seele zu tun: er ganz allein wirkt sie in ihr. Und er tut so, weil er sie einsam findet. Keinem Gefährten und keinem Helfer will er sie anvertrauen – nur sich allein. Und wie sollte es anders sein! Da die Seele alles gelassen, alle Mittel überschwungen hat in ihrem Sturme zu Gott, so muß wohl Gott selber der Führer sein, der Weg zu sich selber. In dieser Erhabenheit der Seele über alles, in dieser Einsamkeit von allem, kann ihr nichts von allem zu größerer Erhabenheit verhelfen als das ewige Wort, ihr Gemahl, der in seiner Liebe nichts anderes will, als ganz allein ihr seine Huld erweisen.

Und so sagt er sogleich:

den Liebe auch in Einsamkeit versehrte

7 Es ist die Liebe zur Gattin, die ihn versehrte. Der Gatte liebt sehr der Seele Einsamkeit; und er wird um so tiefer von Liebe zu ihr verwundet, weil sie entschlossen von allen Dingen sich abschied, verwundet, wie sie war, von Liebe zu ihm. So wollte er sie nicht einsam lassen. Von ihr verwundet, von ihrer Einsamkeit um seinetwillen, führt er allein sie hin zu sich selber, da er sieht, daß nichts anderes sie stillt. Er zieht sie heran und nimmt sie in sich auf, dazu bewegt allein durch die Einsamkeit ihres Geistes.

Anmerkung zur folgenden Strophe

1 Seltsam ist diese Eigentümlichkeit von Liebenden, daß sie einander viel lieber in Einsamkeit, abseits von allen Geschöpfen, genießen wollen als in einer Gesellschaft. Wenn irgend eine fremde Gesellschaft anwesend ist, dann genügt ihr bloßes Gegenwärtigsein, damit die Liebe nicht ganz ausgekostet wird, auch dann, wenn in deren Abwesenheit nichts anderes gesprochen und getan würde als in ihrer Anwesenheit, auch dann, wenn diese Beigesellten schweigen und niemanden behelligen. Ist doch Liebe Einheit allein von zweien, und allein wollen sie sich unmittelbar mitteilen. Nun, da die Seele erhoben ist bis zum Gipfel der Vollkommenheit, bis zur Freiheit des Geistes in Gott, nun, da alle Widerstände und Empörungen der Sinnlichkeit überwunden sind, ist die Seele auf nichts anderes bedacht, als sich mit dem Gemahl der Seligkeit innigster Liebe hinzugeben. Von Tobias heißt es in dem nach ihm genannten Buche, er wäre nach dem Durchleiden von Mühsalen und Versuchungen von Gott erleuchtet worden und hätte seine weiteren Tage in Freude verlebt (14, 4). Solcher Jubel herrscht in der vollkommenen Seele, angesichts ihrer Heilsgüter. Auch Jesaias bezeugt das von der Seele, die sich in vervollkommnenden Werken geübt und den hier aufgezeigten Gipfel der Vollkommenheit erreicht hat.

2 Die Worte des Propheten richten sich hier an die vollkommene Seele: «Alsdann wird aus der Finsternis dein Licht hervorgehen, und deine Finsternisse werden wie der Mittag sein. Und der Herr dein Gott wird dir ohne Ende Ausruhen geben und wird deine Seele mit Glanz erfüllen und deine Glieder entlasten; und du wirst wie ein durchwässerter Garten sein und ein unerschöpflicher Born. An dir erbauen werden sich die verarmten Jahrhunderte, und die Ursprünge der Generationen wirst du neu beleben, Versöhner der Gespaltenen wirst du genannt werden, wenn du dich zur Gelassenheit

wendest. Wenn du in deinem Wirken dich vom Müßiggang sonderst und von deinem Eigenwillen an meinem heiligen Tage, wenn du ihn dadurch verherrlichst, daß du nicht deine eigenen Wege gehst und nicht deinem Willen folgst, dann wirst du am Herren dich beseligen, und über die irdischen Höhen will ich dich erheben, und im Erbe Jakobs will ich dich weiden» (Isai. 58, 10–14). In diesen Worten von Isaias wird mit dem Erbe Jakobs Gott selber bezeichnet. Und so ist die hier gekennzeichnete Seele auf nichts anderes bedacht, als die Wonnen solcher Weide auszukosten. Nur eines bleibt ihr zu begehren: ihn im ewigen Leben vollkommen zu genießen. Und so bittet sie hier wie in allen weiteren Strophen ihren Geliebten flehentlich um solche beseligende Erquickung in der offenbaren Erschauung Gottes.

Und sie sagt:

SECHSUNDDREISSIGSTE STROPHE

GATTIN

Laß kosen uns, Geselle,
laß eins im andern deine Schönheit finden;
laß uns zum Heim der Quelle,
zu Berg und Hügel schwinden –
bis in das Herz von grünen Irrgewinden.

Erklärung

3 Da nun die vollkommene Liebeseinigung zwischen der Seele und Gott vollzogen ist, will sich die Seele dem eigensten Wesen der Liebe ganz weihen. So ist sie es, die in diesem Gesang zum Gatten spricht, um drei Dinge bittend, die der Liebe wesentlich sind. Als erstes erstrebt sie den köstlichen Genuß dieser Liebe, mit den Worten: «Laß kosen uns, Ge-

selle.» Weiter begehrt sie, dem Geliebten angeglichen zu werden, und darum bittet sie mit den Worten: «Laß eins im andern deine Schönheit finden –». Und als drittes trachtet sie danach, das Eigenste und die Geheimnisse des Geliebten selber zu erforschen und zu wissen. Und so bittet sie, tiefer mit ihm einzudringen «bis in das Herz von grünen Irrgewinden».

Sie spricht den Vers:

Laß kosen uns, Geselle

4 Das bedeutet: im Austausch der Beseligungen unserer Liebe, nicht nur im Austausch innerhalb der schon gewonnenen und bewährten Verbindung und Einigung von uns beiden, sondern darüber hinaus in einem sich übersteigernden Austausch einer in Tat und Gefühl ergossenen Liebe – einer Liebe, die bald kraft des Willens zum Ausdruck der Inbrunst führt, bald zu äußeren Werken im Dienste des Geliebten. Denn solches ist ja der eingewurzelten Liebe eigen: immer inbrünstiger will sie ihre Wonne und Lieblichkeit verkosten; und diese Wonne besteht in der inneren wie in der äußeren Ausübung der Liebe. Und dergleichen tut sie, um sich dem Geliebten inniger anzugleichen.

Und alsbald sagt sie:

laß eins im andern deine Schönheit finden

5 Das bedeutet: laß uns so weit kommen, dank solcher Liebesbetätigung, daß wir uns in deiner Schönheit im ewigen Leben sehen. In solcher Weise laß mich in deine Schönheit verwandelt sein, daß wir uns beide – auch mich als Abbild deiner Schönheit – in deiner Schönheit schauen. So anerschaffen wurde mir deine eigene Schönheit, daß nunmehr in unseren Wechselblicken einer im andern seine Schönheit gewahrt. Die meine wie die deine ist einzig deine Schönheit; denn in diese deine Schönheit bin ich übergegangen. Und so werde ich dich in deiner Schönheit gewahren, und du in deiner Schönheit mich. Und ich werde mich in dir mit deiner Schönheit sehen; und du wirst dich in mir mit deiner Schön-

heit sehen. Und so werde ich als du in deiner Schönheit erscheinen; und so mögest du als ich in deiner Schönheit erscheinen. Und meine Schönheit sei deine Schönheit, und deine Schönheit sei meine. Und so werde ich du sein in deiner Schönheit, und du wirst ich sein in deiner Schönheit. Und derart werden wir einander in deiner Schönheit sehen. Dies ist das Annehmen an Kindesstatt für die Gotteskinder, die in Wahrheit zu Gott sagen können, was im Johannesevangelium der eigene Sohn zum ewigen Vater sagt: «Was mein ist, das alles ist dein, und was dein ist, das alles ist mein» (17. 10). Sein ist es wesentlich, da er Gott aus Gott ist; und unser ist es kraft des Teilhabens der zur Gotteskindschaft Angenommenen. Und so sagte er es nicht allein für sich, das Haupt, sondern auch für seinen ganzen mystischen Leib, die Kirche. Sie wird an der Schönheit des Gatten Anteil haben, am Tage ihres Triumphes, wenn Gott sein Angesicht ihr offenbart. Darum bittet die Gattin hier: «Laß eins im andern Deine Schönheit finden.»

Laß uns zum Heim der Quelle

zu Berg und Hügel schwinden

6 Das heißt, hin zum morgenlichen, zum wesentlichen Innewerden Gottes, zur Erkenntnis des göttlichen Wortes, der hier wegen seiner Erhabenheit mit dem Berge verglichen wird. So sagt Isaias in Worten, die zur Erkenntnis des Gottessohnes anreizen sollen: «Kommt, laßt uns zum Berge des Herren emporsteigen» (2, 3). Zum Hügel, das heißt, zur abendlichen Erfahrung Gottes, zur Erfahrung der Weisheit Gottes in seinen Geschöpfen und wundersamen Werken und Ratschlüssen. Diese Weisheit ist hier mit einem Hügel verglichen, da sie niedriger ist als die Morgenerkenntnis. Doch um beides, um die abendliche wie um die morgenliche Gotteseinsicht bittet die Seele mit ihren Worten vom Berg und Hügel.

7 Wenn die Seele zum Gatten sagt: «Laß eins im andern deine Schönheit finden», laß uns in deiner Schönheit den Berg sehen, dann meint sie: «Verwandle mich in die Schönheit der göttlichen Weisheit», des göttlichen Wortes. Und mit der Beziehung auf den Hügel bittet sie, er möchte sie in der Schönheit jener anderen minderen Weisheit unterweisen, die auf seine Geschöpfe und geheimnisvollen Werke verwendet ist. Auch dieses ist Schönheit des Gottessohnes, darin die Seele eingeweiht werden möchte.

8 Nicht kann sich die Seele in Gottes Schönheit sehen, wenn sie nicht zuvor in Gottes Weisheit hinübergebildet wurde, in jene Weisheit, darin sie das Erhabene und das Irdische besitzt. Zu solchem Berg und Hügel strebte die Braut, als sie sagte: «Ich werde zum Berg der Myrrhe gehen und zum Hügel des Weihrauchs» (Cant. 4, 6). Mit dem «Berg der Myrrhe» ist hier die klare Erschauung Gottes gemeint und mit dem Hügel des Weihrauchs das Gewahrwerden Gottes in den Geschöpfen; denn die Myrrhe auf den Bergen ist höherer Art als das Räucherharz am Hang des Hügels.

laß uns zum Heim der Quelle

9 Zum Heim der Quelle, dahin, wo Gottes Weisheit entspringt und erfahren wird. Und solche Weisheit wird hier mit der lauteren Quelle verglichen, weil sie für die Erkenntniskraft lauter ist, entblößt von Unwesentlichem und Eingebildetem, und klar ohne Nebel der Unwissenheit. Die Seele drängt es immer danach, die göttlichen Wahrheiten klar und rein zu verstehen. Und je mehr sie liebt, um so tiefer begehrt sie, darin einzudringen.

Und so bittet sie als drittes um das Eindringen:

bis in das Herz von grünen Irrgewinden

10 Bis in das Dickicht deiner wundersamen Werke und tiefen Ratschlüsse! In ihrer unübersehbaren Zahl und Verschie-

denheit mögen sie wohl ein Dickicht genannt werden; denn überwältigend ist ihre Weisheit und die Fülle ihrer Geheimnisse, so sehr, daß sie einem zugewucherten Dickicht gleichen. So sagt David: «Mons Dei, mons pinguis: Mons coagulatus» (Ps. 57, 16). Das heißt: «Gottes Berg ist wuchtig und üppig überwuchert.» Und dieses Dickicht göttlicher Weisheit und Allwissenheit ist so ungeheuer tief, daß die Seele trotz allem, was sie erforscht haben mag, stets weiter ins Innere eindringen kann, in diese übermächtige, undurchdringliche Fülle. Angesichts ihrer ruft Paulus aus: «O unermeßlicher Reichtum der Weisheit und Erkenntnis Gottes! Wie unfaßbar sind seine Gerichte und wie unbegreiflich seine Wege!» (Römerbrief 11, 33)

11 Und so begehrt die Seele inbrünstig, in diese Ratschlüsse einzudringen, und sie stirbt vor Verlangen, ihr verborgenes Herz zu erkennen. Ist doch ihr Erfassen unschätzbare Beseligung, über alles Ersinnliche hinaus. Von ihrer Köstlichkeit sagt David: «Wahrhaft sind die Ratschlüsse des Herren, und Gerechtigkeit wohnt ihnen inne; erstrebenswerter und begehrter sind sie als Gold und erlesenes Edelgestein von hohem Wert. Süßer sind sie als Honigseim und Honigwabe, so sehr, daß dein Knecht sie liebt und beherzigt» (Ps. 18, 10–11). Und so begehrt die Seele leidenschaftlich, sich tiefer in diese Ratschlüsse zu versenken und ihr Inneres einzusehen. Und im Ausgleich dafür würde sie getrost und freudig durch alle Bedrängnisse und Mühsale der Welt hindurchdringen, selbst durch das Schwierigste und Peinvollste, wenn es nur zu solchem Ziele hinbrächte – auch durch die Peinen und Wehen des Todes, um sich tiefer im Verborgenen ihres Gottes zu befinden.

12 Und darum kann auch unter dem Dickicht, in das die Seele einzudringen begehrt, sehr wohl die Wirrsal und die Fülle der Mühen und Prüfungen verstanden werden; ist doch das Leiden ihr köstlich und überaus förderlich. Denn das Lei-

den ist ihr das Hilfsmittel für ein tieferes Eindringen in das Dickicht der beseligenden göttlichen Weisheit. Erwächst doch aus reinstem Leiden das reinste und innigste Begreifen und in der Folge das reinste und erhabenste Genießen. Entstammt es doch viel innerlicherem Wissen. In solchem Verlangen gibt sich die Seele nicht mit irgend einer Art von Leiden zufrieden. Bis in das Herz des göttlichen Dickichtes will sie dringen, bis zu den Drangsalen des Todes, um Gott zu sehen – bis in das Herz von grünen Irrgewinden. So sprach Hiob in seinem Verlangen nach Leiden als der Pforte zu Gott: «Wer gibt es mir, daß mein Flehen erhört werde, und daß Gott mir das Erhoffte gewährt: daß er, der mich schuf, mich mit seiner Hand vernichte und zerlöse, mir zum Troste, nach allen unerbittlichen Heimsuchungen!» (6, 8)

13 O wenn doch endlich bis zum letzten eingesehen würde, daß die göttlichen Schätze mit ihrer mannigfaltigen Fülle der Weisheit nicht erreicht werden können, wenn die Seele nicht in das Dickicht vielfältigen Leidens eindringt und darin ihren Trost findet! Und daß die Seele, die in Wahrheit Gottes Weisheit begehrt, zuerst das Leiden verlangt, um in sie einzudringen, in das Dickicht des Kreuzes! Darum ermahnte Paulus die Epheser, in den Prüfungen nicht zu versagen, gestählt zu sein und fest eingewurzelt in der Nächstenliebe, damit sie gleich allen Heiligen Weite und Länge, Höhe und Tiefe ermessen können, damit sie zudem die allesüberragende Liebe in Christi Lehre begreifen und von Gottes Überfluß erfüllt werden (3, 18). Zugang zu diesen Schätzen seiner Weisheit ist das Kreuz, ein enger Zugang. Durch solchen Zugang einzutreten, wünschen wenige; jedoch die Wonnen, die solcher Zugang vermittelt, begehren viele.

Anmerkung zur folgenden Strophe

1 Wenn die Seele danach verlangt, sich ledig der Fesseln Christus zugesellt zu sehen, so ist einer ihrer vordringlichen

Beweggründe, das Antlitz Christi zu sehen und dort von grundauf die dunkeln Weisen und ewigen Geheimnisse seiner Menschwerdung zu begreifen, in einer Einsicht, die nicht den geringsten Teil ihrer Seligkeit ausmacht. Wie Johannes bezeugt, sprach Christus selber zu seinem Vater: «Dies ist das ewige Leben, daß sie dich, den einen, wahren Gott erkennen und mich, deinen Sohn Jesus Christus, den du gesandt hast» (17, 3). Wenn jemand von fernher kommend am Ziele angelangt ist, so ist sein erstes Beginnen, den Geliebten, um dessentwillen er kam, zu sehen und im Umgang zu genießen. Und so begehrt die Seele, wenn sie zur Erschauung Gottes gelangt ist, die tiefen Geheimnisse und Mysterien der Menschwerdung zu ergründen und zu verkosten, all die ehrwürdigen Wege Gottes, die von dort ausgehen.

So sagt die Seele, nachdem sie ihrer Sehnsucht, sich in Gottes Schönheit zu sehen, Ausdruck verlieh, alsbald diese Kanzone:

SIEBENUNDDREISSIGSTE STROPHE

Gleich werden wir in hohe,
abgründige Felsenhöhlen uns versenken,
fern von des Tages Lohe
uns tief und tiefer lenken;
und der Granatfrucht Feuchte wird uns tränken.

Erklärung

2 Wir sagten schon, einer der stärksten Beweggründe der Seele für ihr Begehren, in dies Dickicht der göttlichen Weisheit einzudringen und die Schönheit seiner göttlichen Wahrheit im tiefsten zu erkennen, ist der Drang, kraft ihres Er-

kennens sich Gott zu einen, durch Einsehen der Geheimnisse der Menschwerdung als der erhabensten und holdesten Betätigung seiner Weisheit. Darum sagt die Gattin in diesem Gesang: wenn sie noch tiefer in die göttliche Weisheit, noch tiefer in diese mystische Ehe eingedrungen ist, nämlich dann, wenn sie in der ewigen Seligkeit Gott von Angesicht zu Angesicht gewahrt, in Einigung mit dieser göttlichen Weisheit, dem Gottessohn, alsdann wird sie die erhabenen Geheimnisse des Gottmenschen erkennen, sie, die in ihrer entrückten Weisheit in Gott verborgen sind, alsdann werden sie beide, sie und der Gatte, dies Geheime durchleuchten, derart, daß die Seele ganz in ihre Tiefe untertaucht; alsdann werden sie beide die Köstlichkeit solchen Erkennens genießen, die Würze der Tugenden und Eigenschaften Gottes, die in jenen Mysterien wahrnehmbar werden, darunter Gerechtigkeit, Barmherzigkeit, Weisheit, Macht, Hingabe.

Gleich werden wir in hohe,
abgründige Felsenhöhlen uns versenken

3 Der Fels, dessen sie hier gedenkt, ist Christus, gemäß den paulinischen Worten. Die abgründigen Höhlen dieses Felsens sind die steil erhabenen und tiefen Mysterien göttlicher Weisheit in Christus, so die hypostatische Einigung der menschlichen Natur mit dem göttlichen Wort und deren Entsprechung in der Einigung der Menschen mit Gott, so die Harmonie zwischen göttlicher Gerechtigkeit und Barmherzigkeit zum Heil des Menschengeschlechtes, so die Offenbarungen seiner Ratschlüsse, die in ihrer Hoheit und Tiefe ganz eigentlich mit Höhlen verglichen werden können, bei der Erhabenheit ihrer Mysterien und der Abgründigkeit der in ihnen sich auftuenden göttlichen Weisheit. Denn wie die Höhlen tief und vielbuchtig sind, so ist jedes Geheimnis in Christus von tiefster Weisheit, mit vielen verborgenen Buchten seiner Ratschlüsse, wie der Vorherbestimmung und Voraussicht im Hinblick auf die Menschenkinder.

So fährt sie fort:

fern von des Tages Lohe

4 Doch wie viele wunderbare Geheimnisse auch von den heiligen Doktoren entdeckt wurden, wie viele auch von den heiligen Seelen auf dieser Lebenshöhe in sich aufgenommen wurden, das meiste blieb doch von ihnen unausgesagt und unbegriffen. Und so locken in Christus immer neue Tiefen. Ist er doch ein überreicher Schatz mit vielen Buchtungen voll Schätzen. So tief auch die Seele sich in ihn einsenkt, sie findet kein Ende; vielmehr entdeckt sie in jedem Gang neue Adern von neuen Kostbarkeiten, bald hier, bald dort – wie denn auch Paulus von Christus sagt, daß er in sich alle Schätze verborgener Weisheit birgt (Kol. 2, 3). Allein, es wurde schon gesagt: die Seele kann nicht bis dahin vordringen, wenn sie nicht zuvor durch die Enge innern und äußern Leidens sich hindurchzwängte zur göttlichen Weisheit. Denn selbst das, was in diesem Leben von den Mysterien Christi zugänglich ist, es kann nicht erreicht werden ohne vorhergehende große Leiden, nicht ohne das Empfangen vieler geisthafter und sinnenhafter Gottesgnaden, nicht ohne durchgreifende geistliche Zucht. Denn alle diese Gnaden sind niedriger als die Weisheit jener Mysterien Christi, da sie alle nur die Vorbereitungen für solche Weisheit sind. So war es, als Moses von Gott das Erschauen seines Angesichtes erflehte: da antwortete ihm Gott, in diesem Leben würde er ihm alles Heil zeigen, allein nicht sein Angesicht (Exod. 33, 20). Und in der Felsenhöhle, die Christus ist, wies er ihm seinen Rücken, das heißt, dort ließ er ihn die Mysterien der Menschheit Christi erkennen.

5 In solche Höhlungen, in Christus vorzudringen wünscht die Seele in aller Wahrheit, damit sie, geborgen an der Brust des Geliebten, kraft der Liebe sich berauschen und umwandeln könne – der Liebe zu solcher Weisheit. Zu solchen Öffnungen lädt er die Braut im Hohenliede ein: «Erhebe dich in

Eile, meine Freundin, du meine Schöne, und komm in die Schlüfte des Felsens, in die Höhlung des Geheges.» Solche Schlüfte sind die Höhlen, die wir hier bezeichneten; und von ihnen sagt die Seele sogleich:

uns tief und tiefer lenken

6 Das heißt: jener göttlichen Geheimnisse wollen wir innewerden. Und nicht sagt sie das Naheliegende: ich allein werde in sie eindringen, wo es doch dem Gatten nicht not ist, abermals darin einzudringen; sie sagt: wir wollen uns tief und tiefer lenken, ich und der Geliebte, um damit zu verdeutlichen, daß nicht sie solches Werk vollendet, sondern der Gatte mit ihr zusammen. Da Gott und die Seele in diesem Stande der mystischen Ehe ganz vereinigt sind, wirkt die Seele nichts mehr allein, nichts ohne Gott. Und wenn sie sagt, wir werden tiefer darin eindringen, so meint sie: wir werden inniger ineinander übergehen, ich in dich, kraft der Liebe zu Gottes heilvollen Ratschlüssen. Im Erkennen der Vorherbestimmung bei den Gerechten und der Voraussicht bei den Ungerechten, im Erkennen der huldreichen Segnungen, mit denen der Vater durch Jesus Christus den Gerechten zuvorkommt, in solchem Eindringen verwandelt sich die Seele aufs innigste und erhabenste in lauter Gottesliebe. Und in solcher Liebe dankt sie dem Vater mit erneutem Frohlocken für seinen Sohn Jesus Christus. Und sie tut es in der Einigung mit Christus, zusammen mit Christus; und der Duft solcher Lobpreisung ist unsäglich zart.

Von diesem Köstlichen spricht die Seele im folgenden Vers:

und der Granatfrucht Feuchte wird uns tränken

7 Die Granatäpfel bezeichnen hier die Geheimnisse Christi und die Ratschlüsse der göttlichen Weisheit wie die unzähligen Tugenden und Eigenschaften Gottes, die kraft jener Erleuchtung in ihm erkannt werden. So wie die Granatäpfel

viele Kerne enthalten, die in jenem runden Schoße erzeugt und erhalten werden, so enthält jede einzelne der göttlichen Eigenschaften und Tugenden, ein jedes seiner Urteile und Mysterien in sich eine Überzahl wunderbarer Anordnungen und Auswirkungen, in ihrem Schoße erzeugt und erhalten. Es sei auf die sphärische Gestalt des Granatapfels hingewiesen; jeder Granatapfel bezeichnet hier irgend eine Kraft und Seinsweise Gottes, und diese wiederum sind Gott selber; und die Kugelform der Frucht deutet darauf hin, daß er weder Anfang noch Ende hat. Und angesichts so unzähliger Ratschlüsse und Mysterien in Gottes Weisheit sagt die Braut im Hohenliede zum Bräutigam: «Dein Leib ist wie Elfenbein, schimmernd von Saphiren» (5, 14). Mit den Saphiren sind jene Ratschlüsse und Mysterien der göttlichen Weisheit gemeint, dem Leib von Elfenbein; denn der Saphir ist ein Edelstein vom tiefen Blau des Himmels.

8 Die Feuchte der Granatfrucht, die nach dem Wort der Gattin von ihr und vom Gemahl verkostet werden soll, ist der erquickende Genuß der Gottesliebe, die dank jener Erkenntnisse in die Seele fließt. So wie den vielen Kernen des Granatapfels beim Verspeisen nur ein einziger Saft entpreßt wird, so schwillt in der Seele aus all diesen Gotteswundern eine Liebeswonne, die Trank des Heiligen Geistes ist. Und solchen Trank bietet sie sogleich ihrem Gott, dem ihr vermählten Wort, mit aller Zärtlichkeit der Liebe. Diesen göttlichen Trank hatte sie ihm im Hohenliede verheißen, wenn er ihr so erhabene Erleuchtungen gewähre: «Dort wirst du mich unterweisen, und ich will dir Würzwein als Trank geben und meiner Granatäpfel Saft» (8, 2). Sie nennt diese Früchte, diese göttlichen Wahrnehmungen die ihren, weil der Gatte, dem sie in Wahrheit gehören, sie ihr schenkte. Solchen erlabenden Wein der Liebe gibt sie ihrem Gott als Trank. Und das meinen die Worte: der Granatfrucht Feuchte wird uns tränken. Den Saft, den er selber schmeckt, gibt er ihr zu kosten; und was sie kostet, das gibt sie ihm zum Ge-

nießen zurück; und so ist es ein gemeinsames Auskosten der beiden.

Anmerkung zur folgenden Strophe

1 In diesen beiden vorhergehenden Kanzonen hat die Gattin die Heilsgüter besungen, die ihr mystischer Gemahl in der ewigen Seligkeit ihr geben wird: die wirkliche Umwandlung in die Schönheit seiner geschaffenen und ungeschaffenen Weisheit und ferner die Umwandlung in die Schönheit jener Vereinigung des Wortes mit der Menschheit, eine Umwandlung, darinnen sie ihn erkennen wird, vom Rücken wie vom Angesicht. Und jetzt bittet sie in der folgenden Kanzone um zwei Dinge: zuerst sagt sie die Weise, in der sie den göttlichen Saft der Granatäpfel, die himmlischen Saphire genießen möchte. Als zweites gemahnt sie den Gatten an die Herrlichkeit, die er ihr vorherbestimmt hat. Was die Seele hier an Beseligungen nacheinander aufzählt, all das ist zusammengefaßt in einer wesentlichen Verherrlichung.

So sagt sie:

ACHTUNDDREISSIGSTE STROPHE

Dort wirst du weisen können,
was ich erlechzte, dort in deinem Scheine;
und gleich wirst du vergönnen,
o Leben, du das meine,
gleich, was du vordem gönntest, dieses eine:

Erklärung

2 Die Seele begehrte, in jene Felsenhöhlen einzugehen, um das, was sie immer erstrebt hatte, zu erreichen: die Vollen-

dung ihrer Gottesliebe, das will sagen, Gott mit der gleichen Lauterkeit und Vollkommenheit zu lieben, mit der sie von ihm geliebt wird, und Gott so mit gleichem zu vergelten. Und um solches fleht sie in dieser Kanzone, daß er ihr dort das weisen möge, was sie mit all ihren Handlungen und Übungen angestrebt hat: mit der Vollkommenheit zu lieben, mit der er sie liebt. Und als zweites sagt sie, er werde ihr dort die wesentliche Herrlichkeit geben, für die er sie in seiner tagenden Ewigkeit vorausbestimmt hat. Und sie sagt:

Dort wirst du weisen können,
was ich erlechzte, dort in deinem Scheine

3 Was die Seele erlechzt, ist die Gleichheit ihrer Liebe mit Gottes Liebe, worauf ihr natürliches und ihr übernatürliches Sehnen unverwandt zielt. Denn der Liebende bleibt ungesättigt, wenn er nicht fühlt, daß er ebenso gewaltig liebt, wie er geliebt wird. Und da die Seele einsieht, daß sie trotz ungestümer Liebe in ihrer diesseitigen Umwandlung in Gott nicht die Liebeskraft erreichen kann, mit der Gott sie liebt, wünscht sie die verklärende Umwandlung des ewigen Lebens, darin sie mit jener Liebe wetteifern kann. Und wenn auch die Seele in diesem ihrem erhabenen Stande eine wirkliche Einigung des Willens erlangte, so konnte sie doch nicht jene vollkommene Liebesinbrunst erreichen, die ihr in der machtvollen Einigung der Seligkeit beschieden sein wird. Denn wie die Seele dann – nach einem Worte des heiligen Paulus – «erkennen wird, gleichwie sie von Gott erkannt ist», so wird sie ihn dann auch lieben, gleichwie sie von ihm geliebt wird. So wie ihre Erkenntniskraft dann göttliche Erkenntniskraft sein wird, nicht anders wird ihr Wille dann Wille Gottes sein und ihre Liebe auch Liebe Gottes. Ist auch im anderen Leben der Wille der Seele nicht erloschen, so ist er doch so inständig mit Gottes gewaltig liebendem Willen vereinigt, daß sie ihn mit gleicher Vollkommenheit und Macht wiederliebt. Die beiden Willen sind zu einem einzigen Willen und einer einzi-

gen Gottesliebe zusammengeschlossen. Dort liebt die Seele demnach Gott mit seinem eigenen gewaltigen Willen, ihm vereinigt mit der Liebesgewalt, mit der sie von Gott geliebt wird. Solche Gewalt ist im Heiligen Geiste, in den die Seele dort eingegangen ist. Er wird dort der Seele verliehen und durch ihn die Gewalt der Liebe; und er selber ergänzt mit seinem Hauch in ihr, was ihr zur Umwandlung der ewigen Seligkeit noch fehlt. Jedoch schon in der vollkommenen Umwandlung der mystischen Ehe in diesem Leben, in dieser gnadenvollen Verklärung liebt die Seele in gewisser Weise unmittelbar durch den Heiligen Geist, der ihr in solcher Umwandlung verliehen wurde.

4 Doch sagt die Seele hier nicht, daß sie ihm dort ihre Liebe geben würde, obgleich sie es in Wahrheit tut. Hier will sie nur von der Liebe Gottes zu ihr sprechen: er soll ihr dort zeigen, wie seine vollkommene Liebe von ihr ganz erwidert werden kann. Mit dem Hinschenken seiner Liebe tut er ihr dar, wie sie ihn auf gleiche Weise lieben kann: er lehrt sie eine reine freie Liebe ohne Eigennutz; und überdies gewährt er ihr, kraft der Umwandlung in seine Liebe, auch seine eigene Liebesgewalt, mit solcher ihn zu lieben. Es ist, als legte er ihr das Werkzeug in die Hände, sagend, wie es zu gebrauchen sei und zugleich mit ihr zusammen es gebrauchend. Nichts anderes ist es, wenn er sie in seiner Liebe unterweist und ihr zugleich die Fähigkeit für solche Liebe verleiht. Bevor sie dieses erreicht, findet die Seele kein Genügen. Sie fände es auch nicht im anderen Leben, wenn sie nicht – wie der heilige Thomas in seinem Opusculum de Beatitudine sagt – es empfände, daß sie Gott so inbrünstig liebt, wie sie von ihm geliebt wird. Auf der Höhe der mystischen Ehe, von der wir hier sprechen, ist die Liebe zwar noch nicht so vollendet wie jene in der Seligkeit; doch schimmert jene unsägliche Vollkommenheit wie durch einen Schleier hervor.

Und gleich wirst du vergönnen,
o Leben, du das meine,
gleich, was du vordem gönntest, dieses eine:

5 Das, was er der Seele gleich geben soll, ist die wesentliche Seligkeit, die darin beruht, Gottes Sein zu gewahren. Daraus erhebt sich ein Zweifel, der vor allem weiteren behoben werden soll, dieser: wenn die wesentliche Seligkeit darin besteht, Gott zu gewahren, und nicht darin, Gott zu lieben, warum nennt dann die Seele hier die Liebe als Ziel ihres Strebens und nicht jene wesentliche Seligkeit? Warum stellt sie die Liebe voran und nennt erst dann in ihrem Flehen das, was die wesentliche Seligkeit ausmacht, gleichsam wie etwas von minderem Wert? Das tut sie aus zwei Gründen: das Ziel von allem ist die Liebe, die durch den Willen bestimmt wird; und ihr Eigenwesen ist es, zu geben, nicht, zu empfangen. Der Erkenntniskraft hingegen, diesem Träger der wesentlichen Beseligung, ist es eigen, zu empfangen, nicht, zu geben. Da die Seele hier von Liebe trunken ist, so schwebt ihr nicht so sehr die Seligkeit vor, die Gott ihr geben wird, sondern ihre eigene Hingabe in wahrer Liebe, ohne irgend eine Rücksicht auf den eigenen Vorteil. Der andere Grund ist, daß in dem ersten Erstreben das zweite eingeschlossen ist und bereits mit den vorhergegangenen Kanzonen vorausgesetzt erscheint; ist es doch unmöglich, vollkommene Gottesliebe zu erlangen ohne vollkommene Gottesschauung. Und so wird jener zwingende Zweifel von dem ersten der beiden Gründe beseitigt. Denn mit der Liebe bezahlt die Seele, was sie Gott schuldet; und mit ihrer Erkenntniskraft empfängt sie eher von Gott.

6 Um zur Erklärung zu kommen: was ist jenes «vordem», jener andere Tag; und was meint der Hinweis «was du mir gabest»? Jenes «vordem» jener andere Tag meint den Tag der Ewigkeit Gottes, und sie erbittet ihn für ihr ewiges Leben, der anders ist als unser zeitlicher Tag. An diesem Tage der

Ewigkeit bestimmte Gott im voraus die Seele für die himmlische Herrlichkeit, bestimmte er die Weise ihrer Seligkeit. Er hatte ihr dieses in seiner Freiheit ohne Anfang bestimmt, bevor er sie schuf. Und derart ist diese Vorbestimmtheit der Seele zugeeignet, daß kein Zwischenfall, kein Widerstand tiefer oder hoher Kräfte sie ihr auf ewig nehmen könnte. Vielmehr wird sie das, wozu Gott sie ohne Anfang bestimmte, ohne Ende besitzen. Und dieses ist das Etwas, das Gott ihr in seinem Tag der Ewigkeit gab, und das sie endlich in offenbarer Seligkeit zu besitzen strebt. Und was wird es sein, was er ihr vordem bestimmte? «Kein Auge sah, kein Ohr vernahm, kein Menschenherz faßte es auf», sagt der Apostel (1. Kor 2, 9). Und ebenso sagt auch Isaias: «Kein Auge sah, Herr, außer dir, was du bereitet hast» (64, 4). Weil solches unnennbar ist, sagt die Seele hier: «dieses eine». Wohl meint es das Erschauen Gottes; doch was dieses für die Seele sein wird, das hat keinen Namen außer «diesem Einen».

7 Allein damit nicht jede Aussage über dieses Eine unterbleibt, sei hier wiedergegeben, was Christus in der Apokalypse zu Johannes sagt, siebenmal, in vielen Bezeichnungen, Wendungen und Vergleichen. Konnte doch dies Eine nicht mit einem einzigen Wort, nicht mit einem Mal erfaßt werden; ja, mit allen jenen Worten war nicht das Letzte ausgesagt. Demnach sagt Christus hier: «Dem Sieger will ich vom Baum des Lebens zu essen geben, der im Paradies Gottes steht» (2, 7). Doch weil diese Bezeichnung jenes Eine nicht hinreichend aufklärt, sagt er alsbald ein Anderes: «Sei bis zum Tod getreu, und ich will dir die Krone des Lebens geben» (2, 10). Doch weil auch dieser Ausdruck nicht zulangt, fügt er einen dunkleren und angemesseneren hinzu: «Dem Sieger will ich von dem verborgenen Manna geben; auch einen weißen Edelstein will ich ihm geben, und auf dem Steine steht ein neuer Name, den nur der Empfangende kennt» (2, 17). Und weil auch solche Kennzeichnung nicht hinreicht, dies Eine zu umschließen, formt der Gottessohn andere Worte, solche von

machtvoller Freudigkeit: «Wer siegt und in meinen Werken ausharrt bis ans Ende, dem will ich Gewalt über die Völker geben, und er wird sie regieren mit eisernem Zepter, wie Töpfergeschirr sie zerschlagen – wie auch ich Gewalt von meinem Vater empfangen habe; und den Morgenstern will ich ihm geben» (2, 26). Und nicht zufrieden mit jener Kennzeichnung, sagt er gleich, um das Eine zu verdeutlichen: «Der Sieger wird in weiße Gewänder gehüllt werden; nicht werde ich seinen Namen aus dem Buch des Lebens tilgen, vielmehr will ich mich vor meinem Vater zu ihm bekennen» (3, 5).

8 Und weil auch alles Gesagte nicht zulangt, will er jenes Eine durch viele Bezeichnungen verdeutlichen, in Worten, die eine unsäglich erhabene Majestät in sich schließen: «Den Sieger will ich zu einer Säule im Tempel meines Gottes machen von ewiger Dauer; und ich werde den Namen meines Gottes darauf schreiben und den Namen der Stadt meines Gottes, des neuen Jerusalem, das aus der Höhe meines Gottes herniederschwebt, und auch meinen neuen Namen» (3, 12). Und als siebtes sagt er alsbald zur Aufhellung des Einen: «Den Sieger will ich an meiner Seite thronen lassen, so wie ich gesiegt habe und den Thron meines Vaters teile. Wer Ohren hat zu hören, der höre» (3, 21). Bis hierher sind es Worte des Gottessohnes, die «jenes» erhellen wollen. All diese Worte umreißen deutlich dies Eine, allein sie legen es nicht dar. Denn es ist die Eigenart des Grenzenlosen, daß alle Ausdrükke für Erhabenheit, Erlesenheit und Größe es wohl anrühren, aber nicht erfassen.

9 Laßt uns nun sehen, ob David etwas von jenem Einen sagt. In einem Psalm verkündet er: «Wie überwältigt die Fülle deiner Huld, die du denen, die dich fürchten, noch verbargest» (30, 20). Und an anderer Stelle nennt er jenes einen Sturzbach der Wonne: «Vom Sturzbach deiner Wonne wirst du ihnen zu trinken geben» (35, 9). Und weil David auch diese

Bezeichnung nicht angemessen findet, nennt er es an anderer Stelle «zuvorkommende Segnungen göttlicher Huld» (20,4). So zeigt es sich, daß jenes, worauf die Seele hier hinweist, die Seligkeit, für die Gott sie vorherbestimmte, nicht zutreffend benannt werden kann. Nennen wir es denn mit der Seele «jenes», und erklären wir den Vers derart: «Jenes, was du mir gabest, jene mir zugemessene Seligkeit, die du mir im Tagen deiner Ewigkeit vorherbestimmtest, als es dir gefiel, mich zu erschaffen – jenes, o mein Gatte, wirst du mir dort alsbald geben, dort, an meinem Tage meines Verlöbnisses, meiner Vermählung, an meinem Tage meines Herzensjubels. Dann, wenn du mich vom Fleisch erlösest, mich in die erhabenen Buchten deines bräutlichen Lagers einführst, mich in deine Klarheit hinüberwandelst, dann trinken wir den Saft der milden Granatäpfel.»

Anmerkung zur folgenden Strophe

1 Wohl ist es der Seele in ihrer mystischen Ehe nicht vorenthalten, etwas von dem Jenseitigen zu erfahren; denn durch jene Umwandlung in Gott wird sie von dem ewigen Leben schon angerührt. So will sie es nicht lassen, etwas von dem Jenseitigen zu sagen, dessen Spuren und Liebespfänder sie schon in sich erfühlt. Nicht anders sagt Hiob: «Wer kann das Wort, das sich in ihm regt, unausgesprochen lassen?» (4, 2) Und so strebt die Seele in der folgenden Kanzone danach, etwas von jenem vollendeten Genuß auszusagen, der sie in der beseligenden Schauung durchpulsen wird; so weit sie es vermag, bringt sie zum Ausdruck, was und welcher Art dies jenseitige Künftige ist.»

NEUNUNDDREISSIGSTE STROPHE

Der wachen Luft Umfangen,
der Nachtigall frohlockendes Begehren,
des Hains einhellig Prangen
in Nacht, der heiter-hehren,
mit Flammen, die wie Balsam lind verzehren.

Erklärung

2 In dieser Kanzone erklärt die Seele dieses Eine, das sie vom Gatten in jener beseligenden Umwandlung begehrt. Sie verdeutlicht es mit fünf Ausdrücken: als erstes sagt sie, daß es der Anhauch des Heiligen Geistes ist, der Anhauch von Gott zu ihr und von ihr zu Gott. Als zweites nennt sie das Frohlocken hin zu Gott in dem Entzücken an Gott. Als drittes das Erkennen der Geschöpfe und ihrer Bezogenheit. Lautere und klare Schauung des göttlichen Wesens als viertes. Zuletzt die vollkommene Umwandlung in Gottes grenzenlose Liebe.

So sagt sie den Vers:

Der wachen Luft Umfangen

3 Der wachen Luft Umfangen ist eine Fähigkeit, die sich die Seele drüben von Gott erhofft, eine Hingabe des Heiligen Geistes. Dieser umfängt die Seele mit seinem göttlichen Anhauch auf überaus erhabene Weise. Er formt und befähigt sie dafür, Gott mit dem gleichen Liebeshauch zu umfangen, womit der Vater den Sohn, und der Sohn den Vater umfängt, mit jenem Liebeswehen, das der Heilige Geist selber ist. Er sendet ihr seinen Hauch in Einheit mit dem Vater und dem Sohn, um sie durch Überformung mit sich zu vereinigen. Denn das wäre keine wahre und gänzliche Überformung, wenn die Seele nicht in unverschleierter und offenbarer Weise hinübergebildet würde in die drei Personen der Heiligsten

Dreifaltigkeit. Und solches Hauchen des Heiligen Geistes in der Seele, womit Gott sie in sich verwandelt, ist ihr so unvergleichliche inbrünstige Seligkeit, daß Menschenzungen es nicht aussagen können, daß Menschengeist als solcher nichts davon zu erfassen vermag. Kann doch selbst das, was die Seele bei ihrer zeitlichen Überformung erfährt, nicht Ausdruck finden. Denn die Seele, geeint mit Gott, in ihn verwandelt, sie haucht in Gott zu Gott den gleichen göttlichen Anhauch, den er in sich zu ihr, der in ihn umgebildeten, hinhaucht.

4 Bei der Überformung, die der Seele schon in diesem Leben zuteil wird, ereignet sich sehr häufig solches Liebeshauchen von Gott zur Seele und von der Seele zu Gott, mit erhabenster Liebesentzündung in der Seele, wenn auch nicht in so offenbarer Weise wie im anderen Leben. Solches wollte Paulus gewiß mit den Worten sagen: «Zu euch als Gotteskindern sandte Gott den Geist seines Sohnes in eure Herzen, der dort zum Vater hin ruft» (Gal. 4, 6). Dies ist es, was sich in den Seligen des anderen Lebens und bei den Vollkommenen im Diesseits vollzieht. Und es darf nicht für unmöglich erachtet werden, daß die Seele so Erhabenes erlangt und so in Gott pulst, in der Weise des Teilnehmens, wie Gott in ihr. Und wenn es geschieht, daß Gott in seiner Huld sie in die Heiligste Dreifaltigkeit einbezieht, darin die Seele gottförmig wird und Gott durch Teilhaben, wie wäre es dann unglaublich, daß sie sein Werk begreifend, gedenkend und liebend wirkt, oder richtiger, daß es in der Heiligsten Dreifaltigkeit mit ihr zusammen gewirkt wird, in der Weise der Heiligsten Dreifaltigkeit? Anteilgebend wirkt es Gott in der Seele. Dieses heißt, in die Drei Personen verwandelt sein, nach Macht und Weisheit und Liebe. Und darin ist die Seele Gott angeglichen; und damit sie solches erlange, schuf er sie nach seinem Bild und Gleichnis.

5 Und wie das möglich sei, das kann kein Verstand und keine Sprachgewalt klären, sondern nur die Erwägung dessen,

was uns Gottes Sohn verlieh: die erhabene Möglichkeit, Kinder Gottes zu sein. Solches erbat er, laut dem Johannesevangelium, vom Vater: «Ich bitte dich, Vater: sie, die du mir gegeben hast, mögen mit mir sein, wo ich bin, auf daß sie mich in der Verklärung sehen, die du mir gabest» (17, 24). Und er sagt damit: «Gewähre ihnen, in uns das Gleiche durch Teilnehmen zu wirken, was ich aus meiner Wesenheit wirke: den Heiligen Geist auszuhauchen.» Und er sagt mehr: «Nicht allein für sie bitte ich, Vater, sondern auch für jene, die sich zu mir bekennen: daß alle eins seien, wie du, Vater, in mir und ich in dir; daß auch sie in uns eins seien. Die Herrlichkeit, die du mir gegeben hast, habe ich auch ihnen gegeben, damit sie eins seien, so wie wir eins sind, ich in ihnen und du in mir, damit sie in Einheit vollendet sind. So soll die Welt erkennen, daß du mich entsandtest, und daß du sie geliebt hast, wie du mich geliebt hast» (17, 20). Er erbittet für sie die gleiche Liebe, mit der er selber geliebt wird, doch nicht, wie wir schon sagten, die naturhafte Liebe zum Sohn, sondern eine solche aus der einigenden Liebesverwandlung. Ebensowenig darf aus den Worten des Sohnes zum Vater entnommen werden, daß die Heiligen die wesentliche und natürliche Kindschaft des Sohnes besäßen, sondern daß sie ihm kraft Liebe geeint sind, wie Vater und Sohn in der Einheit der Liebe wesen.

6 So besitzen die Seelen die gleichen Heilsgüter durch Teilhaben, die er von Natur besitzt, so daß sie in Wahrheit Götter durch Teilhaben sind, kindhaft als Gefährten ihm zugesellt. Darum kann Petrus sagen: «Gnade und Friede erfülle euch vollkommen in der Erkenntnis Gottes und Jesu, unseres Herren. Alles, was uns von seiner göttlichen Macht zum Leben und zur Frömmigkeit gegeben ist, kommt uns durch die Erkenntnis dessen zu, der uns in seiner Herrlichkeit und Kraft berufen hat. Dadurch hat er uns seine gewaltigen, erhabenen Verheißungen geschenkt: der göttlichen Natur sollen wir dadurch teilhaft werden» (2. Petr. 2–5). Hierin gibt der Apostel klar zu verstehen: die Seele wird an Gott selber teilneh-

men, zugesellt der Heiligsten Dreifaltigkeit, mitwirkend deren Werke, kraft der substantiellen Vereinigung zwischen der Seele und Gott. Mag sich solches auch erst im anderen Leben vollkommen ereignen, so gewinnt die Seele doch auf der bereits erreichten Höhe der Vollkommenheit ein köstliches Verspüren des Unsäglichen, über das wir auszusagen versuchten.

7 O Seelen, für solche Verklärung geschaffen und zu ihr berufen, was beginnt ihr! Womit vertut ihr die Zeit! Euer Trachten ist Niedrigkeit, eure Schätze sind Scherben! O jämmerliche Blindheit eurer Seelenaugen, die solches Licht nicht gewahren! Daß ihr für so übergewaltige Stimmen taub seid! O daß ihr nicht einseht, wie ihr mit allem Hasten nach Größe und Glanz doch elend und niedrig bleibt, unkundig und unwürdig so unsäglichen Heiles!

Nun sagt die Seele das nächste, um jenes Eine zu bezeichnen:

der Nachtigall frohlockendes Begehren

8 Was in der Seele ersteht bei dem umfangenden Anhauch, das ist die holde Stimme des Geliebten, für sie ertönend; und dieses Klingen ist zugleich ihre eigene Stimme, mit der sie ihm erquickend zujubelt; und solchen einhelligen Klang nennt sie Gesang der Nachtigall. Und wie der Nachtigallengesang im Frühling ertönt, nach dem Vergehen von Kälte, Regengüssen und Winterstürmen, und in das Ohr Melodien ergießt und Erfrischung in den Geist, so fühlt sich die mystische Gattin schon in diesem Leben geborgen und bewahrt vor allen Erschütterungen und zeitlichen Wechselfällen, entblößt und gereinigt von allen Unvollkommenheiten, Mühsalen und Nebeln der Sinne wie des Geistes; und sie empfindet neuen Frühling in Weite, Freiheit und Frohsinn des Geistes. Und darinnen vernimmt sie die holde Stimme ihres Gatten, von der sie im Innersten erlabt und belebt wird, bereit wie sie ist, ins ewige Leben hinüberzugehen. Hold und beglückend

nennt sie diese Melodie, denn sie hört in ihr den Zuruf der wohltuenden Stimme: «Auf, eile, du meine Freundin, meine Taube, du, meine Schöne und komm! Ist doch der Winter schon vergangen; fern abgezogen ist der Regen; die Blüten zeigen sich auf unserer Erde; die Zeit des Rebenschneidens ist gekommen, und die Stimme der Turteltaube ertönt in unserm Gelände» (Cant. 2, 10–13).

9 Mit dieser Stimme ihres Gatten, die zu ihr im Kerne der Seele spricht, endet ihr das Unheil, beginnt ihr das Heil. In der Beseligung über solche Erfrischung und Geborgenheit stimmt auch sie, die süße Nachtigall, den neuen Jubelgesang an, empor zu Gott, zusammen mit Gott, der sie dazu hinreißt. Denn darum gibt er ihr seine Stimme, damit sie einhellig mit ihm den Klang zu Gott sende. Das ist ja sein inniges Verlangen, daß die Seele die Stimme ihres Geistes frohlokkend zu Gott auftönen lasse. Solches erbittet der Gatte im Hohenliede von der Geliebten: «Auf, eile, meine Freundin, und komm, du meine Taube, in die Schlüfte des Felsens, die Buchten des Geheges; zeig mir dein Antlitz, und deine Stimme töne in mein Ohr» (2, 13, 14). Gottes Ohr, das meint hier Gottes Verlangen, von der Seele diesen vollkommenen Jubelklang zu empfangen. Um der Vollkommenheit dieser Stimme willen bittet der Gatte, daß sie ihm in den Höhlungen des Felsens erklinge, das heißt, in der Umwandlung kraft der Mysterien Christi. In dieser Einigung lobpreist die Seele Gott mit Gott selber, nicht anders wie sie Gott mit Gottes Liebe liebt; und so ist dies Lobpreisen überaus vollkommen und Gott wohlgefällig. Die vollkommene Seele wirkt Vollkommenes; und so ist dieser Jubelgesang lieblich für Gott und lieblich für die Seele. Deshalb sagt der Gatte: «Lieblich ist deine Stimme», – lieblich nicht nur für dich, sondern auch für mich. Denn da du mit mir eins wurdest, so ertönt dein holder Nachtigallensang mit mir für mich.

10 Derart ist der Sang, der die Seele in ihrer diesseitigen Umwandlung durchschwingt – ein Wohlklang über alles

Sagen. Doch weil dies Singen noch nicht so vollkommen ist wie das neue Lied im seligen Leben, und weil die Seele dank der Erhabenheit ihres Singens den weitaus herrlicheren Gesang der Seligkeit vorausvernimmt, vorausgenießt, so spricht sie vom Jenseitigen, das er ihr geben wird, von diesem Sang der holden Nachtigall.

Und alsbald sagt sie:

des Hains einhellig Prangen

11 Dies nennt die Seele als dritte Gabe, die sie von dem Gatten erwartet. Unter dem Hain, der in sich viele Pflanzen und Tiere hegt, versteht sie hier Gott, als Schöpfer und Erhalter all seiner Kreaturen; und ihre Bitte geht dahin, er möge sich ihr als Schöpfer all dieser Lebewesen offenbaren. Und wenn die Gattin weiterhin die harmonische Bewegtheit dieses Haines vom Gatten erbittet, so erfleht sie damit die gottentstammte Anmut und Weisheit und Schönheit nicht allein der einzelnen Geschöpfe im Himmel und auf Erden, sondern auch ihrer Beziehung zueinander, in dem weisheitsvollen, schön gefügten, groß gearteten und freundschaftlichen Zusammenhang der einen mit den anderen, der niedrigeren unter sich, wie der höheren unter sich, wie auch von den höheren zu den tieferen – ein Zusammenhang, dessen Erkenntnis die Seele freudig mitschwingen läßt.

Es folgt die vierte Bitte, diese:

in Nacht, der heiter-hehren

12 Diese Nacht ist die Kontemplation, darin die Seele solches Ineinanderleben zu sehen begehrt. Die Seele bezeichnet sie als Nacht, weil sie dunkle Gotterfahrung ist; und wegen dieser Dunkelheit wird sie auch mystische Theologie genannt, geheime Weisheit Gottes, mit der er ohne Geräusch von Worten, ohne Beistand eines leiblichen oder geisthaften Sinnes, in lautloser Ruhe die Seele aufs verborgenste und geheimste unterweist, ohne daß sie wüßte, wie. Das nennen manche Geistige: begreifen, ohne zu begreifen. Solches voll-

zieht sich nicht in der Erkenntniskraft, die von den Philosophen aktiv genannt wird, und die mit den Formen, Phantasmen und Wahrnehmungen der sinnenhaften Vermögen arbeitet. Diese Erfahrung vollzieht sich in der Vernunft, die als mögliche oder passive bezeichnet wird, und die ohne solcherlei Formen und Phantasmen in reiner bildloser Empfänglichkeit wesentliche Einsicht aufnimmt, die ihr ohne Eigenbetätigung zuteil wird.

13 Und darum bezeichnet die Seele jene Gotterfahrung als Nacht. In solcher Kontemplation, kraft der «passiven» Vernunft begreift die Seele in diesem Leben – mit Hilfe der schon gewonnenen Überformung – diesen göttlichen Hain und seine Anmut auf erhabenste Weise. Doch so hehr diese Einsicht sei, im Vergleich zu der Einsicht in der Seligkeit, die hier erbeten wird, ist sie immer noch dunkle Nacht. Und darum bedeutet ihr Erflehen einer klaren Kontemplation, daß solches Genießen des Haines und seiner Anmut sich nun endlich in der aufgehellten Nacht vollende, nämlich in der klaren und beseligenden Schauung, derart, daß die diesseitige Nacht der dunklen Kontemplation ganz übergehe in die jenseitige Kontemplation eines klaren und heiteren Gewahrbleibens Gottes. So meinen die Worte «in Nacht, der heiter-hehren» in klarer, heiterer Schauung Gottes. Über solche Nacht der Kontemplation sagt David: «Die Nacht wird mir zu meiner Wonne Erleuchtung werden» (Ps 138, 11). Er sagt damit: «Wenn mich die wesentliche Erschauung Gottes beseligt, dann endlich brach Dämmerung in die nächtige Gotterfahrung, und Tageslicht erhellte mein Erkennen».

Es folgt die fünfte Bitte:

mit Flammen, die wie Balsam lind verzehren

14 Die Flamme bedeutet hier die Liebe des Heiligen Geistes. Das Verzehren besagt hier beenden und vollkommen machen. Somit sagt die Seele: alles in dieser Kanzone von

dem Geliebten Erhoffte wird sie in ganz geläuterter und vollkommener Liebe besitzen. All diese Gaben und sie mit ihnen werden aufgehen in einer vollkommenen, einer leidlosen Liebe. Damit gibt sie zu verstehen: soll die Vollkommenheit dieser Liebe ungemindert sein, so muß sie zwei Eigenschaften aufweisen. Sie muß die Seele verzehrend in Gott verwandeln; und die umwandelnde Brunst dieser Flamme in der Seele darf nicht mehr schmerzen. Das aber kann sich erst im seligen Leben ereignen, darin diese Flamme bereits gelinde Liebe wurde. Besteht doch bei der jenseitigen Umwandlung in Liebesflammen die beseligende Genugtuung der Gleichförmigkeit auf beiden Seiten; und darum entfällt die Qual einer Unterlegenheit dort, wie es zuvor war, als die Seele noch nicht für die vollkommene Liebe aufnahmefähig war. Ist sie es aber geworden, dann ist die Seele von gleichförmiger, sanfter Liebe erfüllt, so sehr, daß Gott, der von Moses verzehrendes Feuer genannt wird, nunmehr für sie zugleich verzehrend und erquickend ist. Denn die Umwandlung der Seele gleicht nicht mehr jener in ihrem diesseitigen Leben. War sie auch in ihrer Liebe schon sehr vollkommen und verzehrend, so haftete ihr immer noch etwas zugleich Verzehrendes und Herabsetzendes an. Es ist wie bei dem Feuer in Weißglut: die Seele gleicht sich der Glut zwar nicht mehr in Rauch und Qualm an; dennoch blieb bei solcher Umwandlung in Glut ein Aschenrest. Wohl ist die Seele in diesem Leben zur Vollkommenheit der Liebe überformt worden; allein sie erleidet bei aller Gottgemäßheit immer noch eine Art von Schmerz und Beeinträchtigung: einmal, weil sie die Umwandlung der Seligkeit immer noch vermißt, zum andern, weil die schwache und hinfällige Sinnlichkeit beeinträchtigt wird durch den Starkmut und die Erhabenheit so gewaltiger Liebe. Denn alles Hervorragende ist für die Schwachheit der Natur Beeinträchtigung und Pein. So wie geschrieben steht: «Corpus quod corrumpitur, aggravat animam» (Sap. 9, 15). Allein in jenem beseligenden Leben wird die Seele keinerlei Beeinträchtigung und Qual empfinden, obgleich ihr Erkennen dort abgründig tief sein wird und ihre Liebe schrankenlos. Denn Gott wird ihre Erkenntniskraft mit seiner Weisheit beschwingen und vollenden, und ihren Willen mit seiner Liebe stählen.

15 Und weil die Seele in den früheren und in der vorliegenden Kanzone übergewaltige Mitteilungen und Gotterfahrungen erfleht hat, solche, die in ihrer Erhabenheit und Wucht eine überaus starke, überaus hohe Liebe verlangen, so erbittet sie hier, all dies Große möge sich innerhalb dieser starken, krönenden Liebe vollziehen.

VIERZIGSTE STROPHE

Sieh, ich bin abgeschieden;
auch Aminadab läßt sich nicht gewahren;
die Umwelt liegt in Frieden;
und schon zum Grund gefahren,
den Quell zu schauen, sind die Ritterscharen.

Erklärung und Anmerkung

1 Die Seele ist sich dessen bewußt, daß ihres Willens Gelüst bereits von allen Dingen abgesondert und ganz ihrem Gott angegliedert ist, mit innigster Liebe; ihr sinnenhafter Teil mit all seinen Kräften, Vermögen und Trieben ist nun – sie weiß es – dem Geiste zugeformt, und ihm unterworfen sind endlich seine Empörungen; der Dämon ist kraft verschiedener, langer Anspannungen und geistlicher Kämpfe nunmehr besiegt und sehr weit in die Flucht geschlagen; sie selber ist mit Gott geeint und in ihn überformt, in der Fülle himmlischer Schätze und Gaben. Und somit ist sie, an ihren Gatten gelehnt, stark und bereit genug, um durch die Wüste

des Todes in überströmender Glückseligkeit emporzusteigen zu den herrlichen Ruhestätten ihres Gatten. In dem Verlangen, daß der Gatte ihrem irdischen Zustand ein Ende setze, stellt sie ihm in diesem letzten Gesang beweglich all jenes vor Augen. Fünf Gründe nennt sie ihm: als erstes, ihre Seele sei schon allen Dingen fern und entfremdet; des weiteren, der Dämon sei nunmehr besiegt und in die Flucht geschlagen; sodann, die Leidenschaften seien gezügelt und die natürlichen Triebe abgetötet. Als viertes und fünftes nennt sie, der tiefere sinnenhafte Bereich sei nun geläutert und erneuert und so dem geisthaften Bereich zugebildet, derart, daß er nicht länger ein Hindernis für die einströmenden geistigen Heilsgüter ist, sondern vielmehr sich selber ihnen erschließt. Ja, selbst an dem Erhabensten, was die Seele jetzt besitzt, nimmt er gemäß seiner Fassungskraft teil.

Und sie sagt:

Sieh, ich bin abgeschieden

2 Es ist, als sagte sie: meine Seele ist bereits ledig, entblößt, einsam und allem Geschaffenen im Himmel und auf Erden entfremdet, und so in innerster Sammlung mit dir zusammenwesend, daß nichts Kreatürliches Einblick gewinnt in die innigen Entzückungen, die sie in dir besitzt; das bedeutet, daß nichts mit seiner Annehmlichkeit meine Seele zur Lust bewegt und nichts mit seiner Erbärmlichkeit und Niedrigkeit sie beschwert. Zu tief ist meine Seele von ihnen hinwegversenkt in abgründige Wonne mit dir, als daß dergleichen Einblick gewinnen könnte.

Und nicht nur das:

auch Aminadab läßt sich nicht gewahren

3 Dieser Aminadab bedeutet in geisthaftem Sinn zufolge der Heiligen Schrift den Dämon, den Widersacher der Seele. Mit der unerschöpflichen Munition seiner Artillerie bekämpfte und erschreckte er sie immer; so will er ihr das Ein-

gehen in die verbergende Festung innerster Sammlung mit dem Gatten verwehren. Da sie aber schon dort geborgen ist, bleibt sie so überlegen, so stark, so sieghaft in der Kraft ihrer Tugenden und in der gunstreichen Umarmung Gottes, daß der Dämon nicht nur ihre Nähe scheut, sondern voll Entsetzen weit von ihr hinwegflieht und sich nicht heranwagt. Mit der Kraft ihrer Tugenden und der Macht ihres Standes hält die Seele ihn so unterjocht, daß er nie mehr vor ihr zu erscheinen wagt. Und so kann Aminadab ebensowenig mit irgend einem Anrecht den Weg zu dem ersehnten Heil verlegen.

Die Umwelt liegt in Frieden

4 Unter der Umwelt versteht die Seele hier ihre Leidenschaften und Triebe; wenn diese nicht gedämpft und besiegt sind, dann wird sie von solcher Umwelt umringt und bald von der einen, bald von der anderen Seite angefallen. Von dieser Umwelt sagt sie, sie läge in Frieden; das meint, die Leidenschaften werden von der Vernunft geregelt, und die Triebe sind abgetötet. So möge der Gatte ihr die erbetenen Gnaden gewähren, denn die Umwelt vermöge sie nicht mehr zu behindern. So sagt sie, weil die Seele nicht eher der Schauung Gottes gewachsen ist, als bis sie die vier Leidenschaften beherrscht, bis sie die Triebe geläutert und gedämpft hat.

Es folgt:

und schon zum Grund gefahren,
den Quell zu schauen, sind die Ritterscharen

5 Als Quell bezeichnet sie hier die geistigen heilvollen Wonnen, die sie in ihrer Tiefe mit Gott genießt. Als Ritterscharen bezeichnet sie die inneren und äußeren Sinne des sensitiven Teils; sie sind die Träger der Gegenstände in Bildern und Phantasmen. Von ihnen sagt die Seele hier, sie hätten sich hinabgesenkt zum Anschauen des geisthaften Quells. Denn in dieser mystischen Ehe ist der untere sinnenhafte Seelen-

bereich schon so geläutert und in etwa vergeistigt, daß seine sinnenhaften Vermögen und natürlichen Kräfte sich einziehen, um auf ihre Weise an den göttliche Großtaten im Innersten der Geistseele teilzunehmen. Dem gab David Ausdruck: «Mein Herz und mein Fleisch erquickten sich am lebendigen Gott» (Ps. 83, 3).

6 Und wohlgemerkt, die Gattin sagt hier nicht, daß die Ritterscharen sich hinabsenkten, um den Quell zu kosten, sondern um ihn zu schauen. Denn dieser sinnenhafte Bereich mit seinen Vermögen ist nicht fähig, die geisthaften Heilsgüter ihrem eigensten Wesen nach zu verkosten; darin ist er nicht nur in diesem Leben, sondern auch im jenseitigen eingeschränkt. Lediglich dank eines gewissen Überströmens des Geistes empfängt und empfindet er Wonne und Erquickung durch jenes geisthafte Heil. Solche Wonne zieht Sinne und leibliche Fähigkeiten hinab zu jener inneren Sammlung, dorthin, wo die Seele die Wasser geistiger Beseligungen trinkt. Das aber ist mehr ein Hinabsteigen zum Anschauen als ein Aufnehmen und Genießen solchen Wassers nach seiner Natur. Und die Seele sagt hier, daß sie sich hinabsenkten, nicht, daß sie hingingen oder ähnliches, um damit auszudrücken, daß bei diesem Austausch zwischen sinnenhaftem und geisthaftem Teil, bei diesem Verkosten der Wasser des Geistes, die Sinne von ihrer natürlichen Betätigung ablassen und zu geisthafter Vertiefung sich niedersenken.

7 Solche Empfänglichkeit, solche Vollkommenheiten unterbreitet die Gattin ihrem Geliebten, dem Gottessohn, in dem Verlangen, von ihm aus der gnadenvollen mystischen Ehe innerhalb der kämpfenden Kirche hinausgehoben zu werden in die selige Einigung innerhalb der triumphierenden Kirche. Dorthin möge er alle erheben, die seinen Namen anrufen, den huldreichsten Jesus, den Gatten der getreuen Seelen, dem Ehre und Preis sei, zusammen mit dem Vater und dem Heiligen Geiste in Ewigkeit. Amen.

JOHANNES VOM KREUZ
SÄMTLICHE WERKE

I

Empor den Karmelberg.

Übertragen von Sr. Maria Cordis (Oda Schneider)

([6]2009), XLIV+340 Seiten, Euro 19.50 / SFr. 29.- – LS 7 (010-9)

II

Die dunkle Nacht.

Übertragen von Hans U. von Balthasar.

Die Gedichte.

Übertragen von C. Capol und L. Davi

([7]2020), 255 Seiten, Euro 14.50 / SFr. 21.50 – LS 4 (149-6)

III

Das Lied der Liebe

Übertragen von Irene Behn

([5]2022), 245 Seiten, Euro 18.- / SFr. 27.- – LS 6 (150-2)

IV

Die lebendige Flamme

Briefe und kleine Schriften.

Übertragen von Irene Behn

([4]1993), 203 Seiten, Euro 14.50 / SFr. 28.- – LS 9 (151-9)

IN DER SELBEN
SAMMLUNG

Therese vom Kinde Jesu

Selbstbiographie

(^{17}2015), 290 Seiten, Euro 6.- / SFr. 9.- (280-6)

Caterina von Siena

Gespräch von Gottes Vorsehung

(^{5}2010), 252 Seiten, Euro 18.- / SFr. 27.- (105-2)

Hans Urs von Balthasar

Die großen Ordensregeln

Unter Mitarbeit von L. Casutt, W. Fässler,
W. Hümpfner, L. Hunkeler, M. Schoenenberger,
R. Stalder und A. Zumkeller

(^{8}2010), 412 Seiten, Euro 19.- / SFr. 28.50 (066-6)